» Wo singt das Lied,
das ich verloren habe?
Singt einst an meinem Grabe
dies heimgekehrte Lied?

Kehrt mir der Traum,
den ich vergebens träumte,
in Wirklichkeit versäumte,
zurück in einem Traum?

Singt vogelscheu
und angstbedacht
dies Lied in einem Baum?

Verrat und Treu
es weint und lacht
dies Lied von meinem Traum. «

(Wilm Weinstock)

D1728445

Helmuth Warnke wurde 1908 in Eimsbüttel (Hamburg) geboren, zog dann in die Arbeitersiedlung nach Langenhorn (über die er unter dem Titel »Der verratene Traum — Langenhorn, das kurze Leben einer Hamburger Arbeitersiedlung« 1983 ein Buch geschrieben hat. 1984 erschien »... nicht nur die schöne Marianne. Das andere Eimsbüttel.«). 1923 begann Helmuth Warnke eine Malerlehre im Wendland und trat 1926 der KPD bei. In den folgenden Jahren arbeitete er im Hafen, im Straßenbau und bei Kampnagel. Als KPD-Mitglied gehörte er zu den ersten Verhafteten der Gestapo und kam ins Konzentrationslager Fuhlsbüttel. Gegen Kriegsende noch zur Wehrmacht eingezogen, geriet er in Frankreich in amerikanische Gefangenschaft. Im Gefangenenlager in Arkansas gründete er zusammen mit anderen Gefangenen ein »Komitee für Frieden und Demokratie«. Aus der Gefangenschaft entlassen, nahm Helmuth Warnke die politische Arbeit bei der KPD wieder auf, unter anderem als Redakteur bei der »Hamburger Volkszeitung«. 1953 trat er aus der KPD aus. Von 1955 bis 1962 war er Vorsitzender der Internationale der Kriegsdienstgegner. In den letzten Jahren engagierte er sich in der Bürgerinitiative zur Erhaltung des Heidberg-Krankenhauses und der Initiative für Umweltschutz in Langenhorn. Von 1982 bis Ende 1984 war Helmuth Warnke Mitglied im Ortsausschuß für die Grün-Alternative Liste (GAL).

Helmuth Warnke

»Bloß keine Fahnen«

Auskünfte über schwierige Zeiten·
1923—1954

VSA-Verlag, Hamburg 1988

Gesamtverzeichnis des Verlages anfordern
© VSA-Verlag 1988, Stresemannstr. 384a, 2000 Hamburg 50
Alle Rechte vorbehalten
Satz: Satz + Repro Kollektiv GmbH, Hamburg
Druck und Buchbindearbeiten: Evert-Druck, Neumünster
ISBN 3-87975-429-2

Inhalt

Kapitel 4
1948−1950

Kapitel 5
1951−1952

Kapitel 6
1952−1954

Zu diesem Buch

»Mein großer Wunsch an Dich, Helmuth, nachdem ich Dich kennengelernt habe, ist es, daß Du deine Erinnerungen an die KPD aufschreibst. Es gäbe so viele Fragen dazu, und deine Erinnerungen und die kritischen Überlegungen, die Du von deinem heutigen Standpunkt aus dazu hast, wären für uns Jüngere von äußerstem Wert.«[1]

Ähnliche Wünsche sind auch von anderen an mich gerichtet worden. Die folgenden Aufzeichnungen sind der Versuch, den Erwartungen, so gut es mir möglich ist, gerecht zu werden. Aber ich schreibe dieses Buch nicht nur für andere. Dahinter steht auch der persönliche Beweggrund, das, was ich in vielen Diskussionen zu verschiedenen politischen Ereignissen und historischen Entwicklungen gesagt habe, zusammenhängend darzustellen, das Unbehagen in Worte zu fassen und meinen politischen Lernprozeß zu formulieren. Vielleicht werde ich den einen oder anderen enttäuschen. Viele »Erinnerungen« ehemaliger Kommunisten sind schon veröffentlicht worden, und wesentlich Neues kann wohl kaum hinzugefügt werden. Auch handelt es sich bei den Autoren dieser Erinnerungen häufig um Personen, die einen größeren Einblick hatten, bedeutende Funktionen ausübten und von daher kompetenter sind als ich.

Dieses Buch ist weder die Geschichte der Kommunistischen Partei, noch ist es eine Autobiographie im engeren Sinne. Es ist die Geschichte vom Leben mit einer Partei — einer Beziehung auf Zeit. Die Erfahrungen, über die ich berichte, sind persönliche Erfahrungen. Andere mögen andere Erfahrungen gemacht haben, ihre Bewertungen werden auch anders ausfallen. Meine Schlußfolgerungen resultieren aus diesen Erfahrungen und Wertungen und erheben keinen Anspruch auf Allgemeingültigkeit. Soweit die Nennung von Namen unumgänglich war, habe ich mich bei der Skizzierung von Personen auf das Notwendigste beschränkt. Es geht mir nicht um Personen, sondern um die Organisation, mit der ich einen Teil meines Lebens eng verbunden war. Die Fairneß gebietet, über meine ehemaligen Genossen kein Werturteil zu fällen. Mit den meisten von ihnen bin ich gut ausgekommen, mit einigen war ich befreundet, ein paar haben mir sehr viel bedeutet, denen habe ich vieles zu verdanken.

Unsere Handlungen wie unsere Versäumnisse resultierten aus unserer Bindung an die Partei, wobei für manchen der Grundsatz des unbeirrbaren Kommunisten galt: »Einmal dabei — immer dabei«. Was ich für mich in Anspruch nehme, muß ich auch anderen zubilligen: die ehrliche Überzeugung und die besten Absichten, im Rahmen der Kommunistischen Partei im Interesse der Arbeiterklasse zu handeln.

Ob meine »Erinnerungen und kritischen Überlegungen« für »Jüngere von äußerstem Wert« sind, mag der Leser selber beurteilen. Mein Anliegen ist es, im kleinen das zu erreichen, was Immanuel Kant vor rund 200 Jahren postulierte: »Aufklärung ist der Ausgang des Menschen aus seiner selbst verschuldeten Unmündigkeit. Unmündigkeit ist das Unvermögen, sich seines Verstandes ohne Leitung eines anderen zu bedienen. Selbstverschuldet ist diese Unmündigkeit,

wenn die Ursache derselben nicht an Mangel des Verstandes, sondern der Entschließung und des Mutes liegt, sich seiner ohne Leitung eines anderen zu bedienen. Habe Mut, ist also der Wahlspruch der Aufklärung«.[2]

Für mich bedurfte es vieler Jahre des Nachdenkens, der Abnabelung und
Neuorientierung, diese Erkenntnis zu leben. Mich meines eigenen Verstandes
zu bedienen, bedeutet für mich, allen Widrigkeiten zum Trotz stetig am politischen Prozeß teilzunehmen. Ich habe mein Wissen und meine Kraft eingesetzt
gegen die atomare Bedrohung, gegen die Zerstörung der Umwelt und für die
Verwirklichung der Menschenrechte. Ich engagierte mich in Bürgerinitiativen,
im Komitee »Solidarität mit ›Solidarnosc‹«, bei den Grünen, als Stadtteil-
Chronist, als Zeitzeuge in Veranstaltungen und Schulen und das möchte ich
auch noch ein paar Jahre fortführen.

Für Anregungen, Kritik und praktische Unterstützung bei der Erstellung dieses Buches habe ich vielen Freundinnen und Freunden zu danken. Besonders
hervorheben möchte ich dabei die für mich so wichtigen Diskussionen mit Joachim Szodrzynski und Klaus Bästlein, denen ich viele Anregungen und Hinweise verdanke. Weiter danke ich Frau Rosemarie Ganschow für die Mühe und
Geduld, die sie bei der technischen Fertigstellung des Manuskriptes aufgewen-
det hat sowie Frauke Janßen für die sprachliche Überarbeitung.

Dem Thälmann-Archiv und der Forschungsstelle für die Geschichte des Nationalsozialismus in Hamburg bzw. deren Mitarbeitern und Herrn Klaus Bock-
litz vom Hamburger Staatsarchiv danke ich für die Materialien, die sie mir zur
Verfügung gestellt haben.

Helmuth Warnke, Beate Meyer (Galerie Morgenland) und Ludn Levien

Vor dem Anfang das Ende

Was das für eine Zeitung sei, fragt der Enkel, der zwischen meinen Papieren aus den fünfziger Jahren herumkramt. Ein vergilbtes Blatt hält er in den Händen. Es trägt den Titel ›Mitteilungsblatt der 21. Heeresgruppe der Alliierten an die deutsche Zivilbevölkerung‹. Die Zeitung ist vom 9. Mai 1945. »Deutschland kapituliert« steht in großen Buchstaben auf der ersten Seite, und weiter: »Der Krieg in Europa endete um Mitternacht am 8. Mai. Bevollmächtigte des Oberkommandos der deutschen Wehrmacht und der Alliierten Streitkräfte haben um 2 Uhr 41 Minuten die Urkunde der bedingungslosen Kapitulation aller deutschen Land-, See- und Luftstreitkräfte unterzeichnet. Die Feindseligkeiten werden offiziell heute nacht, dem 8. Mai um 12 Uhr 01 Minuten eingestellt werden.«

Mehr als 50 Millionen Menschen, fast so viele wie das Deutsche Reich in seinen Grenzen von 1937 zählte, wurden in diesem Krieg getötet. Unzählige Städte und Dörfer in Rußland, auf dem Balkan und in Europa sind durch Erdkämpfe und Luftangriffe zu Schutt und Asche geworden. 400 Millionen Kubikmeter beträgt die Schuttmenge, die die Kriegszerstörungen hinterlassen haben. 8 Millionen Deutsche büßten in diesem Krieg ihr Leben ein. Über 7 Millionen deutsche Soldaten wurden zu Kriegsgefangenen. 4 bis 5 Millionen von ihnen kamen in Lager außerhalb Deutschlands — über den Atlantik in die USA, nach Kanada und Australien sowie in die Sowjetunion. In Deutschland sind die größten Städte teilweise bis zu 50 Prozent zerstört. Trümmerfelder von Aachen bis

Die Engländer an der Elbbrücke

Frankfurt an der Oder. Ich habe den Krieg lebend überstanden, wenn auch nicht ohne Verwundung. Zweieinhalb Jahre war ich in Gefangenschaft. An meinem 36. Geburtstag am 31. Juni 1944, 51 Tage nach der Landung amerikanischer und englischer Truppen in Nordfrankreich, wurde ich in der Normandie gefangengenommen. Siebzehn Monate nach Beendigung des Zweiten Weltkrieges kehre ich in meine Heimatstadt Hamburg zurück. In Hamburg zogen die Engländer am 3. Mai 1945 ein.

»Am Tag der Übergabe Hamburgs an die Engländer ziehen lange Kolonnen deutscher Soldaten durch unsere Straße, um sich nach Schleswig-Holstein in englische Gefangenschaft zu begeben. Diese deutschen Soldaten haben keine Ähnlichkeit mit den Helden, wie wir sie aus den Wochenschauen von Goebbels gewohnt waren. Es sind müde, abgeschlaffte, Mitleid erregende Menschen. Schwestern vom Roten Kreuz teilen Getränke aus, Leute aus unserer Straße geben ihnen zu essen. Mir ist dabei eigenartig zumute. Ich bin traurig und frohgestimmt in einem. Ich bedaure die Männer, andererseits bin ich glücklich. Für uns ist der Krieg zu Ende. Es wird keine Fliegerangriffe mehr geben und keine nächtlichen Alarme. 17 Jahre alt bin ich 1945, 5 Jahre war ich, als die Nazis ans Ruder kamen, 11 Jahre als der Krieg begann. Krieg war zum normalen Alltag geworden. Einen anderen Alltag kannte ich nicht. Wie ich mir am Tag der Kapitulation die Zukunft vorstellte? Ich hatte keine bestimmten Vorstellungen. Hauptsache, ersteinmal war der Krieg zu Ende. Was folgen würde, darüber machte ich mir keine Gedanken. Es würde Frieden sein. Schlechter konnte es nicht werden, höchstens besser.«

So erlebt Vera Papst als junges Mädchen diesen Tag im Hamburger Stadtteil Eimsbüttel.

Die 38jährige Frau Höger ist Augenzeugin des Einmarsches der Engländer, der sich durch den Stadtteil Borgfelde in Richtung Innenstadt bewegt: »Eine Nachbarin aus unserem Haus und ich standen im Hauseingang, als die Engländer einzogen. Es war eine merkwürdige Situation. Außer uns war kein Passant zu sehen, weder in den Hauseingängen, noch an den Fenstern. Es gab auch keine weißen Fahnen. Wenn sich andere wie wir über die Kapitulation freuten, so ließen sie sich das jedenfalls nicht anmerken. Meine Nachbarin sagte: ›Was ist denn mit den Leuten los? Empfinden die denn nicht wie wir? Sind sie denn nicht froh, daß wir die jahrelange Angst jetzt los sind?‹«

Am Schinkelplatz im Stadtteil Winterhude treffen sich am Abend des 3. Mai im Hinterzimmer eines Schreibwarengeschäfts Kommunisten und Sozialdemokraten zu einer Befreiungsfeier. Einer der Teilnehmer 30 Jahre danach: »Keine Gedenkfeier der Nachkriegszeit kommt an dieses Erlebnis der ersten Stunde der Befreiung vom Nationalsozialismus heran. Der tägliche Druck war von uns gewichen. Endlich konnten wir wieder frei atmen. Wir sangen die alten Arbeiterlieder und entwarfen Pläne für die Zukunft.«

Am Tage des Sieges der Anti-Hitlerkoalition über den Faschismus befinde ich mich schon über 11 Monate in Kriegsgefangenschaft. Die Kapitulation ist für mich kein erregender Moment. An der Niederlage des Faschismus hatte ich nie gezweifelt. War nicht Napoleons Armee in Rußland zugrunde gegangen? Seit der Vernichtung der Paulus-Armee bei Stalingrad war die endgültige Niederlage Nazi-Deutschlands absehbar.[3]

Aufwühlend war die Schreckensmeldung von der Zündung der ersten Atombombe über der japanischen Stadt Hiroshima durch die Amerikaner am 6. August 1945. In dem amerikanischen Magazin »Life« sehe ich die ersten Fotos vom Tatort. Ein riesiger Feuerball am Firmament. Verkohlte Landschaft. Mumifizierte Menschen. In Sekunden verbrannten 164.000 Menschen, weitere 100.000 starben in den folgenden Tagen. »Hiroshima wurde oft mit dem alten Rom verglichen — seine Flüsse entsprachen den Sieben Hügeln, Terumotos prächtiger Palast mit den orangefarbigen Dächern erinnerte an den Palast des Tiberius, und die Lebhaftigkeit seiner Kultur konnte sich mit der Epoche der großen Cäsaren messen.«[4]   Das alles wurde in Sekundenschnelle von einer einzigen Bombe für immer ausgelöscht.

Der Gedanke, die Amerikaner hätten Atombomben über Berlin, Köln und Hamburg abwerfen können, erfüllt meine Mitgefangenen mit Entsetzen. Meine Gedanken gehen in eine andere Richtung. Ich stelle mir vor, die Nazis hätten die Bombe vor den Amerikanern gehabt. Drei Monate früher. — Und eine weitere Überlegung: Warum haben die Amerikaner die Atombombe über Hiroshima abgeworfen, obwohl Japan 1944 wirtschaftlich und militärisch bereits am Ende war und die Sowjetunion sich verpflichtet hatte, gegen Japan in den Krieg einzutreten? Sollte hier ein »wissenschaftliches Experiment« am »lebenden Objekt« ausprobiert oder vielleicht eine politische Demonstration vorgeführt werden? Und wenn ja, wem galt diese Demonstration?

Die Entlassung

Am Hachmannplatz, neben der Hamburger Kunsthalle, stoppt der britische Armeelaster. Wir klettern vom Wagen, der Motor heult kurz auf, und der Laster verschwindet in einer Wolke von Dreck. Das ist unsere Entlassung aus dem Krieg. Die »Tommies« haben uns aus einem schottischen Kriegsgefangenenlager nach Glasgow, von Glasgow über den Kanal nach Emden, von Emden ins Munster-Lager und von dort nach Hamburg transportiert. Ein Zertifikat bescheinigte uns die ordnungsgemäße Freilassung. Nach den vielen Jahren, in denen wir herumkommandiert worden sind, sollen wir jetzt selbst Entscheidungen treffen. Keiner sagt uns, was wir zu tun haben. Eine neue, ungewohnte Situation. Gestern noch Muschkoten, Gefangene, heute Zivilisten. Wie soll sich ein Mensch von einem Tag auf den anderen in Verhältnissen zurechtfinden, die ihm völlig fremd geworden sind? Ein Mensch wie Paul Häusinger zum Beispiel, der mit mir vom Lastwagen geklettert ist? Paul ist 1939 zum Reichsarbeitsdienst und bald darauf zur Wehrmacht einberufen worden. Er hat an allen »Blitzkriegen« teilgenommen, an den Stellungskämpfen bei Orel und vor Moskau, ist in Stalingrad verwundet und ausgeflogen worden. Er hat die Rückzugsgefechte der Wehrmacht an allen Fronten mitgemacht, bis er 1944 in amerikanische Kriegsgefangenschaft geriet. Die Amerikaner haben ihn an die Engländer weitergegeben. Ein Odysseus des Zweiten Weltkrieges. In seinem Erwachsenenleben ist er nur drei Jahre Zivilist gewesen —und die liegen eine Ewigkeit zurück.

Mich hat die Gestapo im Sommer 1933 in ein Schutzhaftlager gesteckt. Neun Monate später verhilft sie mir zu mehreren Jahren Knast. Danach komme ich kurzfristig in den Genuß nationalsozialistischer Freiheit: Dienstverpflichtet in einem Rüstungsbetrieb mit 10-Stundentag und Gestapobeschattung. Obwohl nicht für wehrwürdig befunden, werde ich 1941 eingezogen. 1944 nehmen mich die Amerikaner gefangen und reichen mich ebenfalls an die Engländer weiter. Aus anderen Gründen als Paul habe auch ich seit 1933 kaum ein Zivilleben geführt. An diesem 10. Oktober 1946 stehen wir also auf dem Hachmannplatz und blicken mißmutig auf den Hauptbahnhof. Von dem einst so imponierenden Bau stehen jetzt nur noch die Außenwände, die nackte Dachkonstruktion reckt sich in den Himmel. Wortlos machen wir uns auf den Weg zur Bahnhofshalle. Dort haben sich das Rote Kreuz, die Bahnhofsmission, die Fahrkartenausgabe und der Informationsdienst behelfsmäßig eingerichtet. Umsiedler, Flüchtlinge, Heimkehrer und Obdachlose drängen sich in der Halle und in den Warteräumen. Wir schließen uns der Menschenschlange vor dem Informationsbüro an. Nach Stunden des Wartens wirft die Frau hinter dem Tisch nur einen kurzen Blick auf unsere Entlassungsscheine: »Entlassene Kriegsgefangene melden sich auf dem Haupteinwohnermeldeamt im Bieberhaus, links hinter dem Bahnhof. Dort ist auch das Wohnungsamt und die Ausgabestelle für Lebensmittelkarten.«

Im Bieberhaus geht es zu wie im Ameisenhaufen. Menschenmengen schieben sich über Treppen, durch Flure und Zimmer. Wie soll man sich hier durch-

finden! Karl, der als Volkssturmmann in Gefangenschaft geraten ist und der demnächst das Rentenalter erreicht, ist durch nichts zu erschüttern: »Mit Geduld und Spucke fängt man eine Mucke.« Aber wenn wir nicht zusätzlich unsere Ellenbogen gebraucht hätten, wären wir wohl kaum zum Einwohnermeldeamt vorgedrungen. Der Mann vom Meldeamt will wissen, wo und bei wem wir wohnen. Wir sagen, daß wir im Moment nirgends wohnen, daß unsere Wohnungen weggebombt und die Angehörigen evakuiert sind. Wir sagen, daß wir nicht wissen, ob sie überhaupt noch leben. Die Antwort: »Wer keinen Wohnsitz nachweisen kann, bekommt keine Meldebescheinigung. Wer nicht gemeldet ist, darf sich nicht länger als eine Woche in Hamburg aufhalten. Wer keine Aufenthaltsgenehmigung hat, hat kein Anrecht auf Lebensmittelkarten.« »Aber wir sind doch gebürtige Hamburger, haben hier immer gelebt und sollen uns jetzt hier nicht aufhalten dürfen«, protestiert Volkssturmmann Karl, »das ist doch idiotisch! Ist es vielleicht unsere Schuld, daß unsere Wohnungen und Familien nicht mehr vorhanden sind?« Von der »Sonderdienststelle für Durchreisende« bekommen wir Marschverpflegung für fünf Tage. Unser Entlassungsschein aus der Kriegsgefangenschaft erhält den Stempel »Durchreisender« und einen Vermerk über die Verpflegung. Das ist schlimm, denn jetzt werden wir vom Wohnungsamt, Arbeitsamt und Wohlfahrtsamt abgewiesen. Für Durchreisende sind sie nicht zuständig. Wir beschließen, uns erst einmal zu trennen. In den nächsten Tagen wollen wir uns am Hauptbahnhof wiedertreffen. Vielleicht hat dann der eine oder andere einen Unterschlupf gefunden und kann für den weniger Erfolgreichen etwas tun. Aber wir sehen uns nie wieder.

Allein auf dem Hauptbahnhof überlege ich, was ich jetzt tun soll. Wo kann ich die Nacht verbringen? In den Warteräumen schlafen Obdachlose auf Tischen, Bänken oder auf dem Boden. Der Bahnhofsbunker dient auch als Notquartier. Mir scheint keine dieser beiden Möglichkeiten verlockend. Der Hamburger Oktober ist trocken und warm. Aus einer Wohnung dringen Schlagerfetzen an mein Ohr: »Wenn bei Capri die rote Sonne im Meer versinkt ...«. Ich schlendere über den Glockengießerwall in Richtung Alster und biege dann in Brandsende ein. Von dort kann ich beinah bis zum Rathaus sehen. Bomben haben beiderseits der Ferdinand- und Hermannstraße Lücken in die Fassaden gerissen. Ruinen, Trümmer, keine Fuhrwerke und nur wenige Menschen, in der Ferdinandstraße ein beflaggtes Gebäude. Bloß keine Fahnen! Mit Fahnen gibt es nur Unannehmlichkeiten! Im Nazireich hatte man die Flagge mit gestrecktem Arm zu grüßen. »Die Fahne ist mehr als der Tod.« Die Amerikaner verlangten von den Kriegsgefangenen, daß sie beim Hissen des Sternenbanners still standen und militärische Haltung einnahmen, die Engländer wollten die »Habacht-Stellung«. Nein, mit Fahnen habe ich nichts mehr im Sinn, jedenfalls nach diesen Erfahrungen nicht mehr. Doch ich pirsche mich langsam an das Haus heran. Zwei Fahnen hängen schlaff im Wind, eine schwarzrotgoldene und eine rote mit drei Buchstaben: K.P.D.

Die Familie

Wenige Stunden nach der Entlassung aus der Kriegsgefangenschaft steige ich in der Ferdinandstraße die steinernen Stufen zu dem Büro der Kommunistischen Partei hoch. Im Büro fühle ich mich zwanzig Jahre zurückversetzt. Wie damals hängen Spruchbänder, Plakate und Parteisymbole an den Wänden. Dann entdecke ich die Portraits von Ernst Thälmann, Franz Jacob, Anton Saefkow und Irena Wosikowsky. Fassungslos starre ich darauf. Jedes Portrait ist mit schwarzem Flor umrahmt. »Sie sind tot, sie sind tot, sind tot«, hämmert es in meinem Kopf.

Zögernd spricht mich jemand mit meinem Namen an, ein Genosse aus früheren Zeiten. Schwer wiederzuerkennen, weil er wie andere durch Zuchthäuser und Konzentrationslager gegangen ist. Er hat das Todesurteil, das kurz vor Kriegsende über ihn verhängt worden ist, überlebt. Der rasche Vormarsch der Engländer hat ihn vor dem Schafott bewahrt. Eine Frau kommt aus dem Nebenraum, stockt und umarmt mich dann bewegt. Als könnte sie ihren Augen nicht trauen, fragt sie: »Du lebst auch noch?« Martha Naujoks. 1934 haben wir uns zuletzt gesehen, bevor ich verhaftet worden bin und sie emigrierte. Jetzt zieht sie mich in den Nachbarraum: »Harry schau mal, wen ich hier bringe!« Harry Naujoks begrüßt mich mit seinem dröhnenden Lachen. Es umringen mich andere Genossen, die den faschistischen Terror überlebt haben: Gustav Gundelach, Erich Hoffmann, Hugo Gill, Franz Blume, Alfred Drögemüller, Magda Kelm. Ich bin heimgekehrt, habe meine Familie wiedergefunden. Und was für eine Familie! Martha ist 1935 knapp dem Zugriff der Gestapo entgan-

Das KPD-Parteibüro in der Ferdinandstraße (1946)

gen, hat dann ein Leben im Exil geführt, erst in Prag, dann in der Sowjetunion. Sie hat als Sekretärin und Fabrikarbeiterin gearbeitet, hat gehungert, ist von einem Ort zum anderen gewandert, von Moskau bis zum Ural. Harry hat zwölf Jahre in Zuchthäusern und Konzentrationslagern verbracht, ist schwer mißhandelt und gefoltert worden. Als Lagerältester in Sachsenhausen hat er sich bei Himmler unbeliebt gemacht und wurde von ihm zum Tode durch Arbeit im Steinbruch im KZ Flossenbürg verurteilt. Das solidarische Handeln seiner Leidensgenossen rettete ihm das Leben. Gustav Gundelach und Erich Hoffmann haben in Spanien an vielen Fronten mit der Internationalen Brigade gekämpft, in Katalonien, Barcelona und vor Madrid. Gustav entkam nach dem Bürgerkrieg auf Umwegen in die Sowjetunion. Erich Hoffmann fiel in Frankreich der Gestapo in die Hände, und man deportierte ihn nach Auschwitz. (Er hatte sich einen anderen Namen zugelegt, und sie konnten seine Identität nicht ermitteln.) Als die Rote Armee das KZ befreite, ist seine Gesundheit sehr angegriffen. Es verbleiben ihm nur noch wenige Jahre. Franz Blume kämpfte in der französischen Resistance gegen den Faschismus, Alfred Drögemüller in der dänischen Untergrundbewegung.

Am selben Abend findet eine öffentliche Parteiveranstaltung statt, als Auftakt zu den Bürgerschaftswahlen. Nach dreizehn Jahren soll in Hamburg ein freies, demokratisches Parlament gewählt werden. Als wir die Aula der Emilie-Wüstenfeld-Schule betreten, bietet sich ein Bild, das ich über ein Jahrzehnt nicht mehr gesehen habe. Die Aula ist überfüllt, viele Menschen haben keinen Sitzplatz, sie stehen dichtgedrängt in den Gängen zwischen den Sitzplätzen, an

Dor hebbt wi dortein Johr op teuft . . .

Hafen- und Werftarbeiter lesen die neueste Ausgabe der Hamburger Volkszeitung

den Seiten und an der Wand hinter dem Gestühl. Von den Wänden leuchten die roten Transparente, Fahnen mit Hammer und Sichel schmücken die Tribüne. Von der Menge geht eine Erregung aus, die auch mich erfaßt.

Zu keiner Zeit ist es mir bewußter als in diesem Augenblick: Die Kommunistische Partei hat ihre Legalität zurückgewonnen. Die Partei lebt! Und doch irritiert mich etwas an dieser Veranstaltung. Anfangs finde ich keine Erklärung für meine Verwirrung; aber dann komme ich darauf. Mich überrascht die hohe Zahl der Teilnehmer. Ich frage mich, wieso hier im Saal nach zwölf Jahren Faschismus und Krieg so viele Anhänger der KPD sind. Was sind das für Leute? Woher kommen sie? Verfolgung und Krieg hat die Anhängerschaft der KPD doch furchtbar dezimiert!

Genossen, die schon länger als ich in Hamburg sind, schöpfen aus dem Besuch der Versammlung Hoffnung für den Wahlausgang. Sie rechnen mit vielen Stimmen. Fiete Dettmann und Franz Heitgreß, beide Mitglieder des von der Besatzungsmacht eingesetzten Senats, erläutern das Wahlprogramm der Partei. Starker Beifall belohnt ihre Ausführungen. Zu meiner Verwunderung melden sich anschließend nur wenige Leute zu Wort. Die Diskussionsredner unterstreichen, was die Offiziellen gesagt haben. Fragen werden keine gestellt, was bei so vielen Teilnehmern ein wenig absonderlich ist.

Während ich mir darüber noch Gedanken mache, sehe ich mich unversehens ans Rednerpult geholt. Vom Vorsitzenden der Versammlung werde ich als alter Genosse vorgestellt, der gerade aus der Kriegsgefangenschaft zurückgekehrt ist. Beifall kommt auf, erwartungsvolles Schweigen. »Du mußt was sagen«, flüstert der Genosse neben mir. Unentschlossen blicke ich auf das Publikum. Frauen, viele ältere Männer, wenige Jugendliche. Kein mir bekanntes Gesicht in der Menge. — Was kann ich denen schon viel sagen? Zögernd beginne ich zu sprechen. Sage, daß ich mich freue, wieder unter Genossen zu sein. Spreche davon, daß diese Freude durch die Trauer um die Toten getrübt wird, die unvergeßlich in meiner Erinnerung weiterleben würden. Daß es gelte, in ihrem Sinne die Welt neu zu ordnen. Wahrscheinlich haben die Zuhörer in den sechzehn Monaten nach Kriegsende solche Worte nicht zum ersten Mal gehört, trotzdem erhalte ich Beifall. Das macht mich verlegen und nachdenklich zugleich. Was soll ich davon halten? Gilt das meinen Worten oder meiner Person? Oder — ich denke an Versammlungen früherer Zeit — ist der Beifall einfach nur ein fester Bestandteil politischer Kundgebungen? Das Lied allerdings, das die Versammelten stehend singen, — einige mit erhobener geballter Faust (das müssen die Alten aus der Zeit vor 1933 sein) — kommt aus vollem Herzen.

»Brüder zur Sonne, zur Freiheit
Brüder zum Lichte empor.
Hell aus dem dunklen Vergangnen
leuchtet die Zukunft hervor.«

Anschluß an die Partei

Um zu verdeutlichen, warum ich mich frühzeitig der Kommunistischen Partei angeschlossen habe, muß ich bis in die Jahre meiner Jugend zurückgreifen. Vor meinen Augen erscheint eine kleine Provinzstadt, im Wendland in Niedersachsen. Die Stadt liegt am Zusammenfluß zweier kleiner Flüsse, Jeetzel und Dumme. Der Fluß verliert sich bei Hitzacker in die Elbe. Der Name ›Wustrow‹ ist slawischen Ursprungs: ostow = Insel. Im Zentrum der Stadt steht die St. Lorenz-Kirche. Nicht weit entfernt, in der langen Straße, gleich gegenüber der Post, befindet sich die mechanische Weberei Wentz, im Nachbardorf Schreyjahn gibt es eine Schachtanlage zur Kaligewinnung. Die Kaligewinnung und der Eisenbahnanschluß an Salzwedel und Lüchow brachten zu Beginn des 20. Jahrhunderts der Stadt Aufschwung und Wohlstand. Doch 1920 sind die Schachtanlagen stillgelegt, und die Weberei beschäftigt nur noch wenige Leute. Handwerk, Handel und Gaststättengewerbe leben jedoch nicht schlecht. Ihre Kunden sind hauptsächlich Bauern aus den umliegenden Dörfern.

Ich bin Lehrling bei einem Malermeister. »Der Lehrherr gewährt dem Lehrling während der Lehrzeit a) ganze Beköstigung, b) Wohnung, c) Bett«. (Auszug aus dem Lehrvertrag). Die Straße, an der das geräumige Haus des Meisters liegt, heißt »Am Fehl«. Dort wohnen außer dem Meister und seiner Frau drei Gesellen und vier Lehrlinge. An der Vorderfront steht in gotischer Schrift: »Ehret Eure deutschen Meister«; darunter das Wappen des Malerhandwerks. In diesem Hause schreibe ich 1926 einen Brief, adressiert an die Geschäftsstelle der Kommunistischen Partei. Ich kenne weder die Adresse noch weiß ich, ob die Partei überhaupt eine Geschäftsstelle in Hamburg hat. Aber ich verlasse mich auf die Reichspost, daß sie den Adressaten schon finden wird. Und sie findet ihn. Die Antwort trifft innerhalb einer Woche ein. Der Meister, der mir den Brief aushändigt, fragt: »Was hast du denn mit den Kommunisten zu tun?« Worauf ich mit einem Schulterzucken reagiere, denn was hätte ich ihm sagen sollen? Leicht wäre die Frage ohnehin nicht zu beantworten gewesen.

In Wustrow hatte kurz zuvor ein Komitee für Fürstenenteignung eine öffentliche Veranstaltung angekündigt. Die Versammlung sollte die Frage behandeln, ob die Hohenzollern und andere Fürstenhäuser, deren Besitz 1918 beschlagnahmt worden war, jetzt, 8 Jahre später, abgefunden oder entschädigungslos enteignet werden sollen. Es erscheint aber kein Redner und wir Besucher gehen enttäuscht nach Hause.

Als sich 1918 die Hohenzollern nach Holland absetzten, deutsche Könige und Fürsten ebenfalls das Weite suchten, nahmen sie ganze Waggons an Volksvermögen mit. Dem Kaiser wurde eine hohe Jahresrente zugesprochen. Keinem der zweiundzwanzig deutschen Könige und Fürsten, keinem ihrer Söhne, Neffen oder Vettern hat ein Arbeiter oder Soldat etwas weggenommen, keinem von den Tausenden ihres hohen und niedrigen Hofgesindes wurde ein Leid zugefügt. Jetzt beansprucht der Kaiser zu seinem holländischen Gut noch 300.000 Morgen Land und andere Vermögenswerte in Höhe von 183 Millionen Goldmark. Nicht weniger anspruchsvoll waren die Forderungen der anderen Potentaten. Das zu einer Zeit, da den zahllosen kleinen Sparern in der Inflation und durch die Stabilisierung die Früchte lebenslanger Mühe genommen wurden und die Arbeiter zu niedrigen Löhnen arbeiten mußten. Aber die eigentliche politische Frage, um die es bei diesem Volksentscheid ging, war im Grunde nicht die nach dem materiellen Anspruch der Fürsten, sondern die andere, ob Deutschland im Sinne der konservativ-reaktionären Kräfte oder nach Vorstellungen von einer sozialen demokratischen Republik gestaltet werden soll.

In Hamburg unter Sozialdemokraten und Kommunisten aufgewachsen, bin ich für die Forderung: »Keinen Pfennig den Fürsten«. Deshalb bringt mich der Ausfall der Versammlung, die sich mit der Frage der Fürstenabfindung beschäftigen sollte, in Rage. Einer spontanen Eingebung folgend, wende ich mich mit meinem Brief an die Kommunistische Partei, schreibe von meiner Enttäuschung wegen der ausgefallenen Versammlung und auch davon, daß die Reaktion das Land zwischen Hitzacker und Salzwedel terrorisiert. Die ›Reaktion‹ im Wendland sind die 1873 im Kyffhäuser-Bund zusammengeschlossenen Kriegervereine, der nach dem Ersten Weltkrieg gegründete »Deutsche Bund der Frontsoldaten«, »Der Stahlhelm«, er marschiert bei seinen Kundgebungen übrigens in feldgrauer Uniform und mit schwarz-weiß-roten Flaggen auf, und die deutschhannoversche Rechtspartei »Der Welfenbund«.

Diese drei Gruppen, fast schon eine kleine »Harzburger Front«[5], sind selbstverständlich gegen die Enteignung der Fürstenhäuser und überfluten das Wendland mit ihrer Propaganda. Die Argumente liefert der ehemalige kaiserliche Generalfeldmarschall und jetzige Reichspräsident der Weimarer Republik, Paul von Hindenburg: »Ich, der ich mein Leben im Dienste der Könige von Preußen und der deutschen Kaiser verbracht habe, (empfinde) dieses Volksbegehren zunächst als ein großes Unrecht, dann aber auch als einen bedauerlichen Mangel an Traditionsgefühl und als groben Undank. Ich sehe in ihm (dem Volksentscheid) einen sehr bedenklichen Verstoß gegen das Gefüge des Rechtsstaates, dessen tiefstes Fundament die Achtung vor dem gesetzlich anerkannten Eigentum ist.«[6]. Dieser rechtskonservative Klüngel hat im Wendland keine Gegner. In Dannenberg und Lüchow gibt es nur kleine, unbedeutende sozialdemokratische Ortsgruppen, kommunistische schon gar nicht.

Mit deutlicher Mißbilligung hat mir der Meister den Brief überreicht. In meinem Lehrvertrag heißt es: »Der Lehrherr verpflichtet sich, den Lehrling ... zur Arbeitsamkeit und zu guten Sitten anzuhalten. Der Lehrling ist der väterlichen Zucht des Lehrherrn unterworfen und dem Lehrherrn zur Folgsamkeit und Treue, zu Fleiß und anständigem Betragen verpflichtet.« Wenn der Meister auch nur eine Ahnung von dem Inhalt des Briefes gehabt hätte, wäre er nie in meine Hände gelangt. Außer einem Schreiben enthält der Umschlag ein Exemplar der kommunistischen »Hamburger Volkszeitung«. Eine Stelle ist rot angekreuzt: Ein Bericht über die politischen Umtriebe der Nationalisten im hannoverschen Wendland. Die Redaktion der »Hamburger Volkszeitung« hat aus meinem Schreiben an die KPD eine »Arbeiterkorrespondenz« gemacht, etwas, das wir heute »Leserzuschrift« nennen. Fast wortgetreu sind meine Schilderungen der politischen Verhältnisse wiedergegeben. Es ist meine erste »Arbeiterkorrespondenz«; zum ersten Mal lese ich etwas Gedrucktes, das von mir stammt. Wenn mir das nicht zu Kopf gestiegen ist! Im Begleitschreiben ernennt mich die Kommunistische Partei zu ihrem »Vertrauensmann«. Sie erwartet »Großes« von mir. Man würde mir die »Hamburger Volkszeitung« zur »Weitergabe« schicken, wie auch Plakate und Flugblätter mit der Ankündigung einer neuen Versammlung, für die der Bürgerschaftsabgeordnete Fiete Dettmann als Redner vorgesehen sei. Ich »bräuchte nur« einen Versammlungsraum finden, der KPD-Bezirksleitung den Termin mitteilen und anschließend Plakate und Flugblätter verteilen. Um die Versammlungsleitung bräuchte ich mich nicht zu sorgen; Fiete Dettmann würde dafür jemand aus Hamburg mitbringen.

Es mag seltsam erscheinen, daß die Kommunistische Partei eine so wichtige Versammlung nicht selbst organisiert, sondern einem unbekannten Jungen überträgt. Hätte die Partei nicht eine Hamburger Propagandakolonne ins Wendland senden können? Mangelt es an der Ernsthaftigkeit der Parteiaktivitäten auf dem Lande, oder ist es Ausdruck einer gewissen Hilflosigkeit des Parteiapparates? Es fehlt der Partei keineswegs der ernsthafte Wille, auch unter der Landbevölkerung Aktivitäten zu entfalten. Nur kann die Partei nicht so, wie sie wohl gern möchte. Sie steckt in einer tiefen Krise. Ihr Mitgliederbestand ist von 40.000 im Jahre 1921 auf 8.000 im Jahre 1925 gesunken.[7] Nicht nur die Hamburger, auch die Gesamtpartei befindet sich in einem desolaten Zustand. In den Industriegebieten sind nur noch 20 bis 30 Prozent ihrer Mitglieder aktiv. Auf dem Lande hat sie überhaupt keine Mitglieder. Bei den Reichstagswahlen 1924 hat die KPD eine Million Stimmen eingebüßt. Bei der Wahl des Reichspräsidenten im Jahre 1925, bei der Ernst Thälmann kandidierte, verliert sie noch einmal 837.890 Stimmen. Die Partei verkennt die Lage, die sich aus der im Oktober 1923 erfolgten Währungsreform ergeben hat. Mit der Stabilisierung der Valuta wächst 1924 die Industrieproduktion um 50 Prozent. Die Zahl der Erwerbslosen geht erheblich zurück, in manchen Berufen bis zu 70 Prozent. Und mit der Verbesserung der sozialen Lage der Arbeiter schwindet ihre Radikalisierung.

Als wenn sich nichts geändert hätte, setzt die KPD ihre linke Taktik von 1919/23 fort und propagiert weiterhin als direktes Aktionsmittel »die Vorbereitung der Revolution«. Gleichzeitig verschärft sie den Kampf gegen die Sozialdemokratie. Schon 1924 wird die absurde These vom »Sozialfaschismus« entwickelt. Der Vorsitzende der Kommunistischen Internationale Sinowjew erklärt in einer Sitzung des EKKI im Januar 1924: »Die deutsche Sozialdemokratie ist eine faschistische Sozialdemokratie... Die Sozialdemokratie stellt heute einen Flügel des Faschismus dar.«[8] Stalin baut diese These im September weiter aus: »Die Sozialdemokratie ist objektiv der gemäßigte Flügel des Faschismus... Diese Organisationen schließen einander nicht aus, sondern ergänzen einander. Das sind keine Antipoden, sondern Zwillingsbrüder«.[9] Der deutsche Kommunist und Reichstagsabgeordnete Neubauer schreibt in einem Leitartikel in der »Freiheit«: »Der Sozialfaschismus ist die letzte Erscheinungsform der Sozialdemokratie.« So manövriert sich die KPD selbst ins Abseits.

Als politischer »Neuling« ist mir dies alles natürlich nicht bekannt. Ich bin beeindruckt von dem Vertrauen, das mir die Partei entgegenbringt. Doch hat die Sache einen Haken. Wenn ich befolge, was die Partei von mir verlangt, und es wird ruchbar, kann es für mich böse Folgen haben. Ich bin im zweiten Lehrjahr und noch gewerbeschulpflichtig. Es kann mich die Lehrstelle kosten oder gar zur Einweisung in ein Erziehungsheim führen. In der demokratischen Republik von Weimar ist den Lehrlingen — wie zu Kaiser Wilhelms Zeiten — politische Betätigung, der Besuch von Gaststätten und die Teilnahme an öffentlichen Tanzvergnügungen verboten. Ich muß daher heimlich vorgehen.

Im Frühjahr 1926 hat der Meister einen aus München zugewanderten Gesellen eingestellt, einen abgerissenen Menschen mit Bartflechte. »Der kommt mir nicht an unseren Tisch«, sagt die Frau des Meisters. Aber der Meister ist selbst als junger Geselle durch die Lande gewandert und hat eine Schwäche für solche Menschen. Also wohnt der Neue in der Waldkneipe und säuft mit dem Wirt um die Wette. Die Altgesellen lehnen den Fremden ab: »Der ist anders als wir!« Diesen belustigt die politische Rückständigkeit im Wendland. Er frotzelt gern: »Der Stahlhelm ist ein Prahlhelm«, und: »Heil Moskau, Hitler is a Drecksau!«. Der Sepp ist sofort bereit, mit mir Plakate zu kleben und Flugblätter zu verbreiten. Er bringt auch einen Wirt, bei dem hauptsächlich Arbeiter und unselbständige Handwerker verkehren, dazu, seinen Saal zur Verfügung zu stellen. Die

Auf einem Handwerkerfest im Jahr 1926; 1. v. l. stehend: Helmuth Warnke

Partei schickt mir die Materialien postlagernd. »Ihr müßt vorsichtiger sein. Das Zeug ist schlecht verpackt; es fällt auf, daß es von den Kommunisten kommt. Es könnte zu deinem Schaden sein«, warnt mich zu meiner Überraschung die Postangestellte freundlich besorgt.

Bis zum dritten Lehrjahr müssen die Lehrlinge um 20 Uhr im Hause sein. Am Abend der Aktion gehe ich frühzeitig »schlafen« — bis die anderen im Bett liegen. Um 22 Uhr stehe ich wieder auf und klettere aus dem Fenster. Sepp hat aus der Werkstatt klammheimlich eine Leiter mitgehen lassen. In knapp zwei Stunden haben wir die Plakate geklebt und Flugblätter über Gartenzäune und in Hausflure geworfen. »Dös gibt a Gaudi«, freut sich Sepp.

Am nächsten Tag gleicht Wustrow einem aufgestörten Bienenschwarm. Ortsgendarm, Schuldirektor, Apotheker, Medizinalrat, Pastor und die Vorsitzenden vom Bürgerverein, Schützenverein und der Freiwilligen Feuerwehr fahnden erfolglos nach den Verbrechern. Die Versammlung zwei Tage später ist ein Erfolg. Fiete Dettmann erweist sich als eindrucksvoller Redner. Nach der Versammlung bleiben einige Teilnehmer zurück und gründen auf Anregung von ihm eine

Ortsgruppe der KPD. 26 Mitglieder treten ihr bei, vorwiegend Arbeitslose aus der Siedlung, die zum stillgelegten Kalibergwerk in Schreyjahn gehört. Natürlich werde ich an diesem Abend ebenfalls Parteimitglied — zwei Monate vor meinem 18. Geburtstag.

In der Bezirksleitung der KPD in Hamburg ist man beeindruckt. Die KPD hat auf dem Lande selten einen Erfolg zu verbuchen. Aufgrund der sozialen und politischen Struktur ist die Landagitation im Wendland besonders schwierig. Hier gibt es keine großen Güter, also auch keine Gutsarbeiter, das eigentliche Landproletariat. Dafür aber reiche Bauernhöfe und kaum Kleinbauern. Auf den Bauernhöfen sind die Lohnabhängigen der Großknecht, der Kleinknecht und ein Tagelöhner, der selbst ein Stück Land, eine Kate und Kleinvieh sein eigen nennt. An weiblichen Arbeitskräften stehen der Bäuerin eine Großmagd, eine Klein- und eine Kuhmagd zur Seite. Mit Ausnahme des Tagelöhners leben alle mit dem Bauern unter einem Dach und sitzen mit ihm an einem Tisch. Der Reallohn ist zwar gering, aber Beköstigung und Unterkunft gleichen das wieder aus.

An den Wahlen zur Deutschen Nationalversammlung 1919 z.B., den ersten Wahlen nach der Revolution, beteiligten sich ca. 90 Prozent der wendländischen Bevölkerung. 80 Prozent der Wähler stimmten für den konservativen »Welfenbund«, der im Hannoverland eine Politik vertritt wie in Preußen die Deutschnationale Volkspartei, in Bayern die Bayerische Volkspartei. Politische Agitation wird in den wendländischen Runddörfern am patriarchalischen Mittagstisch und im »Krug« betrieben, und auch hier führen die Großbauern das Wort. Zum Thema »Fürstenenteignung« zum Beispiel so: »Wer de Fürsten wat wegnehm' will, de will us Burn ok um Hoff un Acker bringen. De Knech', de dat mitmokt, de flücht annern Tag vom Hoff!«. Am Wahltag hocken die Bauern alle im Krug, die Urne immer im Blickwinkel.

Nur im Dorf Schreyjahn, in dem sich die Siedlung der Kalibergarbeiter befindet, liegen 380 Ja-Stimmen in der Wahlurne, obwohl vor dem Wahllokal, — hier ist es die Schule — mit Schrotgewehren bewaffnete Stahlhelmer patrouillieren. Die Arbeiter allerdings erscheinen in geschlossenen Gruppen von je 30 bis 40 Mann, ausgerüstet mit dicken Knotenstöcken. Dies geschieht auf Anweisung der frisch gegründeten kommunistischen Ortsgruppe.

Der Hauptfeind

Im Jahre 1926 gibt es für mich keinen Zweifel darüber, auf welcher Seite der Feind der Arbeiterklasse steht: Der Feind steht rechts. Diese Erfahrung habe ich im 1. Weltkrieg als Proletarierkind gemacht, und ich mache sie im Wendland, als es um die Fürstenabfindung geht. Rechts marschieren Kriegervereine und Stahlhelmverbände, weht die Fahne schwarz-weiß-rot, morden die völkischen Zeitfreiwilligen. Die Rechten organisierten 1920 den Kapp-Putsch. Daß die Rechten auf einen zweiten Weltkrieg hinarbeiten, ist für mich so gewiß wie das Amen in der Kirche.

Nach Beendigung meiner Lehrzeit nach Hamburg zurückgekehrt, kommt diese Erkenntnis ins Schwanken. Ich muß erfahren, daß nicht nur die Rechten den Arbeitern übel mitspielen. Das Jahr 1927 steht weltweit im Zeichen des Kampfes um die Erhaltung des Lebens zweier amerikanischer Anarchisten italienischer Herkunft. Sacco und Vanzetti sitzen seit sieben Jahren im Gefängnis, angeklagt eines Mordes, den sie nicht begangen haben. (50 Jahre später, 1977, werden Sacco und Vanzetti von der amerikanischen Regierung offiziell rehabilitiert).

Die Mehrzahl der Menschen in Europa und Amerika, unter ihnen namhafte Intellektuelle, Wissenschaftler, Juristen und Schriftsteller, sind von der Unschuld der beiden Gewerkschaftsführer überzeugt. Doch den derzeitigen Machthabern geht es nicht um Recht oder Unrecht. Sacco und Vanzetti sind Anarchisten, dazu Italiener und in den Augen mancher Amerikaner so minderwertig und gefährlich wie die Neger. Sacco und Vanzetti sollen auf den elektrischen Stuhl. In allen großen Städten der alten und neuen Welt finden große Demonstrationen und Kundgebungen für die Freilassung der beiden Amerikaner statt. Renommierte Zeitungen in allen Sprachen fordern in Schlagzeilen: »Freiheit für Sacco und Vanzetti!« Und in fast allen Städten schlägt die Polizei auf die Demonstranten ein. In manchen Städten fallen auch Schüsse. In Hamburg demonstrieren wir beinahe jeden Tag. Ich begebe mich nach Arbeitsschluß gar nicht erst nach Hause. Ich agitiere in Betriebsversammlungen — 1927 bin ich in einem der größeren Malereibetriebe

beschäftigt —, in Gewerkschaftsveranstaltungen und demonstriere mit anderen zum Heiligengeistfeld, wo die Solidaritätskundgebungen stattfinden. Bei jeder dieser Kundgebungen verprügelt uns die Polizei und — sie schießt auch. In den anliegenden Straßen gröhlen die Polizeioffiziere: »Licht aus, Fenster schließen! Es wird scharf geschossen!« Die Polizeimeute prügelt uns die Treppen zur U-Bahn hinunter, schlägt auf dem Bahnsteig auf uns ein, bis wir uns in die Bahn retten können.

Der Polizei-Terror findet auf ausdrückliche Anordnung des sozialdemokratichen Polizeipräsidenten Adolf Schönfelder statt. Am 23. August 1927 erscheint das »Hamburger Echo« mit einer schwarzen Umrandung: »Sacco und Vanzetti hingerichtet«. »Was erwartet werden mußte, ist geschehen: Sacco und Vanzetti sind um Mitternacht auf dem elektrischen Stuhl hingerichtet worden. Im Tode voraus ging ihnen, die ihre Unschuld bis zuletzt beteuert haben, ein geständiger Mörder, der Portugiese Madeiros, der im Gefängnis erklärt hatte, daß er und mehrere andere Mitglieder einer Bande die Tat, derer Sacco und Vanzetti beschuldigt waren, begangen hätten. Nicola Sacco wurde um 12 Uhr 19 auf den elektrischen Stuhl geschnallt, Bartolomeo Vanzetti um 12 Uhr 26 Minuten.«

In Deutschland kommt es 1928 zu einer Regierungskrise. Die sogenannte ›Bürgerblock‹-Regierung scheitert an der Absicht, eine Serie von Panzerkreuzern zu bauen und daran, ein Reichsschulgesetz zu schaffen, das Gemeinschaftsschulen auf christlich-religiöser Grundlage vorsieht, wobei die unterschiedlichen Konfessionen in den Schulbüchern Berücksichtigung finden sollen. Am 15. Februar muß die ›Bürgerblock‹-Regierung, — eine Koalition aus katholischer Zentrums-Partei, Bayerischer Volkspartei, der Deutschnationalen Partei und der Deutschen Volkspartei — zurücktreten und für den 20. Mai 1928 Neuwahlen ansetzen.

Im Wahlkampf machen die Arbeiterparteien die Ablehnung des Panzerkreuzerbaus zu ihrem Hauptthema. Kommunisten und Sozialdemokraten führen den Wahlkampf unter der Losung: »Kinderspeisung statt Panzerkreuzer!« Nach den Wahlen jedoch stimmt die jetzt sozialdemokratisch geführte Reichsregierung dem Panzerkreuzerbau zu. Gegen diesen Beschluß führt die Kommunistische Partei ein ›Volksbegehren gegen Panzerkreuzerbau‹ durch. Das Volksbegehren wird sowohl von bürgerlichen Parteien als auch von der SPD bekämpft. In Hamburg greift die sozialdemokratische Partei wieder zu Polizeimaßnahmen. Eine Panzerkreuzerattrappppe, die wir in unserem Stadtteil aus Holzleisten und Pappe gebastelt haben, beschlagnahmt die Polizei. Die »Hamburger Volkszeitung« wird für zwei Wochen verboten. Am 1. Mai 1929 verbietet der sozialdemokratische Polizeipräsident in Berlin die Maidemonstration. Bei den Kämpfen um die in der Verfassung garantierte Demonstrationsfreiheit kommen 25 Arbeiter ums Leben, 36 werden schwer verletzt.

Die Empörung über den Blut-Mai greift auch nach Hamburg über und löst Protestkundgebungen und Demonstrationen aus. Die Kollegen bei Kampnagel staunen, als sie beim Waschen in der ›Waschkaue‹ meinen ›bunten‹ Oberkörper sehen. Die Schläge mit dem Gummiknüppel haben blutunterlaufene Striemen hinterlassen. Wieder hat sich die sozialdemokratische Polizei an uns Kommunisten ausgetobt. Einige meiner Genossen sind mit Kopfverletzungenn ins Krankenhaus eingeliefert worden. Wieder wird die »Hamburger Volkszeitung« verboten. Dieses Mal für drei Wochen. Wo steht der Hauptfeind? Allmählich gelange ich zu der Überzeugung, daß er bei den sozialdemokratischen ›Bonzen‹ zu finden ist, bei diesen ›Arbeiterverrätern‹. Sie bläuen es uns Arbeitern ganz schön ein!

Zu Pfingsten hat der »Rote Frontkämpfer Bund« zum »Internationalen Frontkämpfertreffen« in Hamburg aufgerufen, um gegen Imperialismus und Krieg zu demonstrieren. 100.000 Teilnehmer sind angekündigt. Verwandte Organisationen aus der Tschechoslowakei, Frankreich, Holland und England haben ihre Teilnahme zugesagt. Der sozialdemokratische Hamburger Senat verbietet nicht nur das Treffen, er verbietet den gesamten Roten Frontkämpferbund, wie es Zörgiebel in Berlin und Severing in Preußen nach dem »Blutmai« bereits getan haben. Dagegen kann der deutschnationale Stahlhelm am 2. und 3. Juni in Hamburg seinen »Reichsfrontsoldatentag« unter starkem Polizeischutz im Stadtpark durchführen. Die Stahlhelmer, feldmarschmäßig ausgerüstet — eine zweite Reichswehr — skandieren durch das rote Arbeiterviertel Barmbek:

» Hakenkreuz am Stahlhelm,
Schwarz-weiß-rotes Band...« und
» Tot Luxemburg und Liebknecht,
Bolschewiki komm nur her...«

Mit Knüppeln und Totschlägern prügeln sie auf protestierende Arbeiter ein, die die Straßen umsäumen. In die marschierenden Kolonnen sind Schlägertrupps eingegliedert, die brutal über die Arbeiter herfallen. In der Bachstraße stürmt ein Trupp auf uns zu und schlägt zwei Männer und eine Frau zu Boden. Wehrlos gegenüber der Übermacht flüchten wir in ein Treppenhaus, aber Polizisten prügeln uns wieder raus. Klar, daß diese Erfahrungen mit der SPD-Politik mich gegen sie aufbringt. Einleuchtend für mich die Definition der Parteiführung: Die Sozialdemokratie ist der Hauptfeind der Arbeiterklasse, der sich schützend vor die Bourgeoisie stellt, die die Arbeiterklasse ausbeutet und knechtet. Die »Rote Fahne« schreibt: »Kommunist sein, heißt, Todfeind des Sozialfaschismus sein... Sozialfaschismus bedeutet, sozialistisch reden und faschistisch handeln.« Was Faschismus ist, wird in der September-Ausgabe 1929 des Funktionärsorgans »Der Revolutionär« so bestimmt: »Faschismus (ist) in allen seinen Formen, als mit dem bürgerlichen Staat verwachsener Sozialfaschismus, als gelegentlich unter radikaler Maske auftretendes Hakenkreuzlertum, eines der wichtigsten Mittel des Finanzkapitals.«

Als die »Rote Fahne« am 9. August 1929 schreibt: »Das Reichsbanner ist der bewaffnete Sozialfaschismus«, mache ich aus einer Bagatelle (bei uns im Stadtteil hat ein Reichsbannermann einen Jungkommunisten angerempelt) eine große Sache und schreibe in unserer Stadtteilzeitung: »Das Reichsbanner (ist) eine SA der SPD-Bonzen zur Niederknüppelung der revolutionären Arbeiterschaft.« Was bedeutet schon gegen diesen Hauptfeind, gegen den Sozialfaschismus, das »gelegentlich unter radikaler Maske auftretende Hakenkreuzlertum«? Bis 1929 haben es die Nazis im Reichstag gerade auf die lächerlich kleine Zahl von 12 Abgeordneten gebracht. Wie im Reich wächst auch in Hamburg die Wirtschaftskrise. Kontinuierlich steigen die Arbeitslosenziffern. Ende 1928 sind in Hamburg 50.162, im Jahre 1929 60.483 und im Jahre 1930 93.343 Personen arbeitslos. Ledige erhalten ein halbes Jahr lang 40 Prozent ihres früheren Einkommens als Arbeitslosenunterstützung. Krisenunterstützung oder kommunale Wohlfahrtsunterstützung bekommen nur solche Ledige, bei denen auch der Familienernährer, der Vater, arbeitslos ist oder diejenigen, die keine Angehörigen haben.

Ich habe schon längere Zeit keinen Anspruch auf Arbeitslosenunterstützung mehr, und eine andere Unterstützung bekomme ich nicht, weil mein Vater in Arbeit steht. Er muß auch für meine Schwester aufkommen, die noch in der Berufsausbildung ist und keinen Pfennig verdient. Meine Eltern müssen sogar noch für sie das Fahrgeld zur Arbeitsstelle aufbringen. Das alles ist so deprimierend, daß ich mich entschließe, wie andere jugendliche Arbeitslose Hamburg zu verlassen und mich auf »Tippelei«, auf Wanderschaft zu begeben.

Zu den Reichstagswahlen am 14. September 1930 bin ich in Rottweil und arbeite sogar in meinem erlernten Beruf. Von Rottweil aus kann ich mit dem Fahrrad leicht die Stadt Schwenningen an der Neckarquelle erreichen. Hier leben annähernd 20.000 Menschen, die vorwiegend von der Uhrenindustrie und der Herstellung von Kleinkalibergewehren leben. In Schwenningen ist der Sitz der Unterbezirksleitung der KPD Württemberg. Ich melde mich dort mit meinem Parteibuch, um mich als Wahlhelfer zur Verfügung zu stellen. Die Schwenninger Genossen sind darüber heilfroh. Wahlhelfer sind knapp. Die Partei hat gerade einen erheblichen Aderlaß hinter sich. Sie hat die führenden Brandleristen ausgeschlossen, woraufhin sich die Mehrheit mit den Ausgeschlossenen solidarisierte. Die Folge ist, daß in Schwenningen zwei kommunistische Parteien existieren: Eine starke Brandleristische Partei und ein kleines Häuflein der offiziellen KPD. Die Brandleristen führen einen groß aufgezogenen Wahlkampf. In den Arbeiterbezirken belegen sie Haus für Haus mit Flugblättern, während wir mit 20 Genossen von einem Lastwagen aus in den umliegenden Ortschaften Flugblätter hinunter-

Postkarten-Ansicht von Rottweil (1930)

werfen und dort, wo einige wenige Neugierige zusammenstehen, über Lautsprecher kurze Ansprachen halten.

In Schwenningen veranstaltet die KPD eine Kundgebung unter freiem Himmel, zu der Genossen aus Stuttgart und Umgebung zur Verstärkung angereist sind. Leider verstehe ich von den Ausführungen des Unterbezirksleiters von Schwenningen nichts. Schwäbisch ist für mich ebenso eine Fremdsprache wie hindu-indisch. Ein Wort, das er häufig gebraucht, prägt sich mir ein: »Renegate«. Wie ein Wasserfall ergießt es sich über die Zuhörer: »Die Renegate! Die Renegate! Die Renegate!« Tage später lese ich in der in Stuttgart erscheinenden kommunistischen »Süddeutschen Arbeiterzeitung«, in einer gewaltigen Kundgebung in Schwenningen habe der Redner mit dem rechten Renegatentum, einer Variante des linken Sozialfaschismus fürchterlich abgerechnet.

Zu einer Wahlveranstaltung der Nazis in Rottweil kann die UBL Schwenningen keinen Diskussionsredner schicken: »Wir haben keinen frei, wir haben genug mit den Versammlungen der ›Renegate‹ zu tun. Kannst Du nicht in der Naziversammlung sprechen, Genosse Hamburger?« Also spreche ich zum ersten Male als Diskussionsredner in einer Naziversammlung. Im Vergleich zu Naziversammlungen, die ich aus Hamburg gewohnt bin, ist die hier in Rottweil eine harmlose Angelegenheit, eine biedere Zusammensetzung von Handwerksmeistern und Pensionären, die reserviert den Naziredner anhören. Selbst die vor dem Rednerpodium aufgereihte SA wirkt gemütlich. Unbehindert kann ich 20 Minuten lang meine Rede an den Mann bringen, von der nachher mein Wirt und auch mein

Meister sagen, daß sie von ihr beeindruckt seien. Wir sitzen anschließend noch zusammen hinter einem Glas Bier und diskutieren weiter. Dazu gesellen sich auch der Vorsitzende der Zentrumspartei und der Naziführer von Rottweil. Hier kennt jeder jeden; alle stehen miteinander in Geschäftsbeziehungen und sehen dem Wahlergebnis mit schwäbischer Gemütlichkeit entgegen. Rottweil ist keine Industriestadt, sondern Oberamtsstadt im württembergischen Schwarzwaldkreis mit Landamtsgericht, Handels- und Gewerbekammer, höherer Schule und dem Lehrerseminar. In kleinen Unternehmen werden, zum Teil in Heimarbeit, Uhrfedern und Korsetts hergestellt. Viele Heimwerker betreiben nebenbei Landwirtschaft.

Kurz vor dem Wahltermin verteilen die Nazis Adolf Hitlers »Manifest an das deutsche Volk«: »Die Parole für den 14. September kann nur lauten: Schlagt die politischen Bankrotteure und deren alte Parteien! Vernichtet die Zersetzer unserer nationalen Einheit! ... Weg mit den Verantwortlichen für unseren Verfall! Volksgenosse, schließe Dich an der braunen Front des erwachenden Deutschlands! Dein 'Nein' dem heutigen System gegenüber heißt: Liste 9! Schlagt sie am 14. September zusammen, die Interessenten am Volksbetrug!« »Meine Güte«, kommentiert mein Wirt, »bläst der Mann sich auf!«

Wir sollten uns alle täuschen. Der 14. September 1930 wird zu einer politischen Sensation! Die Nazis gewinnen zu ihren 12 Mandaten 95 hinzu. Über 6 Millionen Wähler haben für die NSDAP gestimmt. Aber auch die KPD hat 23 neue Sitze im Reichstag errungen, dafür haben aber die Sozialdemokraten 10 Sitze eingebüßt. Andererseits hat die Zentrumspartei, die Partei Brünings, 6 Sitze hinzugewonnen, und die Deutschnationale Volkspartei Hugenbergs zieht mit 41 Mandaten in den Reichstag ein.

Das Zentralorgan der Partei die »Rote Fahne« schreibt: »Der 14. September war der Höhepunkt der nationalsozialistischen Bewegung, was nachher kommt, kann nur der Niedergang und Abstieg sein«. Das Zentralkomitee der Kommunistischen Partei sieht nichts Alarmierendes in dem Wahlerfolg der Nazis. In seiner Analyse des Wahlergebnisses vom 18. September erklärt es: »Das entscheidende Merkmal des Wahlergebnisses ist der gewaltige Wahlsieg der KPD. 1.300.000 neue Kämpfer wurden in die Front des revolutionären Klassenkampfes eingereiht. Mit der größten Entschiedenheit muß jeder Panikmacherei in bestimmten Teilen der Arbeiterschaft wegen des nationalsozialistischen Wahlerfolgs entgegengetreten werden. Es ist den Nationalsozialisten keineswegs gelungen, in die proletarisch-marxistische Front einzudringen ... Wir dürfen nicht verkennen, daß die SPD in den meisten Bezirken noch einen stärkeren Anhang hat als wir ... Die SPD ist nach wie vor der Hauptfeind der Arbeiterklasse, deren Einfluß gebrochen werden muß, um mit Aussicht auf Erfolg den entscheidenden Schlag gegen Bourgeosie und Faschismus führen zu können«. Die Genossen in Schwenningen sind grantig. »Des gibt's do nemme, deß Stimmviechel au Kämpfer sen«, sagt ein Genosse. Ein anderer weist darauf hin, daß auch in Schwenningen die KPD Stimmen dazugewonnen hat. »Zuagnomme hem mer abber neie Kämpfer sieg i nede«.

Die Brandleristen schreiben in ihrer Zeitung (»Gegen den Strom«, 20.9.30), die sie in Schwenningen verteilen: »Wenn ... die Führung der KPD sich ... der sonst so verpönten »Spontaneitätstheorie« hingibt (daß nämlich die faschistische Welle von selber zurückfluten werde) so werden die Tatsachen selbst binnen kurzem diesen gedankenlosen und betrügerischen Optimismus Lügen strafen, gerade weil dieser selbstbetriebene Optimismus das Hindernis dafür bildet, daß der Faschismus durch die revolutionäre Aktion der Arbeiterklasse unter kommunistischer Führung zurückgeschlagen wird.«

Der Ausgang der Reichstagswahlen führt zur weiteren Verschärfung der Krise. Mein Malermeister bemüht sich vergeblich um neue Aufträge. Er muß nicht nur mich entlassen, sondern auch zwei seiner alten Leute. So begebe ich mich wieder auf die Wanderschaft. Entlang der Landstraße breitet sich in den menschlichen Ansiedlungen die Armut wie ein Krebsgeschwür aus. Eine zunehmende Niedergeschlagenheit bemächtigt sich der Menschen. Enttäuscht und verbittert wenden sie sich von den alten Parteien ab. Die Zuwendung zur NSDAP ist zum großen Teil Ausdruck einer Unzufriedenheit, weniger die einer Bindung; die stellt sich erst später ein. Doch fällt jetzt schon auf, daß in ausgesprochenen Notstandsgebieten auch Arbeiter Interesse an der NSDAP zeigen. Ich mache diese Erfahrungen vor allem nördlich des Thüringer Waldes in Sachsen-Koburg, Gotha, Arnstadt, Eisenach, Meiningen, Sonderhausen und Weimar.

In Eisenach gründeten Wilhelm Liebknecht und August Bebel 1869 die sozialdemokratische Arbeiterpartei mit dem Programm der Internationalen Arbeiterassoziation. In Gotha, auf dem Parteitag 1874 , bekannte sich die Partei zum marxistischen Programm und änderte ihren Namen in Sozialistische Arbeiterpartei Deutschlands. Historische Stätten der deutschen Arbeiterbewegung. Jetzt drücken die Nazis der Geschichte ihren Stempel auf. Seit dem 23. Juni 1929 wird Koburg von einer absoluten nationalsozialistischen Mehrheit regiert. Im benachbarten Thüringen ist mit Hilfe der Deutschnationalen Volkspartei am 23. Januar 1930 der Nationalsozialist Frick Innenminister geworden. Unter dem nationalsozialistischen Innenminister führt die kommunistische Partei in Thüringen nur noch ein Schattendasein. Ihre Presse ist die meiste Zeit verboten. Die Einschränkung der Versammlungs- und Demonstrationsfreiheit trifft KPD und SPD gleichermaßen. Das öffentliche Leben wird von Aufmärschen und Kundgebungen der SA und des Stahlhelm beherrscht. Schwarz-weiß-rote und Hakenkreuzfahnen protzen an den öffentlichen Gebäuden, Warenhäusern und Banken, als wären es die Landesfarben. Es ist deprimierend, mit ansehen zu müssen, wie die Bevölkerung diesen Zustand als selbstverständlich hinnimmt, ja offensichtlich unterstützt. In Sachsen-Koburg und Thüringen gewinnen die Nazis bei den Reichstagswahlen am 18. September 1930 noch Stimmen hinzu.

1931 bin ich wieder in Hamburg. Die Brüning-Regierung hat durch Notverordnung sämtliche gültigen Tarifverträge aufgehoben und eine Senkung der Tariflöhne um 6 bis 8 Prozent verfügt. Davon ist auch mein Vater betroffen. Das Einkommen in unserer Familie ist noch kleiner geworden. Meine Schwester verdient immer noch nichts, und ich bekomme auch jetzt keine Unterstützung. Kein Geld aber viel Zeit für die politische Arbeit: Tagsüber agiere ich unter den Erwerbslosen, abends bin ich als Referent für die Bezirksleitung unterwegs. Bei

Wahlen setzt mich die Bezirksleitung in den Unterbezirken als Instrukteur ein. Die Monate von April bis Juli bringen zusätzliche Aktivitäten. Stahlhelmer und Nationalsozialisten wollen in Preußen die sozialdemokratische Severing-Braun-Regierung durch Volksbegehren und Volksentscheid zu Fall bringen. Als antifaschistische Partei kann die kommunistische Partei nur gegen diesen Volksentscheid sein. Ernst Thälmann erklärt in der »Roten Fahne«: »Wir können selbstverständlich nicht mit den Faschisten gegen die Preußenregierung ein gemeinsames Volksbegehren durchführen.« Am 10. April 1931 mahnt die »Rote Fahne«: »Kein Werktätiger darf sich verleiten lassen, gemeinsam mit den Mord- und Streikbrecherbanden der Nazis und des Stahlhelm, gemeinsam mit den Börsenfürsten, Junkern und Inflationsgewinnlern für deren Volksbegehren aufzumarschieren.«

So sehr die Parteibasis auch darauf gedrillt ist, in der SPD den »Hauptfeind« zu sehen, fühlt sie instinktiv doch, was es bedeuten würde, wenn es den Faschisten gelänge, auf legalem Wege sozialdemokratische Länderregierungen zu beseitigen. Der Volksentscheid ist der Griff nach der Macht. Die »Rote Fahne« hat korrekt den Arbeitern das Bild ihres Hauptfeindes aufgezeichnet: »Mord- und Streikbrecherbanden, Börsenfürsten, Junker und Inflationsgewinnler.«

In Langenhorn, dem nördlichsten Stadtteil Hamburgs und an der preußischen Grenze gelegen, werden wir Kommunisten mit den Sozialdemokraten in Bezug auf gemeinsame Aktionen gegen die Volksentscheidskampagne, die Stahlhelmer und Nazis im Umland starten, schnell einig. Jeden Abend sind wir auf Achse. Wo wir die Versammlungen der Faschisten nicht sprengen können, setzen wir zumindest die Zulassung unserer Diskussionsredner durch. Der Erfolg der gemeinsamen antifaschistischen Aktion erzeugt Hochstimmung, sowohl bei uns, wie auch bei den Sozialdemokraten. Das einheitliche Vorgehen gegen den verhaßten gemeinsamen Feind hat uns einander wieder näher gebracht. Alte Fehden sind vergessen. Diese »Idylle« wird durch einen Beschluß des Zentralkomitees der KPD vom 22. Juli, sich an dem Volksentscheid gegen die Severing-Braun-Regierung zu beteiligen, brutal zerstört: »Mit bolschewistischer Kühnheit hat das ZK der Partei beschlossen, den Roten Volksentscheid (so nennt die Parteiführung die faschistische Aktion jetzt) zur Auflösung des preußischen Landtags durchzuführen«. Am 27. Juli schickt das Sekretariat des ZK an alle Betriebs- und Straßenzellen einen Brief:

»Liebe Genossen!
... Die revolutionäre Entwicklung nimmt immer stürmischeres Tempo an. Entscheidende Massenkämpfe liegen vor uns.« (Das erfordert in der gegenwärtigen Situation) »Ausnutzung aller gegebenen Möglichkeiten zur breitesten Massenmobilisierung aller Werktätigen zum Kampf gegen diese Preußenregierung und damit gegen die Durchführung der faschistischen Diktatur in Deutschland, die Brüning-Regierung und gegen das ganze zusammenbrechende, arbeitermordende kapitalistische System. Die Kommunistische Partei muß dem Sozialfaschismus in der Preußenregierung und dem Faschismus in ganz Deutschland die richtige Antwort geben ... Darum, Genossinnen und Genossen, alle ans Werk, schmiedet in der Volksentscheidskampagne die eiserne, eherne Front aller Arbeiter und Werktätigen zum Sturze des kapitalistischen Systems.
Für die Volksrevolution, für Sowjetdeutschland!
Mit kommunistischem Gruß
Zentralkomitee
der Kommunistischen Partei
Deutschlands
i.A.: Ernst Thälmann«

Nachdem wir diesen Brief in unserem Parteiaktiv zur Kenntnis genommen haben, zündet der Genosse Willi Goeß, der in Langenhorn die Partei 1923 gegründet hat, bedächtig ein Streichholz an und hält es an das Papier. Genauso bedächtig spricht er aus, was er dabei denkt: »Den Arsch damit abwischen, ist mir der Arsch zu schade!« Der Vorsitzende der Langenhorner Jungsozialisten (nach 1933 wird er die illegale Widerstandsgruppe der SPD in Langenhorn aufbauen), Bruno Lauenroth, sagt zu mir: »Wenn die Nazis in Deutschland Oberwasser kriegen, dann habt Ihr dazu beigetragen.«

1932 erreicht der blutige Terror der Nationalsozialisten seinen Höhepunkt. SA-Banden gröhlen durch die Straßen:

» Wenn der Sturmsoldat ins Feuer zieht,
Dann hat er frohen Mut.
Und wenn das Judenblut vom Messer spritzt,
Dann geht's noch mal so gut.
Die Juden und Marxisten,
Die bringen uns kein Heil.
Den Severing und Genossen
Erschlagen wir mit dem Beil.
Blut muß fließen knüppelhageldick,
Wir pfeifen auf die Freiheit der Judenrepublik.«

Am 11. Oktober 1931 schließen in Bad Harzburg die »nationalen« Verbände, NSDAP (Hitler), Stahlhelm (Seldte und Düsterberg) und Deutschnationale Volkspartei (Hugenberg) sich zu einer »nationalen Kampfgemeinschaft« zusammen, die sich »Harzburger Front« nennt. Über ihre Zielsetzung lassen sie die Öffentlichkeit nicht im unklaren. Am 18.10.1931 druckt die Zeitung »Der

Stahlhelm« die auf der Zusammenkunft in Bad Harzburg gefaßte Entschließung ab. Darin heißt es unter anderem: »Wir verlangen Wiederherstellung der
deutschen Wehrhoheit und Rüstungsausgleich.Einig stehen wir zu diesen Forderungen. Geächtet ist jeder, der unsere Front zersetzen will. Wir beschwören
den durch uns gewählten Reichspräsidenten von Hindenburg, daß er dem stür-
mischen Drängen von Millionen vaterländischer Männer und Frauen, Frontsoldaten und Jugend entspricht und in letzter Stunde durch Berufung einer wirklichen Nationalregierung den rettenden Kurswechsel herbeiführt.«

Die sogenannte »Harzburger Front«, das muß jedem vernünftig denkenden
Linken aufgehen, ist die zur Offensive angetretene vereinigte Armee der deutschen Bourgeoisie, des Hauptfeindes der deutschen Arbeiterklasse, zur Vernichtung ihrer Organisation und zur Überwindung der Krise auf Kosten der
Werktätigen. Manches Parteimitglied stellt sich die Frage: Wird das Zentralkomitee der KPD daraus entscheidende Konsequenzen ziehen? Immerhin erläßt
am 26. Mai 1932 das ZK einen Aufruf zur Bildung einer »Antifaschistischen
Aktion«. Darin wird »die sofortige Einleitung von Kampfmaßnahmen« propagiert:»Organisierung des roten Massenselbstschutzes in Betrieben, an den
Stempelstellen und in den Arbeitervierteln ... Sofortiges Herantreten an opposi-
tionelle Arbeiter der SPD, freie Gewerkschaften, christliche Gewerkschaften
und das Reichsbanner, damit sie von sich aus den Anschluß an die »Antifaschistische Aktion« organisieren und durchführen.«

Hermann Remmele und Heinz Neumann sind im Mai aus der Parteileitung
entfernt worden (nach 1933 werden sie als Emigranten in Moskau ebenso wie
der Vorsitzende der Hamburger Organisation, Hermann Schubert, auf Geheiß
Stalins erschossen). Zur Begründung des Ausschlusses erklärt die 3. Parteikonferenz im Oktober: »Das Bestreben des Genossen Heinz Neumann und seiner
Gruppe war darauf gerichtet, (die Parteilinie) zu entstellen in der Richtung einer Unterschätzung des Faschismus und einer Abschwächung des prinzipiellen
Kampfes gegen die Sozialdemokratie.« Die Wahrheit ist, daß 1930/31 Remmele und Neumann in Opposition traten gegen die von Thälmann und Ulbricht
vertretene Generallinie, die nicht in den Nazis, sondern in den »Sozialfaschisten«, d.h. in der SPD den »Hauptfeind« sah. Fünf Monate hat das Thälmann-
ZK vor den Parteimitgliedern den Ausschluß verschwiegen. Jetzt, unter den
turbulenten Ereignissen, die der Machtübernahme an Hitler vorangehen,
nimmt ihn kaum einer von uns zur Kenntnis. Ich selber lese davon erst einen
Monat später in einer alten Ausgabe der »Roten Fahne«, die mir zufällig in die
Hände fällt.

Wir verstärken aufgrund der neuen Taktik der »Antifaschistischen Aktion«
unsere Aktivitäten. Als Erfolg verzeichnen wir einige Übertritte von Sozialdemokraten zu unserer Partei. Wahrscheinlich bedeutet die im Mai eingeleitete
taktische Wendung die größte Veränderung in unserer Politik seit 1929. An vielen Orten versuchen die unteren Einheiten, die von oben verordnete Politik der
Einheitsfront in die Tat umzusetzen. Das spiegelt auch das Wahlergebnis vom
November 1932 wider. Hat die Partei bei den Wahlen zum peußischen Landtag
im April 1932 wegen ihrer Beteiligung am Volksentscheid rund 300.000 Stim-

men eingebüßt, so erhielt sie jetzt bei den Reichstagswahlen einen Zugewinn von 1.390.150 Stimmen.

Leider wird auf der Reichsparteikonferenz vom 15. bis 18. Oktober wieder eine härtere Gangart gegen die Sozialdemokraten eingeschlagen. Ernst Thälmann sagt in seinem Schlußwort: »Nur wenn der Hauptschlag gegen die Sozialdemokratie, diese soziale Hauptstütze der Bourgeoisie, gerichtet wird, kann man den Hauptklassenfeind des Proletariats schlagen und zerschlagen.« Auch Fiete Dettmann sieht zwischen Nationalsozialisten und Sozialdemokraten keinen großen Unterschied. In der Hamburger Bürgerschaft sagt er: »Was die sozialdemokratische Partei heute tut, durch ihre führenden Regierungsstellen, das unterscheidet sich in nichts von dem, was die Nationalsozialisten in Thüringen ... und Braunschweig tun. Deshalb ist für uns die Tatsache feststehend, daß sie Feinde des Proletariats sind.« In einem Vierteljahr verliert die Hamburger KPD aufgrund dieser Schaukelpolitik rund 5.000 Mitglieder. Am 28. Januar 1933, zwei Tage bevor Hitler Reichskanzler wird, bezeichnet das ZK in einem Rundschreiben an alle Bezirke die SPD immer noch als die »soziale Hauptstütze der Kapitalherrschaft« und spricht von einem »weiteren Faschistisierungsprozeß« der SPD. »Die sind wohl da oben gar nicht mehr zu retten«, kommentiert Willi Goeß.

Im Mai 1933, als die Nazis schon fünf Monate an der Macht sind, erklärt der Teil des kommunistischen ZK's, der sich vor der Verhaftung durch Görings Polizei ins Ausland hat retten können, in der kommunistischen »Rundschau«, die in der Schweiz erscheint: »Die völlige Ausschaltung der Sozialfaschisten aus dem Staatsapparat, die brutale Unterdrückung auch der sozialdemokratischen Organisation und ihrer Presse ändert nichts an der Tatsache, daß sie nach wie vor die soziale Hauptstütze der Kapitaldiktatur darstellt.«

Der Genosse Goeß kann sich mir gegenüber dazu nicht mehr äußern. Die Nazis haben uns und andere Kommunisten eingesperrt. Eingesperrt sind auch viele Sozialdemokraten.

Abschied von der Jugend

Als 1933 SA-Hilfspolizei eine erste Hausdurchsuchung bei mir vornimmt, erlebt sie eine Überraschung. So hat sie sich eine kommunistische Junggesellenbude bestimmt nicht vorgestellt. Auf dem selbstgebastelten Bücherbord steht neben Volksbrockhaus, Kosmos, Hamburger Heimatkunde-Buch, Romanen von Gustav Freytag, Gustav Falke, Sudermann, Selma Lagerlöff u.a., keine sozialistische Literatur. Die ist längst in Sicherheit gebracht. An den Wänden Sprüche, die mich auch nicht unbedingt als Kommunisten ausweisen: »Wer nicht für die Freiheit sterben kann, der sei der Kette wert. Ihn peitsche Pfaff' und Edelmann um seinen eignen Herd.« »Lewer duat üs Slav.« »Recht mudd op Recht bestahn un schall de Welt in Stücke gahn.« Von mir eigenhändig an die Wände gemalt. An Conrad Ferdinand Meyer, Claus Groth und Fritz Reuter hatte sich mein emotionaler Freiheitssinn entzündet. Das war im Alter zwischen 16 und 19 Jahren — meine pathetisch romantische Phase. Der Einfluß Bündischer Jugend ist unverkennbar. In dem Maße wie sich Ende der zwanziger Jahre der Kampf um Freiheit und Menschenrechte zuspitzt, lösen sich Romantik und Pathos auf wie Frühnebel im Wind. Vor der harten Realität des Faschismus zerstieben meine jugendlichen Schwärmereien.

Kampf dem Marxismus

75 kommunistische Funktionäre in Hamburg verhaftet

Die Staatliche Pressestelle teilt mit:

Wie am Dienstag bereits amtlich mitgeteilt wurde, hat der Senat gestern vormittag die Beschlagnahme sämtlicher kommunistischer Flugblätter und Plakate und ferner kommuni... ... ... je Ma-

dem Valentinskamp begeben hatte, wurde der Beamte von der Enckstraße aus von mehreren Männern beschossen. Zwei Geschosse streiften den Stern des Tschako. Der Beamte blieb zum Glück unverletzt. Die Täter entkamen im Schutze der Dunkelheit.

Mitteilungen, die zur Festnahme der Burschen führen können, nehmen sämtliche Polizeiwachen, Krim...reviere und die Kriminalpo... ...zegen ...

Meine erste Verhaftung im März 1933, und die anschließende Unterbringung im Lager sind gleichbedeutend mit dem Abschied von der Jugend. Wie ahnungslos sind wir doch am Anfang des Machtantritts des Nationalsozialismus! Was wissen wir von dem, was auf uns zukommt? Wir rechnen mit Repressalien und Verfolgungen, denen die Sozialdemokraten unter Bismarck während des Sozialistengesetzes unterworfen waren, oder wie sie die Kommunisten während ihrer Verbotszeit in der Weimarer Republik erlebt hatten. Für das Überleben der deutschen Arbeiterbewegung soll sich dies sehr schnell als eine gefährliche Illusion erweisen. Unter dem Sozialistengesetz von 1878 wurde die Sozialdemokratie als Partei verboten, aber die Wahl von sozialdemokratischen Abgeordneten in den Reichstag war zugelassen. Unter dem Bismarckschen Ausnahmegesetz betrug die Höchststrafe für Schmuggel illegaler Literatur aus dem Ausland 11 Monate Gefängnis und wurde nur einmal verhängt. Unter Hitler müssen viele Menschen allein schon die Verbreitung illegalen Materials mit dem Leben bezahlen. Die unter dem Sozialistengesetz vorgesehene Höchststrafe wegen Betätigung für die Sozialdemokratie betrug ein Jahr Gefängnis. In den zwölf Jahren des Bismarckschen Gesetzes wurden 1.500 Sozialdemokraten ins Gefängnis gesperrt. Dagegen werden im ersten Jahr der nationalsozialistischen Herrschaft schon 10.000 Personen durch zu diesem Zweck extra geschaffene Sondergerichte zu langjährigen Gefängnis- und Zuchthausstrafen verurteilt. Bis 1934 haben die Nationalsozialisten rund 80.000 Kommunisten, Sozialdemokraten und Gewerkschafter in Konzentrationslagern, Zuchthäusern und Gefängnissen eingesperrt. Die einstmals mächtigen legalen Organisationen der Arbeiterbewegung sind zerschlagen. Im Faschismus ist der deutschen Arbeiterbewegung ein Feind entstanden, den sie unterschätzt hat und dessen Wesen sie nicht zu ergründen wußte.

Aus meiner heutigen Perspektive will ich versuchen, einige Gründe für diese Fehleinschätzung aufzuzeigen. Zum Dogma der Kommunisten gehörte, daß der

Marxismus eine Wissenschaft sei, mit deren Hilfe alle gesellschaftlichen Erscheinungen erklärbar seien. Ein Glaubenssatz, der mir in jungen Jahren mächtig imponierte. Als Volksschulabgänger ohne systematische Weiterbildung hatte ich hier etwas, woran ich mich halten konnte: Marxismus, eine Wissenschaft! Da kann nichts schiefgehen. Wenngleich ich zum Studium dieser Wissenschaft wegen des tagespolitischen Kampfes kaum kam. Der Marxismus lieferte eine Weltanschauung, eine Weltanschauung in der Faschismus nicht vorgesehen war.

Als wir im Frühjahr 1934 in einem kleinen Kreis von Genossen eine »Bestandsaufnahme« machen, drängt sich uns die Erkenntnis auf, daß weder die SPD noch die KPD eine exakte Analyse des Faschismus in den zwanziger Jahren erarbeitet haben. Nach der Meinung von Rudolf Rothkegel, einem sogenannten »Versöhnler«, macht die Partei den Fehler, den Faschismus in Verkennung seines wahren Wesens mit anderen Gewaltherrschaften gleichzusetzen, mit Militärdiktatur wie der des Generals Primo de Rivera in Spanien 1923[10] oder der des Generals Pilsudski in Polen 1926[11] etwa; ultrakonservativen Regierungen in Ländern mit überwiegend agrarischer Struktur, die sich auf die Armee und den Klerus stützen. Die Führung der KPD geht mit dem Begriff zu pauschal um. Für sie sind schon Regierungen aus Bürokratie, Polizei und Soldateska, — die Präsidialregierungen Brünings, Papens und Schleichers — faschistische Regime. Den Faschismus hätte man gut am italienischen Beispiel studieren können. Rudolf Rothkegel erinnert daran, was der italienische Genosse Guido Migliolis auf dem internationalen Antifaschistenkongreß 1929 über den Faschismus in Italien gesagt hatte: »Zu den Methoden des Faschismus gehört der Terror als Waffe im Kampfe um die Macht. Die Machtausübung ist die ... Legalisierung des faschistischen Terrors. Der Terror wurde das System selbst; der Terror war das Recht, war identisch mit der Regierungsmacht ... Wohl die furchtbarste Verkörperung des »Terror als Methode« im Faschismus ist das Sonder-Tribunal. Die zerstörten Existenzen, die dieses Sondergericht auf dem Gewissen hat, lassen sich nicht zählen ... Wie viele Hunderte aber haben ihr Leben ausgehaucht oder wurden wahnsinnig, ehe sie bis vor diesen 'Gerichtshof' gelangten. Neben dem Sonder-Tribunal funktioniert die Einrichtung der Deportierung auf einige kleine, öde Inseln im Mittelmeer.Die physischen und moralischen Folterungen der Deportierten spotten jeder Beschreibung. Die immer intensivere Entfaltung eines moralischen Terrors, ohne dadurch den physischen abzuschwächen, ist ja das besonders charakteristische Merkmal des faschistischen Systems. Die moralische Einschüchterung und Niederdrückung, die Verkümmerung und Erstickung jeder freien Regung, welcher Art sie auch sein möge, die Erstickung jedes Lebens, wenn es sich nicht offiziell zum Faschismus bekennt ... Der furchtbare Schrecken des Faschismus ist heute nicht mehr in seinem Terror mit dem Knüppel, mit dem Revolver in der Hand zu sehen, sondern eben in jenem Druck, der keinen freien Atemzug gestattet.«

Wir fragen uns, ob der »furchtbare Schrecken des Faschismus« auch bei uns in Deutschland möglich wird, ob er aufhaltsam ist? Es ist unsere letzte Zusammenkunft. Eine Woche darauf wird Rudolf Rothkegel verhaftet, ein halbes Jahr später ich.

Gründungskongreß der Kommunistischen Internationale, März 1919 in Moskau

Aus einem Guß

Im März 1919 war in Moskau die III. Internationale gegründet worden, der sich alsbald als deutsche »Sektion« auch die KPD anschloß. Auf dem V. Weltkongreß der Kommunistischen Internationale 1924 in Moskau wird die Bolschewisierung der europäischen Parteien als Hauptaufgabe gestellt. Bezogen auf die deutsche kommunistische Partei bedeutet das folgendes:

Die KPD sieht in der russischen Partei ihr Vorbild. Die bolschewistische Partei ist das revolutionäre Gegenstück zu den traditionellen reformistischen, sozialdemokratischen Parteien in Europa. Die bolschewistische Partei, das ist die »Partei neuen Typus'«. So heißt es in der Sprachregelung der Komintern (Kommunistische Internationale).

Organisatorisch stellt sich die KPD von Wohngebietsgruppen auf Betriebsgruppen um. Zur Aktivierung der Mitgliedschaft wird die Losung ausgegeben: »Jedes Mitglied muß Funktionär werden.« Um die revolutionären Aufgaben, die nach Meinung der Komintern und der KPD vor der deutschen Arbeiterklasse stehen, lösen zu können, muß die KPD sich ideologisch und organisatorisch deutlich und entschieden von der reformistischen Arbeiterbewegung abgrenzen. Die Situation verlangt absolute ideologische Einheitlichkeit. Fraktionsbildung, Herausbildung von Flügeln, Gruppierungen dürfen unter keinen Umständen geduldet werden«, heißt es in den Beschlüssen des V. Weltkongresses der Komintern zur Bolschewisierung der europäischen Parteien. Das Gegenteil ist zunächst Realität.

In der russischen Vorbildpartei toben zu dieser Zeit heftige Fraktionskämpfe, aus der die Stalingruppe als einzig überlebende und alleinherrschende hervorgehen wird. Aufgrund der starken Anlehnung an die bolschewistische Partei entstehen in der KPD Fraktionen, die sich auf die in der Sowjetunion existierenden Fraktionen beziehen. Natürlich erklärt sich die Ursache der fraktionellen Auseinandersetzungen in der KPD nicht nur aus der starken Bindung an die sowjetische Partei. Der Partei stellen sich selbst zahlreiche strategische und taktische Probleme, die zu Meinungsverschiedenheiten führen und ausgefochten werden müssen. Das wesentliche Problem der Partei ist das Auseinanderfallen von politischem Anspruch und gesellschaftlicher Wirklichkeit. Sie propagiert die sozialistische Revolution, für die objektiv, spätestens seit 1923, jede Voraussetzung fehlt. Zugleich ist sie gezwungen, unter Bedingungen, die der sowjetische Wirtschaftsexperte Varga als »relative Stabilisierung des Kapitalismus« bezeichnet, den Kampf für politische und soziale Reformen zu führen. Den Umständen entsprechend findet dieser Kampf mehr im Parlament, als auf der Straße statt.

»Im frühen deutschen Kommunismus waren noch verschiedene und recht gegensätzliche Strömungen vorhanden. Diese Tendenzen lassen vermuten, daß die KPD durchaus unterschiedliche Entwicklungsmöglichkeiten besaß ...«[12]

»Die politischen Richtungskämpfe innerhalb der KPD wurden in den zwanziger Jahren von mehr oder weniger festgefügten Fraktionen geführt. Die meisten Gruppen wandten sich gegen den Stalinismus, den sie je nach ihrem Standpunkt von links oder rechts kritisierten und bekämpften ...«[13]

Der damalige Vorsitzende der Kommunistischen Internationale, Sinowjew, unterteilte im März 1926 die innerhalb der KPD vorhandenen Strömungen in drei Gruppen, in Rechte-, Ultralinke- und Mitte-Fraktionen. Die »Rechten« versuchen in Deutschland Realpolitik zu betreiben, vor allem bejahen sie die Einheitsfront mit der SPD, um gewisse Aktionsziele und eine Verbesserung der Lage der Arbeiter zu erreichen. Sie treten für die Mitarbeit in den Gewerkschaften und für aktive Parlamentsarbeit ein, sie knüpfen an die Tradition der Linken in der Vorkriegs-Sozialdemokratie an, und sie lehnen Stalins Vormachtstellung in der Kommunistischen Internationale ab. Die profiliertesten Parteiführer unter ihnen sind Heinrich Brandler, August Thalheimer und Jakob Walcher. Ihre Anhänger rekrutieren sich hauptsächlich aus qualifizierten Arbeitern, Gewerkschafts- und Kommunalfunktionären. Die »Linken« vertreten abstrakt radikale Tendenzen, wollen vorrangig das Endziel propagieren, den gewaltsamen Aufstand vorbereiten und lehnen Übergangsforderungen ab. Sie sind Gegner einer Einheitsfront mit der SPD, betreiben teilweise die Gewerkschaftsspaltung (Gründung von »Roten Gewerkschaften«) und üben in den Parlamenten Obstruktion. 1924 bekennen sich fast dreiviertel der KPD-Mitglieder zu den linken Kommunisten. Die anfängliche Führungsgruppe um Ruth Fischer, Arkadij Maslow, Ernst Thälmann u.a. spaltet sich 1925 unter dem Druck der Komintern. Die kominterntreue Richtung, vertreten durch Ernst Thälmann, Ottomar Geschke, Philipp Dengel, Ernst Schneller, übernimmt die Parteileitung. Während die Thälmann-Führung zur deutschen Stalin-Fraktion wird, stellen die Ultralinken Ruth Fischer, Maslow und Scholem sich gegen den Kurs der Thälmann-Gruppe, verharren auf den alten linksradikalen Positionen. Sie werden zu den schärfsten Kritikern der Stalin-Politik. Vorübergehend über einen starken Anhang unter den radikal eingestellten KPD-Mitgliedern verfügend, verlieren sie ihre Basis, als die Partei ab 1929 unter Führung von Thälmann, Remmele und Neumann selbst einen ultralinken Kurs steuert.

Die Versöhnler-Fraktion, ab 1927 so bezeichnet, vertritt ähnliche Positionen wie die Rechten. Sie unterscheidet sich lediglich in ihrer Haltung zur Sowjetunion und zur Komintern. Während die Rechten Stalins Vormachtstellung in der Kommunistischen Internationale ablehnen, treten die Versöhnler für die Führungsrolle der sowjetischen KP in der Komintern ein, was letzten Endes auf eine Tolerierung des Einflusses Stalins hinausläuft. Die Versöhnler stützen sich vorwiegend auf Intellektuelle und Berufsrevolutionäre, nur in den Bezirken Westsachsen, Halle-Merseburg und Hamburg haben sie einen relativ starken Arbeiteranhang. Zu ihren führenden Köpfen zählen Ernst Meyer, Arthur Ewert, Hugo Eberlein, Gerhart Eisler. In Hamburg sind es zeitweise Hans Goertz, Gertrud Gräser, Hermann Hoefer, Franz Jacob, Harry Naujoks, Karl Grunert.

Der Begriff »Versöhnler« ist von der Gruppe Thälmann, Remmele, Heinz Neumann geprägt worden zur Diffamierung der Genossen aus der ehemaligen Mittelgruppe, »die angeblich die 'richtige Parteilinie' mit den 'falschen Auffassungen der rechten Kommunisten' versöhnen wollen.« Auf der II. Parteikonferenz der KPD am 3. und 4. November 1928 in Berlin wird den Versöhnlern vorgeworfen, »die Entwicklung des Reformismus zum Sozialfaschismus« nicht wahrzunehmen. 1928 gerate ich unversehens in das Getümmel der innerparteilichen Auseinandersetzungen. Der Anlaß ist die Veruntreuung von 1.850 Mark Parteigelder durch den Vorsitzenden der Bezirksleitung Wasserkante, John Wittorf. Die Gelder sind in Nachtlokale und Spielclubs auf dem »Kiez« gewandert. Ein großer Teil der Parteimitglieder ist wie ich aufs heftigste empört und fordert Konsequenzen. Im Widerspruch dazu beschließen am 23. Mai Thälmann, Schehr, Presche und Rieß, die Mitglieder des ZK der Hamburger Bezirksleitung sind, den Skandal zu vertuschen. Doch nach dem Eingreifen des ZK erfolgt auf der Sitzung der Bezirksleitung am 23. September der Ausschluß Wittorfs aus der Partei. Am 26. September beschäftigt sich das Zentralkomitee mit dem Hamburger Korruptionsfall und enthebt Thälmann seiner Funktion als Parteivorsitzenden. Die »Rote Fahne« kommentiert die Absetzung Ernst Thälmanns als ein »Beispiel für die konsequente Reinheit der Partei ... Die Erledigung der Hamburger Angelegenheit beweist der Arbeiterschaft, mit welcher rücksichtslosen Strenge die KPD gegenüber jedem Korruptionsfall vorgeht. Die schärfste Mißbilligung des politischen Fehlers des Genossen Thälmann wird das Ansehen der revolutionären Arbeiterpartei stärken.«[14]

Am 1. Oktober 1928 besuche ich die Parteiarbeiterversammlung im großen Saal am Valentinskamp. Hier wird bekannt, daß die Mehrheit der Hamburger Bezirksleitung sich gegen die Funktionsenthebung von Thälmann ausgesprochen hat. Wir reagieren aufgebracht: »Nieder mit der BL! Sie soll verschwinden!«

Doch am 2. Oktober beschließt das Politbüro unter völliger Mißachtung des Willens der Parteimitglieder die Maßregelung Thälmanns wieder zurückzunehmen. Am 5. Oktober schreiben das Zentralorgan »Die Rote Fahne« und andere Parteizeitungen, daß die Mehrheit des ZK »von der Erwägung ausgegangen« sei, »daß Genosse Thälmann trotz seines schweren politischen Fehlers in der Führung der Partei bleiben soll.« Scharf gerügt wurden dagegen die »Rechten« und die »Versöhnler« wegen ihrer politischen »Ausnutzung der Hamburger Vorgänge« (Wittorf bleibt ausgeschlossen).

Am Umgang mit den »Hamburger Vorgängen« zeigt sich, wie weit die deutsche Kommunistische Partei bereits ihre Eigenständigkeit eingebüßt hat, erfolgt doch die Wiedereinsetzung Thälmanns in seine Funktion auf Anweisung des EKKI-Präsidiums. Dieses tagt am 6.Oktober 1928 in Moskau. Stalin arrangiert die Sitzung so, daß Bucharin und andere Kritiker nicht anwesend sein können. Seine Forderung, Thälmann wieder zum Vorsitzenden der deutschen Partei zu machen, kann er mühelos durchsetzen. Von diesem Hintergrund des sich lokal abspielenden Fraktionskampfes habe ich 1928 keine Ahnung. Allerdings ist der Hamburger Korruptionsskandal für mich die erste politische Lektion als Mitglied dieser Partei.

Auf des Messers Schneide

Das Jahr 1934 beschenkt uns mit einem traumhaft-schönen Nachsommer. Die Bäume sind noch belaubt, rot und golden verfärbt. Die Zweige der Apfelbäume biegen sich unter der Last ihrer Früchte. Feuerdorn und Herbstastern leuchten um die Wette. Jung wie wir sind und gierig auf das Leben, nutzen wir die Zeit. An manchen Abenden holt meine Frau mich von der Arbeit ab. Dann machen wir mit unseren Rädern einen Abstecher zum Hamburger Stadtpark oder einen Umweg durch das Alstertal. Auch Freunde besuchen wir. Lie hat in diesem Sommer ihren 19., ich meinen 26. Geburtstag begangen. Im Mai hatten wir geheiratet.

In der Nacht vom 3. auf den 4. Oktober verhaftet mich die Gestapo. Im Hamburger Polizeipräsidium Hohe Bleichen empfängt mich Gestapo-Inspektor Kraus mit den Worten: »Ei, sieh da! Herr Helmuth Warnke mit seiner langjährigen politischen Vergangenheit. Na, denn woll'n wir uns mal unterhalten. Wo warst Du in der Zeit vom 18. März bis 22. Juni 1933?« »Im Sommer 1933 war ich im Schutzhaftlager Wittmoor!« Kraus brüllt mich an: »Lauter!« »Im Lager Wittmoor!« Kraus versetzt mir mit geballter Faust einen Schlag in die Magengrube. »Nochmal, wo warst Du?« Was soll diese dämliche Frage. Kraus weiß sehr genau, wo ich mich im Sommer 1933 befunden habe. »In Wittmoor.« Diesmal kriege ich einen Schlag zwischen die Schulterblätter versetzt, so gewaltig, daß ich im Brustkasten einen furchtbaren Schmerz verspüre. Der Schläger steht hinter mir.

»Wohl wahnsinnig geworden«, faucht Kraus, »mir um den Hals zu fallen« und holt abermals zum Schlag aus, der mich wieder in die Gerade bringt. »Du warst in einem Umerziehungslager! Verstanden!«

»Ich war in einem Umerziehungslager.«

»Na endlich. Warum nicht gleich so? Und hat die Umerziehung gefruchtet? Bist Du ein anständiger Volksgenosse geworden? Du bist es nicht, Du Dreckskerl!«

Er blättert in den Unterlagen, die auf seinem Schreibtisch liegen, liest mir Aussagen aus einem Vernehmungsprotokoll vor, die mich schwer belasten. Auf den Tag genau ist aufgeführt, wann und wo und wieviele Flugblätter der Belastungszeuge von mir erhalten hat. Kraus packt mich am Halskragen.

»Gibst Du zu, Flugblätter nach Langenhorn gebracht zu haben?« Krampfhaft versuche ich, irgendetwas zu antworten, doch ich bringe nur unverständliche Laute hervor. Ich bin zu sehr erschrocken, um überhaupt einen klaren Gedanken fassen zu können. Zudem steigt mir etwas im Hals hoch, das mich am Reden hindert. Ich spucke aus. Es ist Blut. Kraus geht um mich herum, wobei er mir leichte Stöße versetzt, so daß ich hin und her schwanke. »Abführen! Einzelhaft und Ketten! Steckt ihn in ein Loch, wo es dunkler ist als die schwärzeste Nacht.« An der Tür ruft er mir noch nach: »An Deiner Bestätigung liegt uns nichts. Wir wissen bestimmt, daß Du die Flugblätter überbracht hast. Was wir noch nicht wissen, ist die Herkunft der Flugblätter. Und das werden wir aus Dir herausquetschen. Mit allen Mitteln. Worauf Du Dich verlassen kannst!«

In meiner Zelle, in KOLAFU, mit mir allein, überlege ich, — 6 Schritte vom Fenster zur Tür, umgekehrt 6 Schritte zum Fenster, 120 Schritte in der Stunde — was ich der Gestapo glaubhaft erzählen kann, ohne etwas (und jemanden) preiszugeben. Ich lasse in meinem Kopf die Zeit von meiner Entlassung aus dem KZ Wittmoor bis zu meiner erneuten Verhaftung Revue passieren. In den ersten Wochen nach meiner Entlassung aus Wittmoor komme ich mit keinem bekannten Genossen zusammen. Bewußt meiden beide Seiten Begegnungen. Bei zufälligen Zusammentreffen auf der Straße sehen wir aneinander vorbei. Ein Verhalten, das dem Selbstverständnis entspricht, illegale Arbeit nicht zu gefährden. Weder die Genossen, noch ich sind sicher vor Beschattung durch die Gestapo. Als nach Wochen die erste Kontaktaufnahme vor sich gehen soll, hat die Gestapo den Genossen, mit dem ich mich treffen wollte, in der vorangegangenen Nacht verhaftet. Paul Helms besucht mich kurz: »Sei vorsichtig. In der Leitung stinkt's. Es gehen immer häufiger Genossen durch eingeschleuste Spitzel hoch.« Rudolf Rothkegel warnt mich ebenfalls. Um Weihnachten herum bekomme ich Besuch von Lotte Burmester. Nach der Ermordung ihres Mannes Karl Burmester durch die Gestapo wurde sie aus KOLAFU entlassen. Während der Inhaftierung und bei den Vernehmungen hat sie erschütternde Feststellungen gemacht: »Du kannst es Dir nicht vorstellen, wie durchsetzt die Partei mit Spitzeln ist«, sagt sie, »lasse Dich niemals mit jemandem ein, den Du nicht lange und gründlich kennst.«

Bereits in den Jahren vor der Machtübernahme haben die Nazis ihre Spitzel in der KPD angesiedelt. Aufgrund der enormen Mitgliederfluktuation gelingt es ihnen verhältnismäßig leicht. 1931 beträgt die Fluktuation 38 Prozent, 1932 54 Prozent. Auch verändert sich die soziale Zusammensetzung der Partei. 1927 sind noch 68 Prozent der Parteimitglieder Betriebsarbeiter, zum Jahresende 1931 nur noch 21 Prozent. Im April 1932 sind 85 Prozent der Mitglieder arbeitslos. Sowohl diese Tatsache als auch die zahlreichen Säuberungen der Partei von »Feinden« haben dazu beigetragen, den Nazis die Spitzelarbeit zu erleichtern. Da hiervon meistens die oberen und mittleren Funktionärskreise betroffen sind, besteht immer ein Mangel an Funktionären. Für Parteineulinge ist es daher leicht, eine Funktion zu erlangen. Wer sich durch Aktivität hervortut und der jeweiligen Parteilinie zustimmt, gelangt bald zu Positionen, die beträchtlichen Einblick in die Organisation erlauben. Willi Kaiser, z.B., ist Spitzel in der RGO und liefert nach 1933 viele Genossen der Gestapo ans Messer. In der Eimsbütteler Organisation verhilft Richard Schust der Gestapo zu Massenverhaftungen. Karl Burmester und andere Funktionäre werden von Martin Holstein an die Gestapo verraten. Wie kann man unter solchen Umständen illegal gegen den Nationalsozialismus kämpfen?

50 Jahre später werde ich in meinem Buch »Der verratene Traum« schildern können, wie wir es dennoch wagten: »... es gab noch eine Gruppe von kommunistischen, sozialdemokratischen und parteilosen Arbeitern. Diese stellte hektographische Flugblätter her und bezog aus Dänemark Druckschriften. Aus Sicherheitsgründen wurde das Material in anderen Bezirken Hamburgs und im Umland zur Verteilung gebracht«. Das selbstverfaßte Flugblatt kam sporadisch

unter dem Titel »Der rote Punkt« heraus und war zur Irreführung der Gestapo mit einem Impressum aus München versehen. Es hieß darin, daß Deutschland keinen anderen Feind habe, als den im eigenen Land. Der Feind in brauner und schwarzer Uniform sei schlimmer als jeder andere, mit dem das deutsche Volk jemals vorher konfrontiert war. Es würde eines Tages von ihm vollkommen versklavt werden, wenn es nicht geschlossen gegen ihn antreten werde. Im gegenwärtigen Moment gebe es in Deutschland keine schlagkräftige Armee, die ihm Widerstand leisten könne. Darum sei es notwendig, überall in der Stadt und auf dem Land 'rote Punkte' zu schaffen, Stellungen, von denen aus allmählich immer umfangreicherer Widerstand geleistet werden könne.

Die Gruppe setzt sich aus langjährigen Bekannten, die in der Vergangenheit nicht aufgefallen und der Gestapo als latente Gegner unbekannt geblieben sind, zusammen. Der Schuster Hans Ruppel gehört zu den Jungsozialisten, ebenso seine Freunde, der Schlosser Willi Schold und der Seemann Kalli Funk. Nellie Doorn und Anders Jonasson zählen zur Volksheimjugend. Lilli Beck, Olga König und Christa Gabe sind parteilos. Trudel Hacker, Kurt Schubert und seine Frau Gretel sind Mitglieder des Arbeitersportbundes Fichte. Der Metalldreher Franz Bafian, der Klempner Gustav Franz, der Schneider Karl Hyp und der Schlachter Herbert Gerstenberg gehörten früher der KPD oder einer ihrer Nebenorganisationen an. Sie alle betätigen sich als Flugblattverbreiter, Kuriere, Materialbeschaffer und Schreibkräfte. Ich habe sie einzeln für die illegale Tätigkeit gewonnen, und nur zwischen ihnen und mir gibt es Verbindungen. Sie wissen nichts voneinander und kommen, mit Ausnahme derer, die sich von früher kennen, nie miteinander in Berührung.

Gemeinsam mit meinem Vater fabriziere ich im Keller unseres Siedlungshauses auf einem selbstgefertigten Vervielfältiger Flugblätter. Es ist eine Mordsarbeit! Für hundert Flugblätter brauchen wir eine Wachsmatrize. Um fünfhundert Flugblätter herzustellen, bedarf es fünf Wachsmatrizen mit dem gleichen Text. Den von mir verfaßten Text gehe ich mit zwei engen Vertrauten durch, bevor er auf die Matrize getippt wird. Sicherheitshalber bedienen wir uns mehrerer Maschinen mit unterschiedlichem Schriftbild. Es ist uns bekannt, daß die Gestapo anhand von Schriftproben versucht, über den Schreibmaschinenhandel Maschinen ausfindig zu machen, auf denen Texte für illegale Flugblätter geschrieben wurden. Und so benutzt Maria Helms eine Maschine ihrer Firma, dessen Inhaber, ein Exportkaufmann, die Nazis haßt. Trudel Hacker schreibt auf der Maschine eines Malermeisters, der bei ihr im Hause wohnt, und für den sie gelegentlich Rechnungen schreibt. Nellie Doorn tippt auf ihrer eigenen Maschine in ihrer Schrebergartenlaube. Kein Nachbar kann das Klappern der Maschine hören. Die Unkosten decken wir aus eigener Tasche. Das Papier kostet uns nichts. Anders klaut es der Reederei Essberger (E. ist NS-Staatsrat), bei der er als kaufmännischer Angestellter beschäftigt ist.

Im März 1934 fahren Hans Ruppel und ein anderer Jungsozialist nach Kopenhagen und bringen von dort illegale Broschüren, darunter das »Braunbuch« über den Reichtagsbrand mit.

Die Polizeibehörde Hamburg.
- Staatspolizei -
Insp. 6. 854/34.

Hamburg, den...4. 10...... 195 4

5

Einzelhaft - ~~xxxx~~ - erforderlich.

S c h u t z h a f t b e f e h l .

D er. Maler. Helmuth Fritz. Cäsar... W a r n k e...........
geb. 31.7.08. zu. Hamburg,. wohnh.. Langenhorn,.Bornerstieg. 15.. b./Lass
....

ist - ~~xxxx~~ - zur Schutzhaft zu bringen, weil ..er....*dringend*
verdächtig .ist.sich.in.unverjährter.Zeit.des.Hochverrats.dadurch
schuldig.gemacht.zu.haben...als.Mitglied.der.illegalen.Parteiorgani-
sation.wiederholt.Flugblätter.und.andere.kommunistische.Druckschriften
in.grösseren.Mengen.nach.Langenhorn.gebracht.hat,zuletzt.im.August
1934.zur.Volksabstimmung.......................................
....
....
....
....

und weil ..er......*durch* ..sein...*Verhalten die öffentliche*
Sicherheit und Ordnung u n m i t t e l b a r gefährdet.
Seine.Handlung.ist.ein.Verbrechen.im.Sinne.des.Gesetzes.vom
.2..5..34...
...~~Einzelhaft.g..halten~~...
....

Gegen diesen Schutzhaftbefehl ist eine Beschwerde nicht
zulässig.

Staatspolizei

Ein letztes Verhör

Wie lange bin ich schon in Gestapo-Haft? Zehn Tage, vierzehn Tage? Ich weiß es nicht. Die Zelle ist verdunkelt, und ich kann Tag und Nacht nicht unterscheiden. Ich beginne, mich an die Nacht zu gewöhnen und erschrecke, wenn die Lampe eingeschaltet wird. Die Augen schmerzen unter dem grellen Licht, und die Gewißheit, erneut zum Verhör geholt zu werden, verkrampft meinen Magen und läßt mein Herz flattern. Ununterbrochen hämmert Kraus auf mich ein: »Wo hast Du die Flugblätter her? Woher hast Du...?« Warum schlagen sie mich nur immer auf den Brustkorb und zwischen die Schulter? Wie soll ich da reden können? Ich kriege keine Luft mehr und werde noch ersticken! So kann das nicht weitergehen! Ich muß wieder einen klaren Kopf kriegen. Es ist hohe Zeit, daß ich ihnen etwas erzähle, ein Geständnis mache. Bruchstückweise rede ich, und sie nehmen es zu Protokoll, daß ich dreimal von einem gewissen Köhnke — genau ist mir der Name nicht bekannt —, er kann auch Kölling oder Knöller heißen, Flugblätter in großer Auflage zur Verteilung erhalten habe. Die erste Sendung in einer Höhe von 60 bis 80 Stück verteilte ich selbst und zwar in Langenhorn. Teils warf ich sie in die auf dem Wege zu meiner Arbeitsstätte im Stadtinneren gelegenen Gärten. Im August 1934 erhielt ich von dem Mann die 2. und 3. Sendung. Beide Sendungen lieferte ich an Otto Sass ab. (Sass war V-Mann der Gestapo, wie sich bei den Vernehmungen herausstellte.) Geradeso wird es später in der Anklageschrift des Generalstaatsanwalts beim »Hanseatischen Oberlandesgericht« stehen. Die Gestapo wollte eine genaue Beschreibung des Phantommenschen von mir haben. Also erzählte ich ihnen, der Typ sei ungefähr 1,85 m groß, kompakt, habe ein rundes Gesicht mit auffallend roten Wangen und kurzen blonden Haaren. Dazwischen spukke ich immer wieder Blut aus. Ich kann gerade noch das Protokoll unterschreiben, bevor ich erbreche.

Nebel ist vor meinen Augen und das Erbrechen will kein Ende nehmen. Wie aus weiter Ferne vernehme ich eine Stimme: »Der kotzt sich noch tot.« Dann setzt mein Bewußtsein aus. Als ich wieder zu mir komme, befinde ich mich in einem Bett der Krankenabteilung des Hamburger Untersuchungsgefängnisses am Holstenglacis. Ein Arzt steht an meinem Bett: »Sie müssen sich ganz ruhig verhalten. Sie haben einen Blutsturz gehabt. Es ist noch einmal gutgegangen. Ihr Leben stand auf des Messers Schneide. Wir werden Sie eine Zeitlang hier behalten und medikamentös behandeln.«

Ob ich früher schon einmal lungenkrank war, will er wissen. Ich erzähle ihm, daß ich wegen Tbc-Erkrankung 1926, 1927 und 1929 in Andreasberg im Harz jeweils mehrere Monate klinisch behandelt worden bin. Er meint, daß wahrscheinlich in einem Lungenflügel eine Vernarbung wieder aufgebrochen sei. Nachdem er gegangen ist, rolle ich mich in dem Bett zusammen und denke daran, wie Kraus bei der Vernehmung geprahlt hatte: »Komme uns ja nicht mit dem großen Unbekannten. Auf diesen Bluff sind wir vielleicht vor einem Jahr mal reingefallen. Sowas nehmen wir keinem mehr ab.«

»Wie war es im Knast?«

Der Enkel möchte wissen, wie es mir nach dem letzten Verhör bei der Gestapo und anschließender Unterbringung auf der Krankenstation im Untersuchungsgefängnis ergangen ist.

»Bist Du von dort aus auf freien Fuß gekommen? Hat es einen Prozeß gegeben? Bist Du verurteilt worden?«

Kaum kann ich wieder auf den Beinen stehen, schafft mich die Gestapo wieder ins KZ Fuhlsbüttel. Zuvor besuchte mich einmal ein Gestapomann am Krankenbett, um mir eine Fotosammlung bekannter und unbekannter Kommunisten zu präsentieren. Ich sollte meinen »großen Unbekannten« darunter heraussuchen. Eine vergebliche Liebesmüh.

Ins Kolafu zurückgebracht, werde ich wieder in Einzelhaft gesteckt, vierzehn Wochen, Tag und Nacht in Eisen geschlossen. Nach sechs Monaten Untersuchungshaft findet am 3. Juni vor dem »Hanseatischen Oberlandesgericht« der Prozeß statt. Oberstaatsanwalt Stegemann beantragt drei Jahre Zuchthaus, doch ich habe Glück, das Gericht verurteilt mich zu zwei Jahren Gefängnis, da weder die Gestapo noch das Gericht mir mehr nachweisen können, als ich selber zu Protokoll gegeben habe. Nach der Verhandlung gestattet das Gericht ein kurzes Gespräch zwischen mir und meiner Frau. Sie nimmt das Urteil mit Fassung auf. Sie ist froh, daß ich so glimpflich davongekommen bin. Sie sagt: »Die zwei Jahre werden wir schon überstehen«. In diesen zwei Jahren ist sie gezwungen, Schulräume zu putzen, da die Wohlfahrt keine Unterstützung zahlt. Zum Abschied tröstet sie

»Lie« Warnke-Laß (1934), Helmuth Warnkes erste Frau

mich: »Wenn du frei kommst, kann unser Kind schon laufen, und »Papa« wird es bis dahin auch sagen können. Das bringe ich ihm bei. Das Kind kommt in der Nacht darauf zur Welt. Doch es wird mir nie entgegenlaufen können, und niemals wird es »Papa« sagen. Es ist mit einer Mißbildung im Gehirn geboren und stirbt im Alter von vier Jahren.

Die Knastzeit verbringe ich im Gefängnis Fuhlsbüttel. KOLAFU, Gefängnis und Zuchthaus liegen dicht beieinander, vollgepfropft mit politischen Gefangenen. KZ, Gefängnis und Zuchthaus zusammen sind in Hamburg das Instrumentarium zur Unterdrückung des Widerstandes gegen den Nationalsozialismus. Das erste Vierteljahr im Knast verbringe ich in Einzelhaft. In bestimmten Abständen werden mir alte Schiffstaue, in Stücken von 25 bis 30 cm in die Zelle gekippt. Die muß ich zu Werg zerfasern. Dieses Werg wird zum Kalfatern, Abdichten von Schiffswänden verwandt. Von 9 Uhr bis 17 Uhr muß ich täglich ein bestimmtes Quantum zupfen. Schaffe ich es nicht, erhalte ich keine »Entlöhnung«, die übrigens lächerlich gering ist. Ich schaffe das Quantum nicht. Der Gestank der teergetränkten Taue belästigt und reizt die Atmungsorgane. Mein Husten wird chronisch. Die Dauer der Einzelhaft ist abhängig von der Arbeitsleistung. Ich richte mich darauf ein, die ganze Knastzeit in diesem Stinkloch verbringen zu müssen. Zu meinem Glück braucht der Wachtmeister, der die Malerkolonne beaufsichtigt, Leute, und so steht er eines Tages in meiner Zellentür, um mich nach meinen handwerklichen Fähigkeiten auszuforschen. Meine Antworten müssen ihn zufriedengestellt haben, schon am darauf folgenden Tag werde ich in die Malerkolonne eingereiht und in eine Dreimannzelle verlegt.

Meine Mitbewohner sind die Genossen Henry Radöhl und Willi Meier, der Benjamin unter uns. Beide kenne ich von draußen. Jeder Gefangene kann pro Woche ein Buch aus der Gefängnisbücherei entleihen. Für uns ergibt das zusammen drei Bücher. Wir einigen uns darauf, daß wir je ein wissenschaftliches, ein »politisches« und ein belletristisches Buch ausleihen. Bücher politischen Inhalts sind solche wie die von Adolf Damaschke über »Die Bodenreform«. Das Buch ist gespickt mit Marx-Zitaten, die Damaschke anführt, um Marx zu widerlegen. Jetzt dienen uns die Zitate zum Studium. Leicht ist dieses Buch nicht zu bekommen, es

ist ständig unterwegs und vorbestellt. Wäre Henry nicht mit dem Kalfaktor der Bibliothek befreundet, hätten wir das Buch wohl kaum zu Gesicht bekommen. Merkwürdig ist, daß der Knastaufsicht das allgemeine Interesse der politischen Gefangenen an diesem Buch nicht auffällt. Wissenschaftliche Bücher reichen von Darwin über Haeckel bis zu Bölsche. An Unterhaltungsliteratur bevorzugen wir Leo Tolstoj, Gerhart Hauptmann und Hermann Sudermann, Schriftsteller, die Sozialmilieu beschreiben. Henry Radöhl ist eine »Wucht«, er schafft auch Zeitungen in die Zelle. Er ist der Hofkolonne zugeordnet, die hat Kontakt zu ›Außenarbeitern‹, die alles Mögliche ins Gefängnis schmuggeln. Allerdings ist das Außenkommando nur aus Kriminellen zusammengestellt, Politische kommen nicht auf Außenkommando, mag ihre Strafe auch noch so kurz sein. So versuchen wir uns geistig frisch zu halten. Dann kommt für mich ein Tag, an dem wieder einmal alle meine Sinne in Alarmzustand versetzt werden. Ich soll der Gestapo vorgeführt werden. Die Gestapo! Ich hatte sie schon fast vergessen. Was will die Gestapo von mir? Ich zermartere mir das Gehirn. Was ist, wenn einer von meinen Freunden, die an der Flugblattaktion beteiligt waren, aus irgendeinem Grunde verhaftet worden ist, vielleicht im Zusammenhang mit einer anderen illegalen Tätigkeit und ausgepackt hat, mein ganzes Lügengebäude bräche zusammen. Doch als die Gestapo mir einen Mann vorstellte, mit der Frage, ob das der Mann sei, von dem ich seinerzeit die Flugblätter bekommen habe, kann ich aufatmen. »Nein, von dem Mann habe ich keine Flugblätter erhalten. Den kenne ich nicht. Habe ich nie in meinem Leben gesehen.« Es stellt sich heraus, daß er als Handwerker, während der Zeit der Massenarbeitslosigkeit in Deutschland dem Ruf der Sowjetregierung gefolgt ist, in der Sowjetunion zu arbeiten. Jetzt haben die Sowjets ihn zusammen mit anderen deutschen Arbeitern ausgewiesen. Jeder dieser »Arbeitsemigranten« wird durch die Gestapomühle gedreht, bevor er sich in Deutschland wieder niederlassen darf.

Zwei Tage nach der Vernehmung werden meine Zellengenossen ohne ersichtlichen Grund in eine andere Zelle verlegt. Statt ihrer bringt man mir zwei Kriminelle in die Zelle. Es sind kleine Ganoven, die vor mir mit ihren kriminellen »Heldentaten« angeben. Ich bin froh, als der Werkmeister mich fragt, ob ich Lust habe, eine Einmannzelle zu beziehen. Ich soll die Namensschilder für die Zellentüren schreiben, mein Vorgänger ist entlassen worden. Darüber hinaus führe ich im Zuchthaus Beschriftungen und auch Reparaturen aus. Automatisch geht damit auch eine andere Tätigkeit meines Vorgängers auf mich über, nämlich die Genossen im Zuchthaus mit Rauchwaren und Informationen zu beliefern. Alle Genossen im Gefängnis zweigen von ihrer monatlichen Dekade (Entlohnung) einen Betrag zum Einkauf von Kautabak für die langjährig verurteilten Genossen ab. Versteckt unter Malutensilien schmuggele ich den Kautabak ins Zuchthaus.

Gefangene, deren Strafzeit herum ist und die entlassen werden, verbringen die letzten 24 Stunden in einer sogenannten Entlassungszelle. Endlich sind auch für mich die letzten 24 Stunden gekommen. Aber eine unbeschwerte Vorfreude auf die Entlassung will sich nicht einstellen. Als politischer Gefangener werde ich nicht direkt aus dem Knast, sondern über das Polizeipräsidium durch die Gestapo entlassen. Sie entscheidet, ob ein Politischer auf freien Fuß kommt oder in ein

Konzentrationslager überführt wird. Wie am ersten Tag meiner Verhaftung gehe ich in der Entlassungszelle ruhelos auf und ab. 120 Schritte in der Stunde — 24 Stunden lang.

Am Entlassungstag werde ich mit anderen Genossen um 8 Uhr in der grünen Minna zum Polizeipräsidium transportiert. Ab 10 Uhr beginnt die Gestapo mit den Entlassungen. Namen werden aufgerufen, die Effekten und Entlassungspapiere ausgehändigt, schon geht einer nach dem anderen davon. Zurück bleibe ich und vier andere Genossen. Der Vormittag vergeht, die Mittagszeit ist längst vorüber und keine weiteren Entlassungen erfolgen. Jeder von uns ist überzeugt, daß wir ins Lager kommen. Um 16 Uhr stehe ich vor dem Inspektor Kraus: »Eigentlich solltest Du nach Buchenwald überstellt werden«, sagt er, »aber wir wollen Dir noch einmal eine Chance geben und lassen Dich frei. Von uns aus kannst Du in Gedanken Kommunist bleiben, Nationalsozialist wirst Du sowieso nie. Leute Deines Schlages sind nicht einsichtsvoll. Aber gnade Dir Gott, versuchst Du Deine Ansichten unter die Leute zu bringen. Jeder Versuch wäre Selbstmord.«

Draußen vor dem Polizeipräsidium wartet seit 10 Uhr meine Frau auf mich. Langsam kommt sie auf mich zu: »Ich hatte die Hoffnung schon aufgegeben!«

»Die Partei kann nicht vernichtet werden...«

Denke ich an die Tage zurück, da den Nazis die Macht zugespielt wurde, fallen mir auch die Erklärungen wieder ein, mit denen die linken Parteien auf die Errichtung der faschistischen Diktatur in Deutschland reagiert haben. Die SPD erklärte: »Die sozialdemokratische Arbeiterbewegung ist mit ihrer disziplinierten Geschlossenheit mit Bismarcks Gewaltmethoden fertig geworden... Die sozialdemokratische Arbeiterbewegung wird durch disziplinarische Geschlossenheit auch mit der neuen, faschistisch-großkapitalistischen Reaktion fertig werden.«[15]

Die Kommunistische Bürgerschaftsfraktion erklärte: »Die faschistische Diktatur wird die Krise nicht beseitigen, keine Arbeit und kein Brot schaffen und darum durch die Bataillone des Proletariats zum Abtreten gezwungen werden.«[16] Walter Ulbricht schwingt sich gar zu der Behauptung auf: »Wir haben keine Niederlage erlitten, sondern einen geordneten Rückzug angetreten und das auch nur vorübergehend.«[17]

Als ich am 3. Oktober 1936 aus dem Knast komme, steht fest, daß von einem »geordneten Rückzug« der Arbeiterbewegung, einem Rückzug, der »vorübergehend« ist, nicht mehr die Rede sein kann. Von der Arbeiterbewegung hat das Regime nichts zu befürchten; ihr ist das Genick gebrochen. Kommunistischer und sozialdemokratischer Widerstand existiert noch in kleinen Gruppen, die für das Regime keine akute Gefahr bedeuten. Zwar sind große Teile der Arbeiterschaft nach wie vor immun gegen die Nazi-Ideologie und hätten die Nazis gerne vom Hals, begehren aber nicht auf. Sie haben die Einführung des Arbeitsdienstes für ihre Söhne und Töchter hingenommen, auch die Wiedereinführung der Wehrpflicht. Sie selbst helfen mit ihrer Arbeitsleistung — wenn auch unter heimlichem Murren — dem deutschen Imperialismus bei der Wiederaufrüstung.

»Die Psyche der Massen birgt stets in sich alle latenten Möglichkeiten: tödliche Windstille und brausenden Sturm...«, hat Rosa Luxemburg einmal gesagt. Jetzt herrscht Windstille.

Unter solchem politischen Klima zieht am 13. März 1938 die nationalsozialistische Wehrmacht im ehemaligen roten Wien ein, wo einst sozialistische Arbeiter den Ton angaben:

»Wir sind der Zukunft getreue Kämpfer,
wir sind die Arbeiter von Wien...«,
wo in den Arbeitervierteln von Linz und Wien sozialdemokratische Schutzbündler im Februar 1934 dem österreichischen Heimwehrfaschismus tagelang bewaffneten Widerstand entgegenstellten. Jetzt wird Österreich dem Nazi-Reich einverleibt. Genau ein Jahr danach rücken Hitlers Truppen mit offensichtlicher Duldung der englischen und französischen Regierungen, die sich mit verbalen Protesten begnügen, in die Tschechoslowakei ein.

Bis zum Herbstbeginn 1939 haben die Demokratien und die Sowjetregierung dem deutschen Faschismus alles aus dem Wege geräumt, was seine Welteroberungspläne noch hätte aufhalten können. Schon im Oktober 1938 hat mich die Meldung verblüfft, daß Deutschland und die Sowjetunion eine Übereinkunft getroffen haben, worin sich beide Seiten zur Enthaltung diffamierender Angriffe auf die jeweiligen Staatsoberhäupter und ihrer Presse verpflichten. Im Mai 1939 wird zwischen beiden Ländern ein umfassendes Wirtschaftsabkommen geschlossen. Am 1. September 1939 um vier Uhr morgens greift die Wehrmacht ohne vorherige Kriegserklärung Polen an. Sechs Tage vorher haben Hitler und Stalin einen Nichtangriffspakt miteinander abgeschlossen. Insgeheim verständigen sich beide über eine neue Teilung Polens. Vereinbarungsgemäß marschieren am 18. Septem-

Einmarsch der Deutschen Wehrmacht in Polen

ber sowjetische Truppen in Polen ein. In den Zeitungen erscheinen auf der Titelseite Bilder, die Ribbentrop, Molotow und Stalin bei der Unterzeichnung des Vertrages zeigen. Einige meiner Genossen schneiden die Bilder aus und hängen sie zwischen Wandkalender und Familienbildern an die Wand. Zyniker singen: »Haben Sie schon ein Führerbild? Nein! Nein! Wir brauchen keins, wir haben schon von Stalin eins.«

Der sowjetische Außenminister Molotow begründet den sowjetischen Einmarsch in Polen. Ich höre diese Begründung über Radio Moskau: »Die Sowjetregierung sieht es als ihre Pflicht an, ihren ukrainischen und belorussischen Brüdern, die Polen bewohnen, die Hand zur Hilfe zu reichen, das polnische Volk aus dem unglückseligen Krieg zu befreien und ihm die Möglichkeit zu geben, ein friedliches Leben zu führen.«

Der Pakt ist eine Realität!

Im vorigen Jahr hat der ehemalige Vorsitzende der englischen Labour Party, Lansbury, Hitler in Berchtesgaden einen Besuch abgestattet und ihn als einen der größten Männer seiner Zeit bejubelt, als einen Mann »ohne jeden Ehrgeiz«. Der linke Labour-Abgeordnete Stafford Cripps erklärte in einer Rede vor Arbeitern in Manchester: »Ein Sieg Hitlers wäre nur für die englischen Kapitalisten verhängnisvoll.« Sozialdemokraten sprechen vom Dolchstoß, andere Linke vom Verrat. Und jetzt paktieren auch noch die russischen Kommunisten mit den Nazis.

Gefangenenaustausch

Mich hat die Nachricht von dem Abschluß des Paktes zwischen Sowjetrußland und Nazideutschland schwer getroffen. Hundeelend ist mir zumute. Es ist kein Vergnügen, den Kollegen am Arbeitsplatz gegenüber zu stehen. Die sozialdemokratischen Kollegen bei Röntgen-Müller giften mich an, die Nazis umwerben mich mit schmierigem Grinsen. Die Genossen, zu denen ich Kontakt halte, sind: Paul Tastesen — er ist ebenfalls bei Röntgen-Müller beschäftigt —, Hermann Beckby aus Hummelsbüttel und Karl Degenkolbe aus Fuhlsbüttel. Alle sind langjährige Parteimitglieder, keiner unter ihnen, der nicht schon mit dem Zuchthaus oder Konzentrationslager im Nazireich Bekanntschaft gemacht hat.

Selbstverständlich kreisen unsere Unterhaltungen um den Hitler-Stalin-Pakt. Niemand von uns hätte ihn je für möglich gehalten. Hermann Beckby: »Das ist einfach unbegreiflich. In ›Mein Kampf‹ hat Hitler als wesentliche Programmpunkte des Nationalsozialismus aufgezählt: die Vernichtung des Bolschewismus, die Kolonisierung des Ostens (womit er die Sowjetunion meinte) und die Vernichtung des Weltjudentums«. Paul Tastesen schüttelt nur den Kopf: »Junge, Junge! Das ist'n Ding!« Ich aber kriege es nicht über die Lippen, laut zu sagen, was ich denke: »Das ist Verrat! Verrat an den Opfern des Faschismus. Stalin scheint nur die Sowjetunion zu sehen. Die internationale Arbeiterklasse hat er überhaupt nicht auf der Rechnung!«

Helmuth Warnke mit Tochter Erna 1941

»Das ist der größte Schlag, der der kommunistischen Bewegung versetzt werden konnte. Das ist das Ende der Kommunistischen Internationale,« sagt Kuddel Jahnke.

Wochenlang debattieren wir. Das Thema läßt uns nicht los. Wir sind in der Partei mit dem Gebot aufgewachsen, daß die Verteidigung der Sowjetunion, als Hort der Weltrevolution, die Pflicht aller Kommunisten ist.

Einen Karl Marx hat das Mißverhältnis zwischen Politik und Moral nie sonderlich gestört. Zur Erreichung bestimmter Ziele dürfe man sich »mit dem Teufel selbst verbünden«, nur müsse man sicher sein, daß man den Teufel betrüge »und nicht umgekehrt«. Könnte es nicht Stalins Ziel sein, einen gemeinsamen Krieg der kapitalistischen Länder gegen die Sowjetunion zu verhindern und darauf zu spekulieren, daß sich die kriegführenden Mächte gegenseitig kaputt machen, und sich dann der Kommunismus in allen anderen Ländern ausbreiten würde. Immerhin hat der Pakt eine Laufzeit von zehn Jahren. Zehn Jahre, in denen sich die Sowjetunion weiterhin wirtschaftlich und militärisch stärken kann.

Die Nazipresse präsentiert ihren Lesern Lebensbilder führender russischer Kommunisten, u.a. das des sowjetischen Außenministers Molotow. Es gibt Genossen, die tragen die Molotow-Biographie euphorisch mit sich herum, als rechneten sie täglich mit der Wiederzulassung der KPD. Die Gestapo trägt das ihrige zu dieser Verwirrung bei. Einerseits entläßt sie ehemalige kommunistische Abgeordnete und führende Funktionäre aus den Konzentrationslagern, andererseits nimmt sie frühere aus dem KZ entlassene Gegner wieder in Schutzhaft. Wir rechnen damit, daß Ernst Thälmann aus der Haft entlassen und in der Sowjetunion aufgenommen wird. Erwartungsvoll schalten wir täglich den Moskauer Sender ein. Es könnte ja sein, daß Stalin mit Hitler auch ein Abkommen über einen Austausch von politischen Gefangenen getroffen hat. Aber die erhoffte Meldung: »Der Vorsitzende der deutschen Kommunistischen Partei, Ernst Thälmann, ist in Moskau eingetroffen«, erfolgt nie. Moskau sendet keine Berichte über die Verfolgung von Nazigegnern in Deutschland mehr. Nichts über die an den Juden begangenen Verbrechen. Dafür in regelmäßigen Abständen die Belehrung: »Dieser Krieg ist ein rein imperialistischer Krieg zwischen den westlichen Demokratien und Deutschland... Dieser Krieg ist... Dieser Krieg ist...«

Erst viele Jahre nach dem Krieg, als auf dem 20. Parteitag der KPdSU 1956 Chruschtschow mit dem Stalinismus abrechnet, erfahre ich von der Tatsache, daß Stalin deutsche Kommunisten, die vor Hitlers Terror in die Sowjetunion geflüchtet waren, 1940 an die deutsche Gestapo auslieferte.

»Der englische Krieg und der deutsche Arbeiter«

Paul Tastesen hat mir eine Broschüre mitgebracht: »Der englische Krieg und die deutschen Arbeiter«, herausgegeben von der Deutschen Arbeitsfront (DAF). Darin wird das Leben der deutschen Arbeiter dem der englischen gegenübergestellt. Den englischen Arbeitern geht es schlecht; sie werden von der Plutokratie ausgebeutet, von korrupten Gewerkschaftsführern in die Irre geleitet und gegen das deutsche Volk in den Krieg getrieben, obwohl Deutschland England immer wieder den Frieden angeboten hat. Den deutschen Arbeitern dagegen geht es gut, weil Betriebsführer und Belegschaft eine Volksgemeinschaft bilden, in der es für sie Arbeit, Brot und KdF-Reisen gibt. Sie verteidigen in dem von den englischen Plutokraten aufgezwungenen Krieg ihre Lebensrechte. Ein Pamphlet von geschickter Raffinesse. Demagogisch sind Wahrheit und Schwindel miteinander vermengt. Hier schreibt einer, der sich mit den Lebensbedingungen der englischen Arbeiter, insbesondere der Docker und Seeleute, genau auskennt. Verblüfft nehme ich wahr, daß ein früherer KPD-Bürgerschaftsabgeordneter und langjähriger Funktionär, Albert Walter, der Verfasser ist. Von Beruf Seemann, hat er 20 Jahre seines Lebens auf Schiffen verbracht. In der Partei ist er wegen seiner Umgänglichkeit allgemein beliebt. Er ist der Typ, von dem man zu sagen pflegt: »Das ist eine ehrliche Haut«. Auch ich mag Albert Walter. Anfang März 1933 ist er mir zuletzt als Schutzhaftgefangener in der Haftanstalt Fuhlsbüttel begegnet. Jetzt also steht er im Dienste der nationalsozialistischen Machthaber.

Just zu dieser Zeit schreibt Walter Ulbricht in der Komintern-Zeitung »Die Welt«, die in Stockholm erscheint: »Den deutschen Arbeitern sind die Herren der

Londoner Bankwelt und die 200 Familien in Frankreich bekannt, und es ist ihnen klar, was ein englischer Sieg bedeuten würde... Wer gegen die Freundschaft des deutschen und des Sowjet-Volkes intrigiert, ist ein Feind des deutschen Volkes und wird als Helfershelfer des englischen Imperialismus gebrandmarkt.«

Währenddessen läuft im Nazi-Deutschland die Rüstungsindustrie auf vollen Touren. Auch bei Röntgen-Müller beträgt die Arbeitszeit 10 Stunden. Das erste Kriegsjahr bringt einen harten Winter. Die Nazis sind nicht in der Lage, neben der Industrie auch noch die Bevölkerung mit ausreichender Feuerung zu versorgen. Für den zivilen Verbrauch werden Stromsperren und Kohleeinsparungen angeordnet. Die Kohlenhändler müssen Kundenlisten anlegen und bekommen die Kohlen zugeteilt. Aus den Propaganda-Schlagworten, mit denen die Nazis vor 1933 unter das Volk gegangen sind: »Keiner soll hungern und keiner soll frieren«, macht der Volkswitz: »Keiner soll hungern ohne zu frieren«. Wenn ich abends nach Hause komme, empfängt mich eine kalte Wohnung. Wiederholt ist die Wasserleitung zugefroren, und ich muß sie mit der Lötlampe auftauen. Meine Wohnung besteht aus zwei Zimmern und einer kleinen Küche in der Etzestraße in Fuhlsbüttel in einem Einfamilienhaus. Die Besitzerin, eine alleinstehende siebzigjährige Frau, hat unsere Räume unter dem Dach durch die Bretterwand vom Flur abtrennen lassen. Eine Art Behelfswohnung.

Ich habe mich bei Hermann Beckby, der einen Kohlenhandel in Hummelsbüttel betreibt, in die Kundenliste eintragen lassen. Wenn er einen Lastzug an Land gezogen hat, benachrichtigt er uns. Dann finden sich die Langenhorner und Fuhlsbüttler Genossen bei ihm mit einem Handwagen ein, um als erste ihre Kohlenration in Empfang zu nehmen. Doch vorher nimmt jeder von uns eine Schaufel zur Hand und hilft, den Lastzug zu entladen, damit Hermann Beckby noch einmal zum Ohlsdorfer Bahnhof fahren und den Rest aus dem Waggon holen kann, der dort für ihn abgestellt ist.

Es gibt noch andere Widerwärtigkeiten. Die Engländer fliegen ihre ersten Luftangriffe gegen Hamburg. Wegen der Nähe des Flugplatzes sind wir gezwungen, mindestens zwei-, dreimal in der Woche mit den beiden kleinen Kindern den Luftschutzkeller aufzusuchen. Unser Haus ist nicht unterkellert. Anfangs haben wir uns bis zur Entwarnung bei unserer Vermieterin unten in der Küche aufgehalten. Seitdem die Engländer aber von Alsterdorf bis in die Nähe des Flugplatzes Bomben »verloren« haben, wie es im »Hamburger Tageblatt« verharmlosend heißt, und es dabei erste Opfer gegeben hat, wagen wir das nicht mehr. Der Hitler-Stalin-Pakt, der mich so erschreckt hat, tritt mehr und mehr in den Hintergrund meines Bewußtseins, bis ich ihn ganz verdrängt habe.

Bei der Musterung für die Wehrmacht wird mir meine Untauglichkeit für das Soldatenhandwerk bescheinigt. Wegen meiner körperlichen Verfassung werde ich als bedingt tauglich, »Ersatzreserve zwei«, eingestuft und wegen meiner politischen Haltung als »Wehrunwürdiger« vom Wehrdienst ausgeschlossen.

Als die Generäle ihre menschlichen Reserven in Form von gesunden kräftigen Menschen schwinden sehen, greifen sie auf ihre letzten zurück — auf die Untauglichen. 1941 werde ich zu den Landesschützen eingezogen und nach Frankreich verfrachtet. So gerate ich wider meinen Willen unter die Soldaten.

»... wegen Lungenschwäche nur bedingt tauglich« — Helmuth Warnke in Wehrmachtsuniform

Hast Du auch gemordet?

Aus der Schule kommend, stürzt unser Sohn (er ist jetzt im 2. Schuljahr) mit der Frage auf mich zu: »Hast Du auch gemordet?« Seine Mutter reagiert entsetzt: »Wie kommst Du denn auf diesen Gedanken, daß Dein Vater ein Mörder sein könnte?« »Er war doch auch Soldat, und Soldaten schießen sich gegenseitig tot.«

Unser Sohn hat recht. Soldat sein ist kein Spiel. Und wenn sein Vater Soldat war, was liegt dann näher, als daß er auch geschossen hat, — gemordet, wie er sagt. Zum erstenmal nach Jahren spreche ich in der Familie über meine Kriegserlebnisse. Die Landesschützen waren eine Einheit, in der Soldaten Wehrdienst leisten müssen, die aus gesundheitlichen oder Altersgründen nur bedingt tauglich oder, wie es so schön in der militärischen Sprache heißt, nicht »KV« — kriegsverwendungsfähig sind. (Die Frauen, die an der »Heimatfront« unter schwersten Bedingungen in der Rüstungsindustrie schuften und den nächtlichen Luftangriffen ausgesetzt sind, hat niemand nach ihrer Kriegsverwendungsfähigkeit überprüft.) Die Aufgabe der Landesschützen besteht in Bewachung von Kriegsgefangenen und militärischen Objekten. Ich bewache in Frankreich kriegsgefangene Algerier, Senegalesen und Marokkaner, Überlebende der von Frankreich 1940 an der Maginot-Linie, der französischen Verteidigungsstellung, eingesetzten Kolonialtruppen. Nebenher geht die militärische Ausbildung: Schießübungen mit Karabiner und Maschinengewehr, Handgranatenwerfen, Nahkampf — dem Gegner das Bajonett in den Leib rennen, oder ihn mit dem Gewehrkolben erschlagen. Geschossen wird auf lebensgroße Nachbildungen von Soldaten in »Feinduniformen«, auf »Pappkameraden«. Links, wo bei den lebenden Menschen das Herz schlägt, ist auf der Attrappe der Zielpunkt aufgezeichnet. »Jeder Schuß ein Russ'! Jeder Stoß ein Franzos'!« hämmerten schon im 1. Weltkrieg die Ausbilder ihren Rekruten ein. In meiner Vorstellung ist der »Pappkamerad« ein lebender Mensch. Auf einen Menschen soll ich schießen? Wie könnte ich das? Jeder Schuß von mir wird zu einem Fehlschuß. Entweder treffe ich links oder rechts an der Figur vorbei. Der Unteroffizier tobt, der Feldwebel und der Kompaniechef toben. Sie jagen mich im Laufschritt durch die Landschaft, lassen mich Liegestütze machen und Griffe kloppen, bis ihnen selbst der Atem ausgeht, nur zielsicheres Schießen bringen sie mir nicht bei. Wenn mir die Hetzerei zu viel wird, lasse ich mich einfach ins Gras fallen und bleibe eine längere Zeit liegen. Wozu habe ich in meinen Musterungspapieren stehen: »... ist wegen Lungenschwäche nur bedingt tauglich«. Wird es mir zuviel, melde ich mich krank. Zweimal hat der Unterstabsarzt mich schon ins Lazarett eingewiesen; das ist dann jedesmal eine Erholung von zwei bis drei Wochen. 1942 schieße ich in Paris zwei Volltreffer. Die Ausbilder hätten ihre Freude daran haben können. Doch sie sind nicht dabei. Vom Bataillonsstab bin ich nach Paris abkommandiert um dort irgendwelche Papiere in Empfang zu nehmen. Zur Übernachtung ist mir ein Hotelzimmer zugeteilt worden. Als ich in diesem Zimmer mein Gewehr entlade, lösen sich zwei Patronen und bleiben in der Zimmerdecke stecken. Das sind die einzigen scharfen Schüsse, die ich im 2. Weltkrieg abgefeuert habe, kein Mensch wurde verletzt, nur etwas Kalk rieselte aufs Parkett.

Einmal werde ich von acht Gefangenen gebeten, sie freiwillig als Posten bei einem Sonntagsausflug zu begleiten. Sie sind von einer französischen Familie zum Mittagessen eingeladen worden. Kontakte zwischen Gefangenen und der französischen Zivilbevölkerung sind streng verboten. Aber der stellvertretende Lagerkommandant, ein Oberfeldwebel aus Emden, ist wie ich bereit, den Gefangenen diesen Ausflug aus dem Lager zu ermöglichen. »Ist ja eine verdammt riskante Sache«, sagt er, »wenn es schief geht und dir die Leute abhauen, sind wir bös' dran. Ich lande in Torgau, und dich alten Spartakisten legen sie glattweg um. Piff-Paff, einfach so!« Seitdem ich den Oberfeld eines Nachts einmal überraschte, wie er den englischen Sender abhörte, wissen wir umeinander Bescheid. Vor 1933 hat er in Emden dem Reichsbanner angehört. »Schnall' meinen Revolver um, damit dir keiner türmen geht, und bring' ne Buddel Calvados mit!«; mit diesen Worten läßt er mich gehen. Wenn wirklich einer von den Gefangenen stiften gehen sollte, würde mir die »Kanone« wenig nützen. Ich kenne mich mit dem Ding nicht aus, könnte damit nicht einmal Löcher in die Luft schießen.

Der Weg zum Bauernhof führt an einer Bahnstrecke entlang. Neben uns auf dem Gleis stoppt eine Lokomotive, und zwischen Gefangenen und Lokführer entspinnt sich eine lebhafte Unterhaltung, die damit endet, daß die Gefangenen zur Lok eilen und auf die Plattform klettern. In diesem Augenblick hätte ich mein Gesicht im Spiegel sehen mögen: »Ach du grüne Neune, die bist du los.« Gerade als ich bei der Überlegung angelangt bin, wie ich aus diesem Schlamassel wieder herauskomme, holt mich der Lokführer auf die Maschine. Über den Stoßseufzer, den ich ausstoße, wollen sich die Gefangenen schier kaputt lachen.

Der Bauernhof liegt versteckt hinter Bäumen, hundert Meter seitwärts der Bahnstrecke. Die Familie und das halbe Dorf empfangen uns alle im Sonntagsstaat. Zwei Söhne der Familie fehlen. Der eine ist vor Paris getötet worden, der andere befindet sich in deutscher Kriegsgefangenschaft. Die Madame zeigt mir eine Postkarte von ihrem Sohn und will wissen, ob ich Gardelegen kenne und wo der Ort in Deutschland liegt. Als dann das Essen auf den Tisch kommt, fühle ich mich wie im Frieden zu den besten Zeiten, ist doch der Fraß in unserer Einheit weniger als dürftig. Meine Schützlinge schlagen sich ordentlich den Wanst voll. Ihre Verpflegung ist noch schlechter als unsere — einer der Gründe, warum die Tbc unter den Gefangenen grassiert.

Nachdem die Gefangenen mit Paketen für ihre Kameraden, ich mit einer Flasche Calvados versorgt worden sind, treten wir den Rückweg zum Lager an. Mit überschwenglichen Worten bedanken sich die Franzosen bei mir: »Tu bon Allemand. La guerre est une grande merde! La guerre fini, la France victoire, tu prisonnier, tu travailles ici pour nous, tu beaucoup manger!« Was auf deutsch soviel heißt wie, ich sei ein guter Deutscher, der Krieg eine große Scheiße, aber bald zu Ende, die Franzosen würden dann zu den Siegern gehören. Sie wollten mich als Gefangenen zum Arbeiten anfordern und mir tüchtig zu essen geben. Die Gefangenen bedankten sich ebenfalls bei mir. Sie sind ganz aus dem Häuschen vor Freude: »La guerre fini, du kommen Afrika, kriegen beaucoup couscous, cacao und café«. Eine gute Meinung von mir, scheinen auch die Franzosen des Dorfes, in dem unsere Einheit untergebracht ist, zu haben. Madame Tourzel z.B., die meine

Hemden wäscht und Strümpfe stopft, drückt mir eines Tages ein Flugblatt mit der Bitte in die Hand, es beim nächtlichen Streifendienst dem Monsieur Bäcker unter die Ladentür durchzuschieben. Das Flugblatt trägt die Unterschrift von Maurice Thorez, dem Vorsitzenden der Kommunistischen Partei Frankreichs.

Mittlerweile ist das Jahr 1943 herangekommen. Die Rote Armee hat bei Stalingrad eine deutsche Armee in Stärke von 284.000 Mann vernichtend geschlagen. Ein Wendepunkt im Rußlandfeldzug. Seitdem zwingen die Russen das Oberkommando der deutschen Wehrmacht zu immer neuen »Frontbegradigungen«, während sich Amerikaner und Engländer auf die Invasion in Frankreich vorbereiten. Zur Abwehr der Invasion stellt der deutsche Generalstab neue Divisionen auf, unter anderen auch sogenannte Sicherheits-Divisionen. Diese rekrutieren sich aus dem Versorgungspersonal, den Küchenchefs, den Furage-Offizieren samt Mannschaften, Schreibstubenbullen der Etappe und den »Frontuntauglichen«, das sind ehemalige Verwundete und »bedingt Taugliche«. Letztere werden per Ferndiagnose durch Oberstabsärzte kv — kriegsverwendungsfähig — geschrieben. Auf diese Art und Weise werde auch ich zum »vollwertigen« Soldaten befördert. Vorher wird mir noch ein Heimaturlaub bewilligt.

In der Nacht zum 24. Juli fliegen amerikanische und englische Bomberverbände Hamburg an. Bomben und Luftminen detonieren, Feuerstürme heulen auf, und die Flak-Geschütze bellen aus Hunderten von Rohren. Ich sehe mir das Inferno vom Eingang des Luftschutzkellers an — es kommt mir vor, als stürze der Himmel ein. In unserer Nähe steht ein Häuserblock in Flammen. Wir versuchen zu löschen, indem wir eine Menschenkette zwischen dem Löschbecken und dem Brandherd bilden und Eimer mit Wasser weiterreichen. Doch das Löschbecken ist 30 m von der Brandstelle entfernt, und so bleiben unsere Anstrengungen ohne Erfolg. Am nächsten Morgen fahre ich mit dem Fahrrad nach Barmbek, um zu erfahren, ob meine Schwester noch am Leben ist. In der Jarrestadt stehen ganze Straßenzüge in Flammen, am Ufer des Osterbekkanals liegen dicht aneinandergereiht schwarze Balken. Beim näheren Hinschauen sehe ich, daß es keine Balken, sondern bis zur Unkenntlichkeit verkohlte Menschen sind. Dem Luftangriff vom 24. Juli folgen drei weitere verheerende Angriffe auf Hamburg. Vier Nächte hintereinander ist in Hamburg die Hölle los. (35.000 Hamburger kommen in diesen Nächten ums Leben.) Die Nerven der Menschen sind bis zum Zerreißen gespannt. Ausgestandene Ängste, Schmerz um die Toten und ohnmächtige Wut entladen sich tagsüber gegen die Nazis. Ein Volkszorn, wie ich ihn während der ganzen zehn Jahre der Naziherrschaft nicht erlebt habe, nicht für möglich gehalten hätte, entlädt sich. Wo sich Nazis in Uniform zeigen, werden ihnen Prügel verpaßt. Hitlerbilder werden zerrissen. Am »Lübschen Baum«, einem Tanzlokal in der Lübecker Straße, wird ein Lebensmitteldepot gestürmt, die Wächter verjagt, Butter, Wurst und Käse geplündert. Die Polizei läßt sich weit und breit nicht sehen. An eine geschwärzte Ruine hat jemand mit Kreide geschrieben:

»Laßt mir vier Jahre Zeit
hat der Adolf gesagt,
und ihr werdet Deutschland nicht wiedererkennen.
Nun, Volksgenossen, ist es so weit,
unsere Städte und Dörfer verbrennen,

Nach einem Luftangriff auf Hamburg

das hat das braune Pack gemacht,
daß es überall donnert und kracht,
und wir Deutschland nicht wiedererkennen. «

Obwohl ich meine Urlaubszeit schon um mehrere Tage überschritten habe, bringe ich Frau und Kinder zu Verwandten in Eiderstedt in Sicherheit. Auch in den von Flüchtlingen überfüllten Zügen (mehrmals müssen wir umsteigen, weil die Gleise zerstört sind) verhalten sich die Menschen, als hätten die Luftangriffe auf Hamburg die Nazis davongefegt, und der Krieg ginge zu Ende. Flugblätter, die die Engländer abgeworfen haben und in denen zum Widerstand gegen Hitler aufgerufen wird, machen ihre Runde. In diesen Tagen fürchtet kaum jemand Spitzel und Denunzianten. Als ich am 8. August auf dem Dammtor-Bahnhof in den Zug nach Trier einsteige (der Hauptbahnhof ist noch nicht wieder benutzbar), stehen die Stadtteile Hamm, Hammerbrook und Rothenburgsort immer noch in Flammen, die Rauchschwaden begleiten den dahinkriechenden Zug bis über Harburg hinaus.

In Trier auf der Frontleitstelle will ich ein Telegramm an meinen Schwager in Jugoslawien mit der Mitteilung, daß meine Schwester ausgebombt ist, aber lebt, und einen Jungen zur Welt gebracht hat, aufgeben. Im chaotischen Hamburg war das nicht möglich.

Der Offizier auf der Frontleitstelle, dem ich mein Begehren vortrage, sieht sich meinen Urlaubsschein an und nimmt mir mein Soldbuch ab: »Sie haben ihre Urlaubszeit um zehn Tage überschritten. Ich werde Sie wegen unerlaubten Fernbleibens von der Truppe vor das Kriegsgericht bringen«, pöbelt er mich an und verschwindet mit Soldbuch und Urlaubsschein. »Jetzt nur keine Panik, wenn der mit der Feldgendarmerie angerückt kommt«, versuche ich mich selbst zu beruhigen. Ein anderer Offizier (ein Rang höher als der erste) gibt mir meine Papiere zurück. Eingehend erkundigt er sich nach den Ereignissen in Hamburg: »Ihre Urlaubszeit habe ich verlängert. Das Telegramm an ihren Schwager wird auf dem Dienstwege weitergeleitet«.

Angelangt bei meiner Einheit, läßt der Hauptmann (Amtsgerichtsrat Jürgens aus Hamburg) die Kompanie antreten und scheißt die Urlaubsrückkehrer wegen defaitistischen Verhaltens und Feindpropaganda zusammen. Ab sofort ist für alle Hamburger der Urlaub gesperrt. Knapp zwei Wochen darauf ruft ihn ein Blitztelegramm nach Hamburg. Einem neuen Luftangriff ist seine Villa in Hamburg-Marienthal zum Opfer gefallen. Wir staunen nicht schlecht, als er nach seiner Rückkehr die Kompanie antreten läßt, uns Hamburger wieder vor die Front holt und sagt: »Ich möchte mich bei ihnen entschuldigen. Ihre Berichte über die Zerstörungen in Hamburg entsprechen der Wahrheit. Die Wirklichkeit ist noch schlimmer.«[18]

Nach meiner Überstellung zur aktiven Fronteinheit erhalte ich eine Kurzausbildung in der Bedienung von Flakgeschützen, Panzerfaust und Funkgeräten. Als der Kompanieführer der neuen Einheit uns eine Ansprache hält: »Kameraden! Am Tag der Invasion werden wir dem Feind so lange hinhaltenden Widerstand entgegensetzen, bis fronterfahrene Kameraden uns ablösen«, dämmert es allen: Wir sollen verheizt werden. Wochen vor Beginn der Invasion belegen die Amerikaner unseren Abschnitt in der Normandie bei Granville mit Bombenteppichen. Tag für Tag. Pausieren die Bomber, kommen die Tiefflieger und machen auf jeden Landser Jagd, der nur den Kopf aus dem Sand steckt. In der Zwischenzeit müssen die vielen Toten begraben werden. Der Chef sucht Freiwillige für diese unangenehme Arbeit. Niemand meldet sich, selbst den abgebrühten Rußlandkämpfern dreht sich der Magen um, wenn sie einen verstümmelten Toten anpakken sollen. »Kämpfen an der Front, schießen, stürmen und zuschlagen, selbst angegriffen werden, ist ganz was anderes, als Tote aufsammeln.« Aber irgend jemand muß es ja tun, also melde ich mich. Jeden Morgen und jeden Abend, wenn keine Luftangriffe erfolgen, bergen wir — ich, ein Sani, ein Tischler und ein Landwirt — die Toten und begraben sie. Männer, deren Kopf zur Hälfte weggerissen ist, Männer, die geviertelt sind, angeschwemmte Mariner und Flieger mit aufgequollenem Bauch. Das Fliegengeschmeiß, das sich auf den Leichen sammelt, ekelt uns an, der Verwesungsgeruch verursacht Übelkeit. Wir erhalten täglich eine Sonderzuteilung Schnaps. Ich habe vor dem Krieg nie Alkohol angerührt, jetzt würde ich ohne Schnaps den Tag nicht durchstehen. Der Beginn der Invasion bereitet unserem Dienst an den Toten ein jähes Ende.

Am 29. Juli 1944 ist unsere Division von amerikanischen und englischen Truppen eingekesselt und wird systematisch von Artillerie und Luftwaffe unter Feuer genommen. Am 30. Juli verabschiede ich mich klammheimlich von der deutschen Wehrmacht, stelle meinen Karabiner an den nächstbesten Baum und schlage mich seitwärts in die Büsche, in der Hoffnung, von den Amerikanern einkassiert, anstatt erschossen zu werden.

Prisoner Of War

Westlich des längsten Stromes von Nordamerika, dem Mississippi, »the old' man river«, wie ihn der schwarze Sänger Paul Robeson besungen hatte, liegt der Staat Arkansas. Hier, wo vor Zeiten die Osage-Indianer ihre Jagdgründe hatten, leben 1944 auf einer Bodenfläche von 138.132 qkm annähernd zwei Millionen Menschen, darunter einige Tausend in Deutschland geborene. Von diesen Deutschen haben nur gut 700 die deutsche Staatsangehörigkeit. Alle anderen sind »Prisoner of War«, deutsche Kriegsgefangene. Der größte Teil von ihnen ist im Kriegsgefangenenlager »Camp Chaffee« untergebracht. Im Sommer 1943 sind die ersten Gefangenen hierhergebracht worden — von den Amerikanern in Nordafrika Gefangengenommene des Rommelschen Afrika-Korps. Rommels legendäres Afrikakorps sieht sich als Elitetruppe der deutschen Wehrmacht. Die Goebbels'sche Propaganda hat ihr den Ehrentitel »Wüstenfüchse« verliehen. In den Wochenschauen deutscher Kinos werden sie den Zuschauern als braungebrannte, fröhliche »Tausendsassas« vorgeführt, die in ihren vom Volkswagenwerk hergestellten Jeeps hinter einem unsichtbaren Feind herjagen oder auf den von der Wüstensonne aufgeheizten Panzern Spiegeleier braten.

Von den Amerikanern bewundert, werden sie eher als Internierte, denn als Gefangene behandelt. Bis zur Invasion 1944 führen sie ein Herrenleben. Da von ihnen keine Arbeitsleistungen verlangt werden, betreiben sie »Körperertüchtigungen«: Langstreckenlauf, Stabhochsprung, Boxen, Fußball- und Tennisspiele. In »Fortbildungskursen« beschäftigen sie sich mit Fremdsprachen, Mathematik und natürlich mit politischer Schulung, besprochen werden Hitlers »Mein Kampf« und Rosenbergs »Mythos des 20. Jahrhunderts«, und es werden Strategien für die Zeit nach dem Sieg des Führers über seine Feinde entworfen. Es gibt eine Frontbühne und ein militärisches Orchester. Die deutschen Siege werden gefeiert wie eh und je und selbstverständlich des »Führers« Geburtstag. Sie pflegen ihre Uniformen wie Sonntagskleider und protzen mit ihren militärischen Auszeichnungen. Für jene, die ihr Lametta bei der Gefangennahme verloren haben, stellt eine Werkstatt Ersatzstücke her. In den Augen der Amerikaner und Engländer sind die »Wüstenfüchse« der nationalsozialistischen Wehrmacht »tapfere ehrenhaft unterlegene Gegner«, denen gegenüber sie eine ritterliche Fairneß an den Tag legen, als wäre der Krieg ein sportliches Ereignis. Die »Wüstenfüchse« reagieren auf diese Behandlung mit verhaltener Verachtung. Für sie sind die Amerikaner ein Volk von verniggerten Judenbastarden. In dieser Auffassung sehen sie sich durch die Tatsache, daß zur Lagerbewachung auch Juden und Farbige gehören, bestärkt.

Die Lagerselbstverwaltung, ehemalige Feldwebel und eine NS-Lagerzelle, sorgen für strenge militärische Disziplin, sogenannte Verräter verfallen der »Feme«. Vom Wirken der »Feme« zeugen drei Gräber außerhalb des Lagers gleich hinter der Umzäunung. Ein selbsternanntes »Ehrengericht« hat deutsche Kriegsgefangene wegen Verrat am Vaterland zum Tode verurteilt. Nach der Verurteilung wurden sie nachts von einem ZbV (Kommando zur besonderen Verwendung) mit

Knüppeln tot geschlagen. Einer der Ermordeten stammt aus Hamburg. Das »Ehrengericht« hat für »erwiesen« angesehen, daß der Ermordete dem amerikanischen Lager-Office militärische Objekte in Hamburg als Ziele für amerikanische Bomber benannt habe. Ein Hirngespinst. Die Amerikaner hatten schon vor 1944 Großangriffe auf deutsche Städte, z.B. 1943 auf Hamburg geflogen und waren auf Aussagen von Kriegsgefangenen gar nicht angewiesen. Außerdem hätte kein Soldat etwas über kriegswichtige Objekte in der Heimat aussagen können. Die Fahndung der amerikanischen Militärpolizei nach den Mördern bleibt ohne Erfolg, weil kein Gefangener wagt, die MP zu unterstützen, aus Angst vor Vergeltungsmaßnahmen.

Ich komme als Kriegsgefangener im Herbst 1944 in dieses Lager, vorläufige Endstation meiner Reise durch die Lager in England, die Staaten New York, Oklahoma und Kansas. Zu meiner Überraschung erfahre ich hier, daß die Amerikaner neben den allgemeinen Lagern auch sogenannte »Anti-Nazi-Lager«, Sonderlager für Antifaschisten eingerichtet haben. Ich frage mich, was die Amerikaner damit beabsichtigen. Soll das eine Auszeichnung sein? Gedenken die Amerikaner die Nazigegner vorzeitig nach Deutschland zurückzuführen? Oder befürchten sie Auseinandersetzungen unter den Gefangenen? Was auch immer die Amerikaner damit bezwecken, für mich ist die Isolierung von den anderen Gefangenen keine Alternative. Ich werde auf keinen Fall in ein Sonderlager gehen. Ich bin der Meinung, daß wir Antifaschisten die Verpflichtung haben, unter den Gefangenen politische Aufklärungsarbeit zu leisten, um die Supernazis um ihren Einfluß zu bringen. Es muß doch möglich sein, auf einen Teil der Gefangenen so einzuwirken, daß sie sich von der faschistischen Ideologie abwenden und sich später am Aufbau eines anderen Deutschlands beteiligen.

Genaueres über die Antinazi-Lager erfahre ich erst nach Monaten. Unterbringung und Verpflegung sind die gleichen wie in den anderen Lagern. Besondere Vorteile springen für die Antifaschisten dabei nicht heraus. Im Gegenteil, es gibt abschreckende Beispiele, so in einem als Antinazi-Lager ausgewiesenen Camp im Staate Texas. In diesem Camp sind ausnahmslos ehemalige KZler untergebracht, die von Himmler in das Bewährungsbatallion 999 gesteckt worden sind. Die Behandlung ist schlecht, die Verpflegung mies und die Gefangenen werden zum Baumwollepflücken eingesetzt. Eine Arbeit, die bis dahin von mexikanischen Billigarbeitern geleistet wurde. Auf Beschwerden der Gefangenen, sie würden wie Schwerverbrecher behandelt, antwortete der Lagerkommandant: »Das seid ihr ja auch!«

Nach erfolgter Landung der alliierten Truppen am 5. Juni 1944 in Nordfrankreich und dem Durchbruch durch die deutsche Front bei Avranches und Caén in der Normandie am 23. Juli bringen amerikanische Transportschiffe Tausende von deutschen Kriegsgefangenen in die USA. Verständnislos und ungläubigen Gesichts starren die »Wüstenfüchse« in Camp Chaffee auf den Zuwachs an Kameraden, der Woche für Woche in Bataillonsstärke anrückt. Was da plötzlich an Unerwartetem über sie hereinbricht, geht über ihr Fassunsvermögen. Das sollen deutsche Wehrmachtsangehörige sein, von denen einige noch nicht einmal die deutsche Sprache richtig beherrschen? Sie erleben stürmische Begrüßungen zwischen

In Gefangenschaft 1944

sogenannten Volksdeutschen (»Beutegermanen« im Landserjargon), müssen sich anhören, wie einer einen anderen fragt: »Wo hast du gelassen dein ›Gott mit uns‹«, womit das Koppelschloß gemeint ist, und auch die Antwort: »Na pode-mianke (vertauscht) gegen Amizigarett«. Die ahnungslosen »Wüstenfüchse« können nicht wissen, daß Himmler per Federstrich deutschradebrechende Polen zu Volksdeutschen, zu Kanonenfutter für den deutschen Imperialismus gemacht hat. Zu diesem Kanonenfutter als letztes Aufgebot gehören auch die »Hivis«, Hilfsvölker, wie sie im Nazideutsch bezeichnet werden, daher befinden sich unter den Zugängen auch Inder, Mongolen und zum Kriegsdienst für die Nazis gepreß-te Russen aus Himmlers Konzentrationslagern.

Als dann aber auch noch die »Wüstenfüchse« mit den Kameraden vom Volks-sturm konfrontiert werden, bricht endgültig die Welt für sie zusammen. Diese sind bei der Einnahme von Saarbrücken durch die Amerikaner in Gefangenschaft ge-raten. Der Älteste von ihnen ist 63, der Jüngste knapp 15 Jahre alt, ihre militärische Ausstaffierung lächerlich. Die alten Volkssturmmänner tragen über ihrer Arbeitskleidung verschlissene Uniformjacken oder Windjacken; manche nicht einmal diese. Den Jungens haben die Amerikaner die Hosen bis zur Kniekehle gekürzt. Einer der Jungen sagt zur Erklärung:»Die Amis haben unsere Hosen mit dem Seitengewehr zerfetzt. Sie sagten ›wir kämpfen nicht gegen Kinder‹, und dann schenkten sie uns Schokolade.« Einer — keckes Jungengesicht mit Himmelfahrtsnase und flinken Augen — fragt die gaffenden »Wüstenfüchse«: »Schon mal was von Adolfs Wunderwaffe gehört?« Ein Aufatmen geht durch deren Reihen. »Die Wunderwaffe gibt es also wirklich!«

Vergnügt deklamiert der Junge:

>*Maikäfer flieg,*
der Vater ist im Krieg,
jetzt zieh'n sie noch
den Opa ein,
das soll dann die Vergeltung sein.«

Die Sprachlosigkeit seiner Zuhörer zaubert ein spitzbübisches Grinsen auf sein Gesicht:

>*Maikäfer flieg,*
vom Rheingau bis Pommerland ist Krieg.
Pommerland ist abgebrannt,
ist vom Iwan überrannt.«

Die Reaktion der »Wüstenfüchse« wartet er nicht erst ab. Er verdrückt sich in der Menge. Mir gefällt der Bengel. Nachdem ich mich mit ihm näher bekannt gemacht habe, erzählt er mir, daß es in der Heimat Gruppen von Jugendlichen gibt, die bei Kriegsausbruch 10 Jahre alt waren und deren Kindheit aus vormilitärischer Ausbildung bei der HJ, und Kinderlandverschickung bestand und die jetzt als Jugendliche oft ohne Familie aufwachsen. Während der Vater Soldat ist, arbeitet die Mutter in der Rüstung oder auch beide Eltern sind getötet worden. Der Vater vor Leningrad, die Mutter durch einen Luftangriff. Diese Jugendlichen hassen die Nazis, insbesondere die HJ von der sie ständig kontrolliert und terrorisiert werden. Sie führen ein Eigenleben, sabotieren die behördlichen Anordnungen und lauern des Abends der militanten Hitler-Jugend auf und verprügeln sie. Ganze Gruppen schlagen sie zusammen. Die Gestapo macht Jagd auf sie und sperrt sie in Arbeits- oder Konzentrationslager. Sie sind schwer zu fassen, weil sie keine Organisation sind. Untereinander erkennen sie sich durch ein kleines Abzeichen, das sie an ihrer Kleidung tragen, ein Edelweiß. Sie selbst nennen sich »Edelweißpiraten«.

Mit wenigen Leuten stelle ich ein »Komitee für Frieden und Demokratie« auf die Beine. Ein evangelischer und ein katholischer Geistlicher sind dabei (mit dem evangelischen Pastor, er stammt aus Karlsruhe, korrespondiere ich noch lange nach dem Kriege), selbstverständlich der »Edelweißpirat«, ein junger sehr tatkräftiger Lehrer (nach Entlassung aus der Gefangenschaft wird er in einer Bezirksstadt im Vogtland Bürgermeister) und noch ein paar andere zumeist jüngere Kriegsgefangene. Das Komitee gibt eine Lagerzeitung heraus, darin schreiben wir gegen den Krieg »Der Krieg ist die Hölle! Zur Hölle mit dem Krieg!« Über den Nationalsozialismus »Verbrechen unter dem Hakenkreuz!« Über den antifaschistischen Widerstand und zukünftige Aufgaben im Nachkriegsdeutschland »Das andere Deutschland«. Das Komitee hat es nicht leicht. Das zutiefst eingewurzelte Mißtrauen der Gefangenen gegenüber allem, was mit den Worten Demokratie, Sozialismus und Kommunismus zu tun hat, ist eine Barriere, die nur schwer zu durchbrechen ist. Die politische Bevormundung durch die amerikanische Lagerkommandantur, der wir jedes geschriebene Wort zur Kontrolle vorlegen müssen, ist eine weitere Erschwernis unserer Arbeit. Jeder Vortrag muß vorher schriftlich vorgelegt werden. Auch dürfen unsere Vorträge nicht frei vorgetragen werden, sondern jeder Text muß, nachdem er vorher von der Zensur genehmigt worden ist, vom Blatt abgelesen werden.

Nur sehr zögernd gruppieren sich weitere Gefangene um das Komitee. Es dauert Monate, bis der Kreis der Sympathisanten von einer kleinen Zahl auf 500 anwächst. Erstaunlicherweise schließen sich jüngere Leute leichter an als ältere. Viele Alte verhalten sich entweder uninteressiert oder abwartend bis feindlich. Die unansprechbaren Gefangenen — so mein Eindruck — erleben den unaufhaltsamen Zusammenbruch des Nazisystems als ihren eigenen Zusammenbruch. Diese Menschen hatten sich mit zunehmendem politischen und militärischen Erfolg der Nazis und aufgrund der verbesserten wirtschaftlichen Lage vor Kriegsbeginn, mit dem nationalsozialistischen Staat identifiziert, ihr Geschick auf Gedeih und Verderb mit dem des Regimes verbunden. Der Zusammenbruch des Nationalsozialismus wurde somit für sie zu einer persönlichen Katastrophe.

Im »Shop for German Prisoner« werden deutschsprachige Bücher zum verbilligten Sonderpreis angeboten. Darunter auch solche, die Goebbels 1933 öffentlich hat verbrennen lassen. Ihre Autoren heißen: Heinrich Heine, Heinrich Mann, Kurt Kläber, Erich Maria Remarque, Anna Seghers. Nacheinander erwerbe ich: Heinrich Heines »Das Buch der Lieder«, Arnold Zweig »Das Beil von Wandsbek«, Ernest Hemingway »Wem die Stunde schlägt«, Anna Seghers »Das siebte Kreuz«. Mit dem ersterstandenen Buch, Heinrich Heine »Buch der Lieder« hocke ich mich auf meine Bettstatt und lese aus »Denk ich an Deutschland in der Nacht« laut die Verse vor mich hin:

» Seit ich das Land verlassen hab',
So viele sanken dort ins Grab,
Die ich geliebt — wenn ich sie zähle,
So will verbluten meine Seele.
Und zählen muß ich — mit der Zahl
Schwillt immer höher meine Qual;
Mir ist, als wälzten sich die Leichen
Auf meine Brust...«

Aus dem Augenwinkel beobachte ich, wie meine Mitgefangenen darauf reagieren. Ich weiß, was sie denken: »Der spinnt! Wieder ein Fall von Lagerkoller.« Ich habe erreicht, was ich wollte: Ihre Aufmerksamkeit. Das Buch von Heinrich Heine lege ich beiseite und greife zu Anna Seghers »Das siebte Kreuz«. Ich lese lauter, und die Neugierigen rücken näher. Nach einer Stunde schließe ich behutsam das Buch. An den darauffolgenden Abenden muß ich weiter vorlesen. Der Zuhörerkreis vergrößert sich durch Teilnehmer aus anderen Baracken. Was sie aus der Emigrantenliteratur erfahren, ist für Ohren, die nur mit nationalsozialistischer Propaganda bedient wurden, etwas Außergewöhnliches. So entsteht in unserem Lager der erste freie Lesezirkel. Viel hat nicht gefehlt, dann hätte ich meine antifaschistische Tätigkeit im Kriegsgefangenenlager mit dem Leben bezahlen müssen. Im Februar 1945 bekomme ich die Chance, über den amerikanischen Armeesender einen Appell an meine Landsleute in der Heimat zu richten. Sie sollen den sinnlosen Krieg einstellen, den Nazis die Gefolgschaft aufkündigen, um jedes weitere Blutvergießen zu vermeiden, und einem Leben in Frieden den Weg frei zu machen. Praktisch ist das eine Aufforderung zur Kapitulation. Ob dieser Appell in Deutschland auch nur von einem Menschen gehört worden ist, bezweifle ich. In den Augen fanatischer Lagernazis aber bin ich ein Vaterlandsverräter, und sie kommen überein, mich zu liquidieren. Ein Rollkommando soll mich in der Nacht zusammenschlagen. Meine politischen Freunde haben von dieser Absicht erfahren und bedrängen mich, die Nacht in einer anderen Baracke zu verbringen. Gegen Mitternacht schleichen sich tatsächlich Männer an die Baracke, in der ich normalerweise schlafe, heran. Zwischen Barackeninsassen und den Nazis kommt es zu lauten Auseinandersetzungen, die die Wachmannschaft alarmiert. Militärpolizei holt die Schläger aus dem Lager. Am nächsten Tag werden sie in ein Straflager abgeschoben.

Es mag seltsam erscheinen, daß ein ausgewiesenes KPD-Mitglied im Kriegsgefangenenlager statt kommunistischer Agitation eine Demokratisierungskampagne betreibt. Möglicherweise verfolgten andere Kommunisten in Kriegsgefangenschaft eine andere Politik als ich. Mein Vorgehen im Lager erklärt sich aus den Erfahrungen, die ich mit der Theorie und Praxis der Partei in den Jahren meiner Zugehörigkeit zur kommunistischen Partei gemacht habe. Ursprünglich aus emotionalen Beweggründen zur Partei gestoßen, politisch unerfahren und unwissend, war ich davon überzeugt, daß die Welt mit der Ablösung des Kapitalismus durch den Kommunismus anders und besser werden würde. Wie das vor sich gehen werde, konnte ich den von der KPD oft zitierten Worten Karl Marx' entnehmen: »Zwischen der kapitalistischen und kommunistischen Gesellschaft liegt die Periode der revolutionären Umwandlung der einen in die andere. Das entspricht auch einer politischen Übergangsperiode, deren Staat nichts anderes sein kann als die revolutionäre Diktatur des Proletariats.«

Ich habe der KPD unkritisch die Behauptung abgenommen, daß in Sowjetrußland die Diktatur des Proletariats herrsche. Im Laufe der Zeit gelangte ich zu dem Schluß, daß eine parlamentarische Republik mit einer sozialistischen Verfassung auf der Grundlage der Menschenrechte das Leben besser und unbeschwerter gestalten werde, als die von der KPD propagierte sozialistische Gesellschaft samt ihres Vorbildes, der Stalinschen Sowjetunion. Folgerichtig vertrete ich im Lager eine Politik, die sich von jener, die die KPD vor 1933 vertreten hat, wesentlich unterscheidet, und die ich mitgetragen habe. Später, nach meiner Rückkehr nach Hamburg stelle ich fest, daß meine Auffassung beinahe deckungsgleich ist mit der der wiedererstandenen Kommunistischen Partei, heißt es doch in ihrem Aufruf vom 11. Juni 1945:

»Nicht nur der Schutt der Städte, auch der reaktionäre aus der Vergangenheit muß gründlich hinweggeräumt werden. Mit der Vernichtung des Hitlerismus gilt es gleichzeitig, die Sache der bürgerlich-demokratischen Umbildung, die 1848 begonnen wurde, zu Ende zu führen, die feudalen Überreste völlig zu beseitigen und den reaktionären altpreußischen Militarismus mit allen seinen ökonomischen und politischen Ablegern zu vernichten...

Wir sind der Auffassung, daß die entscheidenden Interessen des deutschen Volkes den Weg der Aufrichtung eines antifaschistischen, demokratischen Regimes, einer parlamentarisch-demokratischen Republik mit allen demokratischen Freiheiten für das Volk (vorschreiben).« Ein Manifest! Eine Grundsatzerklärung, die meiner Überzeugung im Jahre 1944 entgegenkommt.

Gute Vorsätze allein reichen nicht

Im Frühjahr 1945 entlassen uns die Amerikaner aus der Gefangenschaft. Bei stürmischer See schaukeln wir Tage und Nächte auf Liberty-Schiffen über den Atlantik.[19] Wir laufen den schottischen Hafen Glasgow an. Von Glasgow aus werden wir mit der Bahn weit ins Innere Schottlands gebracht, in ein Kriegsgefangenenlager, in dem schon deutsche Gefangene des 1. Weltkrieges eingesperrt waren. Im englischen Kriegsgefangenenlager interessiert sich der Offizier vom Intelligenceoffice, Captain Stampford, für mich, wahrscheinlich aufgrund von Aktenunterlagen aus dem amerikanischen Lager. Captain Stampford ist gebürtiger Deutscher und war Redakteur bei der »Vossischen Zeitung« in Berlin. Nach 1933 mußte er aus rassischen und politischen Gründen emigrieren. In den fünfziger Jahren wird er in der Bundesrepublik die Leitung des »Mitteleuropäischen Verlages« übernehmen, in den sechziger Jahren resigniert über die politische Entwicklung in der BRD nach England zurückgehen. Er versorgt mich mit neuen Zeitungen, die jetzt in den von Amerikanern und Engländern besetzten deutschen Gebieten zugelassen worden sind.

Beim ersten Anblick fällt mir das Wort »Gemischtwarenladen« ein, geradeso ist ihre äußere Aufmachung. Neben Anordnungen der Militärregierung »Meldungen aus aller Welt«, neben Lokalnachrichten, politischen Aufsätzen, zwischen Bekanntmachungen deutscher Behörden, Feuilleton, Anzeigen und Ankündigungen von Veranstaltungen. Eine Ankündigung im »Bremer Anzeiger« erregt meine besondere Aufmerksamkeit. »Öffentliche Versammlung mit dem Thema ›Genossenschaftswesen‹, Referentin Frau Lene Warnke-Dannat«, lese ich. Lene Warnke ist die Ehefrau von Herbert Warnke, jüngster Bruder meines Vaters, 1932 als Kommunist in den Reichstag gewählt, nach der Machtübernahme der Nazis ins Exil nach Dänemark/Schweden gegangen. Bis Kriegsausbruch hatten wir miteinander unter Deckadressen Briefe ausgetauscht. Danach hatte ich über das weitere Schicksal von Herbert und Lene Warnke nichts mehr erfahren. Leider kann ich aus dieser Anzeige nicht entnehmen, ob Herbert Warnke die Nazizeit heil überstanden hat und ebenfalls nach Deutschland zurückgekehrt ist. Erst zwei Jahre später erfahre ich durch ihn persönlich, daß er im Dezember 1945 mit anderen Genossen (als Teil der Walter Ulbricht-Gruppe), Erich Glückauf, Paul Verner und Karl Mewis — aus Schweden kommend, in Schwerin eingetroffen ist. Einer Weiterreise nach Bremen steht der Beschluß des ZK der KPD entgegen, sich in Schwerin niederzulassen und in Mecklenburg/Vorpommern am Aufbau des Freien Deutschen Gewerkschaftsbundes (FDGB) mitzuwirken.

Herbert Warnke mit Frau und Sohn nach der Entlassung aus dem Internierungslager 1943

Mit Herbert Warnke verbindet mich mehr als nur die verwandschaftliche Beziehung. Seit frühester Jugend besteht zwischen uns eine enge Freundschaft. Nur sechs Jahre älter, hätte er mein »großer« Bruder sein können. Ab meinem zwölften Lebensjahr haben wir fast alles gemeinsam unternommen, Fußball gespielt, ins Kino gegangen, dieselben Bücher gelesen. Wir sind auch beinahe zur gleichen Zeit politisch tätig geworden. Als 1928 in der Hamburger KPD eine Veruntreuung von Beitragsgeldern bekannt wird und Ernst Thälmann den Skandal zu vertuschen sucht, sind wir beide gleichermaßen empört und schließen uns der innerparteilichen Oppositionsgruppe »Versöhnler« an. Als Thälmann weiterhin Vorsitzender der Partei bleibt, schreibt Herbert Warnke einen Protestbrief an das Zentralkomitee, eine Tat, die für die Partei von erheblicher Brisanz hätte werden können, wäre sie an die Öffentlichkeit gedrungen. Herbert Warnke ist zu dieser Zeit Betriebsratsvorsitzender der größten deutschen Schiffswerft mit einer Belegschaft von einigen Tausend Arbeitern und Angestellten, der Hamburger Werft »Blohm und Voss«. Der Protestbrief wird im ZK der Partei übel vermerkt. Herbert Warnke sollte eine Delegation Hamburger Werftarbeiter in die Sowjetunion leiten. Diese Funktion wird ihm aberkannt, er darf an der Delegation nicht teilnehmen. Die Sowjetunion besucht er zum erstenmal im Herbst 1933 in seiner Eigenschaft als Sekretär des Internationalen Komitees der Metallarbeiter in der Roten Gewerkschafts Internationale (RGI), um an Beratungen der RGI und des ZKs der illegalen KPD und den Feierlichkeiten zum 16. Jahrestag der Oktoberrevolution teilzunehmen.

Aus den spärlichen Informationen der Zeitungen, die ich in der Gefangenschaft bekomme, kann ich mir nur ein schwaches Bild über die tastenden Versuche, die Arbeiterbewegung nach 1945 neu zu formieren, machen. Eines geht daraus mit großer Deutlichkeit hervor: ein gleichermaßen starkes Bedürfnis von Sozialdemokraten und Kommunisten nach Vereinigung beider Arbeiterparteien in einer Organisation. Dieser Wille ist bei den Menschen, die im Widerstand gegen den Nationalsozialismus gestanden haben, verfolgt wurden und Zuchthaus und Konzentrationslager überlebten, besonders stark ausgeprägt. In der Leidensgemeinschaft, in der die vor 1933 sich Bekämpfenden hatten zusammenstehen müssen, verblaßte Trennendes. Gegensätzliche Ideologien und Ansichten verloren an Bedeutung, stattdessen verstärkte sich die Einsicht, daß die Spaltung der Arbeiterbewegung den Nazis den Weg zur Macht erleichtert hat. Funktionären dagegen, die während der Nazizeit in der Emigration gelebt haben, scheint der Sinn weniger nach einer Vereinigung zu stehen.

In Hamburg haben Kommunisten und Sozialdemokraten einen gemeinsamen Aktionsausschuß gebildet und ein Aktionsprogramm beschlossen. Auch aus dem Aktionsprogramm spricht der Wille zur Einheit: »Ohne Zweifel ist der Hauptträger der deutschen Zukunft die Arbeiterklasse. Auf ihren Schultern lag die Hauptlast des Krieges. In ihr lebt der Wille zur antifaschistischen Demokratie am brennendsten. Aus ihrer gesammelten Kraft und mit der Unterstützung der Arbeiter aller Länder muß und wird sie in einem einheitlichen Deutschland neu erstehen. Die blutige Lehre der zwölfjährigen Hitler-Diktatur im Innern, des Hitler-Krieges nach außen und seiner großen sozialen Umwälzungen heißt für alle schaffenden Männer und Frauen: »Einigkeit — Einigkeit und nie wieder Spaltung und Bruderkrieg!«

Fern vom Ort der Ereignisse stehe ich diesem Vorhaben mit Skepsis gegenüber. Muß es nicht bei einer sofortigen Verschmelzung beider Parteien zu späteren Gefahren für die Gesamtpartei kommen? Drohen nicht interne ideologische Auseinandersetzungen und abermalige Spaltung? Außerdem gilt es zu berücksichtigen, daß die Vernichtung des Nationalsozialismus durch die Streitkräfte der Alliierten herbeigeführt worden ist und nicht durch eine Volksrevolution. Das aber könnte die Bildung von bürgerlich-konservativen Parteien erleichtern. Eine instabile Arbeiterorganisation stände dann vor fast unüberwindbaren Schwierigkeiten, ihr Programm zu verwirklichen. Dieses alles bedenkend, verfasse ich einen Artikel für die Lagerzeitung. Ich schreibe, daß es besser wäre, die Verschmelzung der Parteien zurückzustellen, bis SPD und KPD ihre Kader wiederaufgebaut und grundsätzliche Positionen erarbeitet hätten. Schließlich seien es Parteien mit unterschiedlichen ideologischen Standpunkten, jedenfalls wären sie es in der Vergangenheit gewesen. Diese Differenzen seien nicht dadurch aus der Welt zu schaffen, daß man sich brüderlich, als hätte es nie Gegensätze gegeben, um den Hals falle. Weiterhin stelle ich die Frage, wie die Organisationsstruktur aussehen solle. Worauf werde man sich einigen? Auf das leninistische Organisationsprinzip der KPD, dem demokratischen Zentralismus oder auf Prinzipien, die dem sozialdemokratischen Demokratieverständnis entsprechen? Während ich diese Überlegungen zu Papier bringe, steht mir die Parteienlandschaft der zwanziger Jahre vor Augen. Es kommt mir überhaupt nicht der Gedanke, daß es für die neue deutsche Arbeiterbewegung möglicherweise vorteilhafter sein könnte, eine ganz neue, andersartige Arbeiterpartei ins Leben zu rufen, als wieder in die alten ausgelatschten Galoschen zu steigen. So sehr bin ich Sklave alter Denkmechanismen aus der Zeit vor 1933.

Zum Zeitpunkt meines Artikels ist der Traum von der Einheit der Arbeiterklasse schon ausgeträumt, das erfahre ich nach meiner Entlassung aus der Kriegsgefangenschaft. Die Große Verheißung auf einen Neubeginn der Arbeiterbewegung hat sich sehr schnell als ein Trugbild erwiesen. Reichen sich noch im Juli und August 1945 über den Gräbern der kommunistischen Widerstandskämpferin Magda Thürey und des Sozialdemokraten Rudolf Seewald Meitmann und Dettmann die Hände und schwören »den Bruderkampf niemals wieder aufleben zu lassen« und die »Sozialistische Einheitspartei als den besten Hort der Demokratie in Deutschland herzustellen«, so verwahrt Meitmann sich 1947 in der Hamburger Bürgerschaft gegen eine Freundschaft mit Dettmann: »... Ich komme nur auf die Tribüne, weil es Herr Dettmann für richtig befunden hat, mich als persönlichen Freund zu apostrophieren. Ich betone, daß ich es weder war, noch die Absicht habe, es zu werden.« Das ist mehr als persönlicher Affront. Es offenbart, wie weit Kommunisten und Sozialdemokraten sich schon wieder voneinander entfernt haben.

Treffpunkt: Komitee »Maria-Louisen-Straße«

Die ersten Nächte nach der Entlassung aus der Kriegsgefangenschaft verbringe ich bei Genossen in einer Schreberlaube. Sie haben sich hierher geflüchtet, nachdem bei einem Luftangriff ihre Wohnung in Flammen aufging. Durch einen Anbau haben sie die Laube erweitert. Der Anbau ist aus Schalbrettern gezimmert, die aus dem Holzlager der Holzmann AG »besorgt« worden sind. Die Holzmann AG ist ein Großfabrikant von Holzbaracken. Barackenbau ist das größte Geschäft im Dritten Reich. Baracken für Konzentrationslager, für den Arbeitsdienst, für Kriegsgefangene und Zwangsarbeiter, für Ausgebombte und Ostflüchtlinge. Die Holzmann AG raubt das Rohmaterial in den Forsten der Sowjetunion, Norwegens und Frankreichs. Die Schreberlaube ist trotz des Anbaus für die fünfköpfige Familie als Dauerunterkunft zu klein. Für mich schaffen die Genossen eine Schlafgelegenheit auf dem Fußboden. »Immer ›rein in die gute Stube‹«, sagt Erich, »solange die Sardinenbüchse nicht überquillt.« Eine alte Strohmatratze und zwei abgenutzte Wehrmachtsdecken sind mein Bett. Ich bin dankbar dafür. Ohne diese Fürsorge wüßte ich nicht, wo ich die Nacht verbringen sollte. Und ich war, weiß Gott, schon schlechter gebettet.

Anderentags begebe ich mich zum »Komitee ehemaliger politischer Gefangener«, das aus den Konzentrationslagern und Zuchthäusern freigekommene Antifaschisten im Mai 1945 ins Leben gerufen haben. Das Komitee ist in einem ehemaligen Heim der NS-Volkswohlfahrt in der Maria-Louisen-Straße untergebracht und wird von einem überparteilichen Vorstand geleitet, dem 1946 folgende Personen angehören: Franz Heitgres (KPD), Hans Schwarz und Heinrich Böttcher (CDU), Gertrud Plock (KPD), Wilhelm Bornbusch (FPD), Magda Hoppstock-Huth (SPD), Albert Blankenfeld (SPD), Karl Kühne (SPD), Paul Tastesen (KPD), Arthur Hertz (rass. Verfolgter), Walter Koppel (rass. Verfolgter) und Pfarrer Mecklenburg (relig. Verf.). Um politische Gefangene von nichtpolitischen und von Betrügern — darunter ehemalige SS-Aufseher, die sich mit Papieren ihrer Opfer ausgestattet haben — zu trennen, ist ein Erkennungsdienst eingerichtet. 1946 sind 205.000 Namen von ehemaligen politischen Gefangenen karteimäßig erfaßt. Dieses ist nur ein Betätigungsfeld des Komitees. Andere Aufgaben gelten der Wohnraumzuweisung, der Ausstattung mit Möbeln, der Beschaffung von Kleidung, der Betreuung Kranker und vom Siechtum Betroffener. Die meisten Rückkehrer aus den Konzentrationslagern besitzen keine Wohnung, sind im wahren Sinne des Wortes obdach- und heimatlos. Tausenden muß Wohnraum beschafft werden. Viele sind provisorisch in einem Wohnheim des Komitees untergebracht. In Zusammenarbeit mit dem Roten Kreuz und der Sozialverwaltung sorgt das Komitee für Krankenhaus- und Kuraufenthalte für entkräftete, an Hungerödem und Tuberkulose leidende, durch Folterungen und Mißhandlungen physisch und psychisch erkrankte Konzentrationäre.

Als ich mich beim Komitee vorstelle, erfahre ich, daß ich dort bereits erfaßt bin. Hermann Beckby und ein Verwandter meiner Frau, Peter Laß, 1935 Mitangeklagter in meinem Hochverratsprozeß, haben versucht, mich vorzeitig aus der englischen Kriegsgefangenschaft freizubekommen. Schon im Herbst 1945 hat das Komitee bei der englischen Besatzungsmacht um die Entlassung nachweislich politisch Verfolgter aus der Kriegsgefangenschaft nachgesucht, wenn auch ohne Erfolg. Auf eine bürgerschaftliche Anfrage an den Senat am 20. März 1946 erklärte Senatsdirektor Dr. Drexelius, der Senat habe sich bereits im Dezember 1945 mit dieser Frage beschäftigt: »Damals konnte in dieser Angelegenheit nicht weiter

Das »Komitee ehemaliger politischer Gefangener« organisierte Kuraufenthalte — hier im Erholungsheim Wenttorf

verhandelt werden, da die Militärregierung noch keine Möglichkeit sah, einem solchen Antrag stattzugeben. Auch Versuche, die das Komitee ehemaliger politischer Gefangener in dieser Richtung unternahm, um Mitgliedern der Widerstandsbewegung, die sich in Haft und Kriegsgefangenschaft befanden, die Heimkehr zu ermöglichen, führten zu keinem Erfolg.« Aufgrund meiner bereits erfolten Erfassung bedarf es keiner großen Formalitäten mehr. Meiner Anerkennung als politisch Verfolgter steht nichts im Wege. Zwei Tage darauf erhalte ich den Sonderausweis für politisch Verfolgte. Das bedeutet Zuzugsgenehmigung, Anspruch auf Wohnraum, Lebensmittelkarten und einen Arbeitsplatz. Ein Ressort für Arbeitsfragen und Berufsschulung gibt Hilfestellung bei der Wiedereingliederung in das Erwerbsleben. Obwohl inzwischen bis zu 17.000 Menschen diesen Vermittlungsdienst aufsuchten, habe ich die Auswahl zwischen einer Arbeit als Gefangenenaufseher, Polizist oder Behördenangestellter beim Arbeitsamt oder Wohnungsamt, oder bei den Gas- oder Wasserwerken. Ich kann mich weder für das eine, noch für das andere erwärmen. Zum Verwaltungsmenschen bin ich nicht geschaffen, zum Polizisten oder Schließer im Knast schon gar nicht. Statt dessen fange ich einen Monat später bei Röntgen-Müller als Hilfsarbeiter an.

Wann immer ich das Komitee aufsuche, stoße ich auf Bekannte. Jedes Mal ist es ein großes Aufatmen, einen Freund noch am Leben zu treffen. Gretel Höfer etwa, gezeichnet von schweren Erlebnissen der vergangenen zwölf Jahre, das Gesicht zerfurcht wie bei Figuren von Tilman Riemenschneider oder Zeichnungen von Käthe Kollwitz, Gretel Höfer — deren Eltern und Bruder die Gestapo wiederholt verhaftet und drangsaliert hat. Ihr Vater wurde von der Gestapo noch 1944 als 76jähriger aus dem Krankenhaus weg verhaftet. Nach der Befreiung aus dem Zuchthaus Coswig in Sachsen stirbt er am 13. Dezember 1945 in Hamburg an den

Folgen der Haft. Ich habe Hermann Höfer als einen sensiblen Politiker und unbeirrbaren Verfechter menschlicher Würde in Erinnerung, als einen Pädagogen, wie ich ihn mir als Schüler zum Lehrer gewünscht hätte, väterlich und kameradschaftlich. Er war Abgeordneter der Hamburger Bürgerschaft, Armen- und Wohlfahrtspfleger. Geachtet auch im Bürgertum. Ein Hamburger Senat ehrte ihn 1892 wegen Mitarbeit im Komitee zur Bekämpfung der großen Cholera-Epidemie.

Lotte Burmester ist aus der schwedischen Emigration zurückgekehrt. Sie steht vor mir, wie ich sie im Gedächtnis behalten habe — eine warmherzige, frohgemute Frau. Jetzt strahlt die Freude des Wiedersehens aus ihren Augen. Sie ist in Begleitung ihrer zwei erwachsenen Kinder. Als Lotte mit ihren Kindern Deutschland verlassen mußte, waren sie noch nicht im schulpflichtigen Alter. Ob diese sich noch an ihren Vater Karl Burmester erinnern können, den die Nazis ermordet haben? Nach diesem ersten Wiedersehen besuche ich Lotte noch einige Male in ihrer Wohnung am Schlump, wo ich dem jungen Blachstein begegne. Der Kontakt zwischen uns flaut in dem Maße ab, wie die früheren Gegensätze zwischen KPD und SPD wieder aufflammen. Lotte, die in Schweden Herbert Wehner geheiratet hat, ist nicht in die KPD zurückgekehrt.

Ich treffe Willi Bauke, der mit mir beim »Aufbau-Kommando« im Lager Wittmoor war, dessen Vater in den 30iger Jahren Inhaber einer beliebten Arbeiterkneipe war. »Baukes Gaststätte«, Ecke Neustädterstraße und Kohlhöfen, war in der Endzeit des Sozialistengesetzes als Parteilokal der Sozialdemokratie eröffnet worden. Carl Legien und Otto Stolten hatten Pate gestanden.[21]

Im 1. Weltkrieg traf sich hier die linke Opposition in der SPD. Danach hielten sowohl die USPD wie die KPD in Baukes Klubzimmer ihre Parteiabende ab. Nach dem Zusammenschluß USPD und KPD wurde es Treffpunkt der KPD. Wenn Ernst Thälmann von Berlin, wo er sich als Parteivorsitzender zumeist aufhielt, nach Hamburg kam, war sein erster Weg zu Bauke. Beide verband eine alte Freundschaft. Von Thälmanns »Einkehr« erzählte Willi Bauke im Lager Wittmoor: »Teddi wurde immer mit großem Hallo empfangen. Dann bestellte er für alle eine Runde Bier. Wenn alle Gäste an der Theke versammelt waren, ging das Politisieren los. Einmal erklärte er uns das Verhältnis von Partei und Massenorganisationen: »Das hier ist die Partei«, Teddi stellte ein Glas Bier links neben den Zapfhahn, »und das hier«, er schob ein zweites Bier dazu, »sind die Massenorganisationen; versteht Ihr? Gewerkschaften, Genossenschaften und Arbeitersport, die Transmissionen zwischen Partei — ein drittes Glas Bier wechselt den Platz — und Arbeiterklasse. »Kapitus?«. Kuddel Drescher, Wortführer radikaler Hafenarbeiter, polterte: »Dat hett Ernst mol wedder aisch verklort. Klor wie dicke Kloßbrühe. Bauke, noch ne Runde!« Die Nazis, die jede Spur der »roten Spelunke« vertilgen wollten, ließen das Haus mit dem über fünfzig Jahre alten Arbeiterverkehrslokal wegen Baufälligkeit abreißen. Seite an Seite mit Helmut Lasch und Erich Tiedebüll kommt mir Ludwig Lewien entgegen. Als »Latscher« (Ausdruck für Bündische Jugend) wurden sie von politverbissenen Jungkommunisten bespöttelt, weil sie sich neben ihrer politischen Tätigkeit auch noch anderen Dingen zuwandten. Sie übten sich im Theaterspielen, entwickelten die Arbeiterfotografie als wirksame Waffe der politischen Agitation, wanderten und musizierten:

*» Wilde Gesellen vom Sturmwind verweht
ziehn wir dahin bis das Herze uns steht,
Fürsten in Lumpen und Loden,
ehrlos bis unter den Boden.
Fiedel, Gewand in farbiger Pracht,
ob uns auch Speier und Spötter verlacht,
trefft keinen Zeisig ihr bunter,
uns geht die Sonne nicht unter.
Ziehn wir dahin durch Braus oder Brand,
klopfen bei Veit oder Velten.
Huldiges Herze und helfende Hand
sind ja so selten, so selten.
Weiter uns wirbelnd auf staubiger Straß',
immer nur hurtig und munter.
Ob uns der eigene Bruder vergaß,
uns geht die Sonne nicht unter.*

Während das Komitee und die Behörden Schwierigkeiten mit der Unterbringung von ehemaligen KZ-Gefangenen haben, die Bombengeschädigten in Notunterkünften hausen müssen, bauen sich Hitlers Anhänger Eigenheime, zum Beispiel Max Schmeling, ein nationales Idol der Deutschen.

VÖLKISCHER BEOBACHTER

»Der ehemalige Boxweltmeister Max Schmeling wurde am Montag im Ge-
richtssaal verhaftet, nachdem ihn das mittlere Militärgericht in Hamburg wegen
Nichtbefolgung einer Anordnung der Militärregierung zu drei Monaten Gefängnis und 10.000 Mark Geldstrafe verurteilt hatte. Wie die Verhandlung ergab, ließ
der Angeklagte seit Anfang des Jahres in einem Hamburger Vorort ein Häuschen
bauen. Die Fortsetzung dieses Bauvorhabens wurde jedoch Mitte Februar durch
einen Befehl der Militärregierung verboten, der dem Angeklagten mündlich von
einem Angestellten der Hamburger Bauverwaltung überbracht wurde. Trotzdem
ließ Schmeling zwei Monate später den Bau fortsetzen. Der Verteidiger erklärte,
daß Schmeling durch die Kriegsereignisse seine Besitzungen in Pommern, Berlin
und Hamburg verloren habe und seiner Gattin und sich nun ein neues Heim habe
schaffen wollen.«[24]

Im April 1941 schmückte ein Foto von Schmeling die Titelseite des »Völkischen Beobachters«. Schmeling wurde gefeiert, weil er bei einer gemeinsamen
Aktion von SS- und Fallschirmtruppen als erster Fallschirmspringer über Kreta
abgesprungen war. Nach dem Kriege wird Schmeling vom Fachausschuß 7 der
Entnazifizierungkammer in der Britischen Zone mit Zustimmung der Militärregierung als politisch unbelastet eingestuft. Die »Hamburger Volkszeitung« stellt
dazu fest: »Die Behauptung Schmelings, daß er sich nie politisch betätigt habe,
entspricht nicht den Tatsachen.« Als Beweis veröffentlicht die Zeitung eine Erklärung Schmelings im »Völkischen Beobachter« vom 30. März 1938 in Faksimi-
le: »Für jeden deutschen Sportsmann und für alle Freunde des Boxsports ist das
»Ja« am 10. April eine freudig erfüllte Dankespflicht gegenüber unserem Führer,
dem unser Sport so unendlich viel verdankt.«

Das Elternhaus

Ein von Rosen umrankter Torbogen, mehrere aneinandergereihte Latten — da ist
sie, die Pforte zu unserem Siedlungshaus. Einen Augenblick verweile ich, bevor
ich sie öffne und den Weg zum Haus einschlage. Zwischen diesem Tag und jenem,
da sich zum letzten Male die Pforte hinter mir schloß, liegen mehr als zehn Jahre.
Die Nazis hatten uns nicht nur ins KZ gebracht, sie hatten uns auch Haus und Garten genommen. 50 weitere Familien, die seit 1920 auf die politische und kulturel-
le Gestaltung der Hamburger Arbeitersiedlung in Langenhorn Einfluß genommen hatten, teilten 1934 mit uns dieses Schicksal. Jetzt, nach dem Zusammenbruch der Naziherrschaft erheben die 1934 aus ihren Wohnungen Vertriebenen
Anspruch auf ihr altes Wohnrecht. Vorerst erleben sie jedoch eine große Enttäuschung. Zwischen denen, die Wiedergutmachung begangenen Unrechts fordern,
und den zum Teil noch mit Nationalsozialisten besetzten Behörden, entbrennt ein
längerer, zäher Kampf. So muß beispielsweise mein Vater eine Bescheinigung der
Ha-Wo-Ge (Hamburger Wohnungsbaugesellschaft) beibringen, aus der hervorgeht, daß sie meinen Vater als Mieter akzeptieren werden. Die Ha-Wo-Ge ist aber

Die Eltern von Helmuth Warnke

dieselbe Gesellschaft, die seinerzeit die Kündigung ausgesprochen hat. Am 29.5.1945 bescheinigt sie, »daß Herr Max Warnke, Mieter in unserer in Langenhorn, Tangstedter Landstraße 159, gelegenen Wohnung war und ihm diese, lt. unserem Schreiben vom 31.8.1934 gekündigt worden ist. Die Kündigung erfolgte aus politischen Gründen. Unsererseits bestehen keine Bedenken, Herrn Warnke als unseren Mieter anzuerkennen.« Aber damit ist der Nazi noch lange nicht aus der Wohnung und mein Vater drinnen. Am 10.8.1945 wendet sich mein Vater mit einem Schreiben an Bürgermeister Petersen. In einem Antwortschreiben heißt es: »Ihr Gesuch ... ist zuständigkeitshalber an das Wohnungsamt Bieberhaus zur Erledigung weitergegeben worden.« Vom Bieberhaus wird es weitergeleitet an die Wohnungsabteilung in Fuhlsbüttel. Die gibt es an die Rechtsabteilung, denn der Nazi hat Einspruch erhoben (schließlich beginnen wir ja wieder, in einem Rechtsstaat zu leben). Es entspinnt sich ein längerer Rechtsstreit: »Der Antragsgegner hat vorgetragen, daß die Entfernung aus seiner Wohnung eine unbillige Härte für ihn bedeuten würde. Es ist sicher, daß gerade in der heutigen Zeit die Aufgabe einer Wohnung eine schwere Belastung mit sich bringt. Insbesondere muß das bejaht werden mit Rücksicht auf den Umstand, daß der Antragsgegner 3 kleine Kinder hat.« (Zitat aus der »Entscheidung in der Wohnungssache Tangstedter Landstraße 159«).

Nach »Abwägung des Für und Wider« wird angeordnet: »Der Antragsgegner hat seine Wohnung Tangstedter Landstraße 159 an den Antragsteller herauszugeben.« Gegenüber der Einlassung des Antragsgegners »...wäre in Rechnung zu stellen das Interesse des Antragstellers an der Wiedererlangung der Wohnung, der sie doch zu Unrecht seinerzeit verloren hat und sie solange hat entbehren müssen. Der Antragsteller hat zudem ein ärztliches Attest vorgelegt, daß er an einer aktiven Alters-Tbc leidet, und daß er unbedingt auf die Erlangung einer größeren Wohnung angewiesen ist. Den Ausschlag mußte in diesem Fall die Tatsache geben, daß der Antragsgegner politisch erheblich belastet ist. Es braucht nicht nachgeprüft zu werden, ob er sich tatsächlich als Saalschläger bei der SA beteiligt hat oder nicht. Es ist unstreitig, daß er Parteimitglied seit 1931 gewesen ist und auch der SA vor der Machtübernahme angehört hat. Er ist also Träger der Idee gewesen, die Deutschland ins Unglück gestürzt hat. Unter diesen Umständen war es völlig ausgeschlossen, den Antragsgegner in seiner Wohnung zu belassen und den Antrag abzuweisen.« Am 17.9.1945 ergeht der endgültige Bescheid: »Herr Fabian muß seine Wohnung binnen 10 Tagen räumen; das ist bis zum 28.9.1945 12 Uhr.« Doch erst im nächsten Jahr, im Januar 1946, kann mein Vater wieder in die Siedlungswohnung einziehen.

Dies alles ist mir noch unbekannt, als ich an die Haustür mit unserem Namensschild klopfe. Daß mein Vater noch am Leben ist und wieder in dem Siedlerhaus wohnt, weiß ich auch erst seit dem Vormittag. Man hat es mir im Büro des Komitees in der Maria-Louisen-Straße mitgeteilt. Meine Eltern teilen sich die Wohnung mit meiner Schwester, meinem Schwager und deren Kind, die ausgebombt und wohnungslos sind. Die Freude ist groß, mich wiederzusehen. Bis zu diesem Augenblick hatten sie an meiner Rückkehr immer noch gezweifelt. War doch im November 1944 meiner Frau ein Schreiben von der Kommandantur des Inf.Sich.Batl. 521 zugegangen: »Betr.: Nachforschungen über den Verbleib des Gefr. Helmuth Warnke: Da die Dienststelle Feldpostnummer 11 568 in der Nacht vom 30./31. Juli 1944 im Raum von Avranches, Frankreich, vollkommen versprengt wurde, sind die Nachforschungen über den Verbleib sämtlicher Bataillons-Angehöriger noch nicht abgeschlossen.«

Viel Hoffnung für meine Angehörigen gab es danach nicht. Meine Frau ist dann auch 1945 mit einem anderen Mann zusammengezogen. Ich werde von meinen Eltern, Schwester und Schwager in die Wohnung aufgenommen. Also bin ich dort wieder angekommen, wo ich aufgewachsen bin, Träume gesponnen, Pläne gefaßt und Ziele verfolgt habe.

Die Stärkste der Parteien

Ich bin gerade rechtzeitig genug nach Hamburg zurückgekommen, um an den Wahlen zur Hamburger Bürgerschaft am 13. Oktober 1946 teilzunehmen. Von 9.00 bis 15.00 Uhr stehe ich vor dem Wahllokal und verteile Flugblätter für die KPD. Sie ist die einzige Partei, die sich diesen Luxus erlaubt. Die anderen Parteien haben mit ihrer Propaganda schon vor Tagen aufgehört. Papier ist Mangelware und wird von der Militärregierung zugeteilt, obwohl die Bevölkerung regelrecht nach Zeitungen hungert. Wer allerdings meint, dies entspringe einem großen Lese- und Informationsbedürfnis, der irrt sich. Den Leuten geht es vorrangig um das Papier. Papier wird benötigt zum Einwickeln, als Einlegsohlen für die durchlöcherten Schuhe, zum Heizen, für das Klo.

Die Wahlen finden vor dem Hintergrund zunehmenden Versagens der Versorgung der Bevölkerung mit Lebensmitteln, Feuerung und Kleidung statt. Hamburg darf für sich das »Prädikat« in Anspruch nehmen, Schwarzmarktzentrale der britischen Zone zu sein. 1946 werden 2 156 Tonnen Waren beschlagnahmt, die auf die Eisenbahn verladen drei lange Güterzüge oder 144 gefüllte Waggons ergäben. Der Handel mit Waren, die einer Beschlagnahme entgangen sind, dürfte sicherlich keinen geringeren Umfang haben. Wer seine amtlich zugeteilten Rationen aufstocken will, kann das auf dem schwarzen Markt nur tun, wenn er selbst Mangelware anzubieten hat. Doch der Kreis dieser »Glücklichen« wird zusehends kleiner. Für immer mehr Menschen gelten in diesen Tagen die Worte von Heinrich Heine: »Wenn Du aber gar nichts hast, ei, dann lasse Dich begraben, denn ein Recht zum Leben haben nur die, die etwas haben.«

Nissenhütten als Behelfsunterkünfte nach dem Krieg in Hamburg

152.000 Hamburger leben in Notunterkünften, und der Winter steht vor der Tür. Es fehlt schon jetzt an Brennstoff zum Essenkochen und Wäschewaschen. Wer Feuerung haben will, muß Kohlen klauen. Vorwiegend Jugendliche und Kinder springen auf fahrende Güterwaggons und füllen Taschen und Säcke mit Briketts oder stoßen sie auf die Erde, wo sie von Frauen aufgesammelt werden. Eine Radiomeldung vom 5.6.1946: »Als zwischen Sternschanze und Holstenbahnhof ein Kohlenzug die Fahrt mäßigte, sprangen 200 Menschen auf die Wagen. Während einige Personen die Fahrt des Zuges dadurch stoppten, daß sie sich vor die Lokomotive legten, füllten andere mitgebrachte Säcke und Beutel mit Kohlen. Als die Polizei einschritt und 7 Verhaftungen vornahm, sammelten sich in den anliegenden Straßen rund 800 Menschen, die gegen die Maßnahmen der Polizei protestierten. Die lebhaften Auseinandersetzungen konnten erst durch Herbeiführung von Polizeiverstärkung nach einigen Stunden beigelegt werden.« Das Auf- und Abspringen bei den Zügen ist oft lebensgefährlich. Die Statistik weist eine erschütternde Bilanz auf. 130 Menschen sind beim »Kohlediebstahl« ums Leben gekommen.

Die Kommunistische Partei rechnet bei der Bürgerschaftswahl mit einem hohen Stimmenanteil. Fiete Dethlefs, der 1945 die Partei mit aus der Taufe gehoben hat, prophezeit den linken Parteien zusammen 70% Stimmen, mehr als die Hälfte davon für die KPD. 1932 erhielt die Partei 321.000 Stimmen, 17%. Auch Genossen, die ihre Erwartungen in Grenzen halten, rechnen mit einem ähnlich hohen Ergebnis wie vor vierzehn Jahren.

Als aber am Abend die Stimmen ausgezählt werden, liegt die Partei mit beinahe 30.000 Stimmen darunter. 291.701 (10,4%) Wähler stimmten für die KPD, 1.210.010 (43,1%) für die SPD, 1.258.701 insgesamt für die bürgerlichen Parteien CDU (26,7%) und FDP (18,2%), 47.309 für vier weitere kleine Parteien. Die FDP ist eine Nachfolgepartei der früheren liberalen Staatspartei, die CDU eine Nachfolgepartei der früheren christlichen Zentrumspartei. Doch von 1000 Mitgliedern, die 1946 der CDU beigetreten sind, sind 254 Mitglieder (das ist jedes 4. Mitglied) in der NSDAP gewesen. Nur 171 Mitglieder waren vor 1933 in der Zentrumspartei.

Das Wahlergebnis ist für die Kommunistische Partei eine Enttäuschung. Auf dem 1. Bezirksparteitag am 25./26. Mai 1946 sieht man sich noch als stärkste der Parteien. Willi Grünert, der als Organisationsleiter über den Stand der Organisation berichtet, weist voller Stolz darauf hin, daß die Partei jetzt 30.000 Mitglieder zähle. Vor 1933 seien es knapp 28.000 gewesen. Kommunistische Betriebsräte vertreten die Arbeiter auf den Werften, bei der Hamburger Hochbahn, beim Bahnbetriebswerk Altona, bei der Hansa-Motorenfabrik, bei den Firmen Schenk & Co, Menck & Hambrock, Ottenser Eisenwerke, Bahrenfelder Margarinewerke, Lubeka-Werke Altona, bei der Hamburg-Südamerikanischen Dampfschifffahrtsgesellschaft, bei den St. Pauli-Fischhallen und anderen mehr. Konkrete Zahlen, aus denen hervorgeht, wie stark die Partei in den genannten Betrieben vertreten ist, nennt Grünert nicht. Ein annähernd klares Bild zeigen die Ergebnisse der Betriebsratswahlen, die drei Monate später, am 21.8.1946 stattfinden. Danach haben zwar die Kommunisten auf den Werften die Mehrheit im Betriebsrat. Aber die Sozialdemokraten verfügen in vierzehn Hamburger Groß- und Mittelbetrieben über eine Mehrheit von insgesamt 19 Betriebsratsmitgliedern.

Es trifft sicherlich auch auf viele andere Betriebe zu, was Karl Stolper, Parteimitglied von 1946 bis 1956 und erster Vorsitzender im Betriebsrat der Maihak AG, aus seiner Kenntnis über die Resonanz der KPD in den Betrieben sagt: »Wenn ich von einigen Kollegen und mir ausgehe, die innerhalb des Betriebes eine Resonanz (haben), so waren wir doch immer nur zu einem Drittel Kommunisten, während die Mehrzahl Sozialdemokraten waren. Änderungsversuche hatten bei Maihak wenig Nutzen, weil bei Maihak die Person immer eine sehr große Rolle gespielt hat. Wer für die Belegschaft da war, egal, ob nun Kommunist oder Sozialdemokrat, wurde gewählt.«

In Bremen sind am Vorabend des Parteitages die kommunistischen Senatoren Ehlers und Wolters aus der Partei ausgetreten. Ihre Begründung lautet, daß sich an den Methoden in der KPD nichts geändert habe. Wichtige politische Entscheidungen werden nicht diskutiert, sondern von oben wird eine fertige Meinung dekrediert... Die KPD führt eine Politik der mechanischen Übertragung politischer Direktiven, die unvereinbar sind mit den Grundsätzen einer selbständigen sozialistischen Politik...

Eine sozialistische Partei in Deutschland darf nicht in einseitiger Weise für die wirtschaftliche, politische und nationale Einheit in den westlichen Gebieten eintreten und vor den gleichen Fragen in der östlichen Zone stumm resignieren. Man kann auch nicht einer Demontage der lebensnotwendigen Betriebe im Osten weitgehende Unterstützung leihen und im Westen eine gegenteilige Politik betreiben.[22]

Erich Hoffmann sagt auf dem Hamburger Parteitag: »Heutzutage kann man ohne die Kommunisten wohl eine Krise stabilisieren, aber nicht beheben... Indem die Kommunisten sich an die Spitze des schmählich betrogenen Volkes stellen, ihm den Weg aus Chaos und Not zeigen, die Ingangsetzung der Wirtschaft einleiten, den Kampf um die Einheit Deutschlands führen, sind sie berufen, Verantwortung in den demokratischen Selbstverwaltungen zu übernehmen«. Doch am 1. Mai sieht es nicht so aus, als ob die Werktätigen ihre Hoffnungen auf die Kommunisten setzen.

Den Vorschlag der KPD, eine gemeinsame Maidemonstration und -kundgebung durchzuführen, lehnt die SPD aus fadenscheinigen Gründen ab. Unter Hinweis auf die zentrale Kundgebung der Gewerkschaften spricht sie sich gegen eigene Kundgebungen der Arbeiterparteien aus. Als weiterer Grund für die Ablehnung führt sie die schlechte Ernährungslage an. Und auf einen Hinweis der Kommunisten, dieser 1. Mai habe nach den langen Jahren der Illegalität einen besonderen Charakter, erklärt Meitmann für die SPD, daß es ja auch in der Vergangenheit keine gemeinsamen Veranstaltungen gegeben habe; alle SPD-Stadtteilleitungen haben deshalb die Anweisungen erhalten, keinerlei gemeinsame Kundgebungen mit den Kommunisten durchzuführen. Auch der andere Vorschlag der KPD, dann wenigstens einen gemeinsamen Aufmarsch zur zentralen Veranstaltung der Gewerkschaften durchzuführen, findet keine Zustimmung. Angeblich wollen die Gewerkschaften den Arbeitern »einen Aufmarsch durch die Trümmer« nicht zumuten. Am 1. Mai marschieren deshalb Kommunisten und Sozialdemokraten in getrennten Kolonnen zur Mai-Kundgebung der Gewerkschaften in »Planten un Blomen«. In separaten Abendverstanstaltungen sprechen bei der KPD vor 6.000 Teilnehmern Erich Hoffmann, bei der SPD vor über 10.000 Teilnehmern Kurt Schumacher. Erich Hoffmann gibt der Hoffnung Ausdruck, »daß schon am nächsten 1. Mai die Maikundgebung eine Kundgebung der sozialistischen Einheitspartei sein wird«. Große Worte auch bei den Sozialdemokraten.

Kurt Schumacher in seiner Ansprache: »Sozialisierung der Produktionsmittel, des Verkehrs, des Geld- und Kreditwesens, die radikale produktionssteigernde Bodenreform sind keine Fernziele mehr«. Ein Versprechen, das so wenig eingelöst werden wird, wie das der Sozialdemokraten von 1918/20 in der Weimarer Republik, »der Sozialismus marschiert«.

Sechs Mark Tagesverdienst und 1.500 Kalorien

Vor meiner Einberufung zur Wehrmacht war ich bei Röntgen-Müller in Fuhlsbüttel als Spritzlackierer beschäftigt. Jetzt, am 23. Oktober 1946, stellt die Firma mich wieder ein; allerdings nicht als Spritzlackierer. In der Spritzlackiererei gibt es kaum etwas zu tun. Es fehlt an Aufträgen und an Material. Deshalb muß ich vorläufig mit der Stellung eines Hilfsarbeiters in der Materialausgabe vorliebnehmen. Betriebsleitung und Betriebsrat versichern mir, daß ich bei der sich nächstbietenden Möglichkeit in die Lackiererei versetzt werde. Als ich nach einem halben Jahr wieder ausscheide, ist diese Möglichkeit immer noch nicht in Sicht. Die Materialausgabe ist in den Kellerräumen untergebracht. Bei Stromausfall, der mehrmals am Tage eintritt, sitzen wir im Finstern. Infolge allgemeinen Brennstoffmangels ist die Zentralheizung außer Kraft gesetzt. Stattdessen heizen wir einen kleinen Kanonenofen, dessen Abzugsrohr aus dem Fenster geleitet ist, mit Briketts und allem aufzutreibenden Brennbaren. Einer von uns — wir sind fünf Mann in der Bude — ist ständig unterwegs auf der Suche danach. Die tägliche Brikettzuteilung ist schnell verbraucht. Dieser Winter, mein erster Winter wieder in Deutschland, schlägt alle Kälterekorde. Temperaturen bis unter minus 20 Grad sind die Regel. Zu keiner Zeit hat es mich so nach Feierabend verlangt wie in diesen Monaten. Ich strebe nur nach Hause, obwohl es da auch nicht viel wärmer ist. Die Versorgung der Bevölkerung mit Feuerung ist gleich Null. Auf Anordnung der britischen Militärregierung erhalten die Hamburger pro Kopf 1 1/2 Zentner Holz und 1 Zentner Torf zugeteilt. Die Hamburger Bürgerschaft richtet auf ihrer 14. Sitzung eine Entschließung an die Militärregierung und warnt vor ... nicht wiedergutzumachenden Schäden an Leben und Gesundheit, wenn Kohlenzuteilungen für den Hausbrand ausbleiben werden.

Bei Röntgen-Müller in der Materialausgabe sind wir mit dem Auf- und Umräumen von Eisenteilen beschäftigt. Die Eisenteile sind so kalt, daß wir sie mit bloßen Händen unmöglich anfassen können. Die vorgeschriebenen Schutzhandschuhe sind längst verbraucht. Deshalb umwickeln wir die Hände mit alten Lappen. Und das alles für einen Tageslohn von 6,00 Reichsmark und 1.500 Gramm Kalorien. Die Werkskantine bietet warmes Mittagessen an. Von dem Angebot machen nur wenige Gebrauch. Man muß nahezu alle seine Fett- und Nährmittelmarken dafür abgeben, da nehme ich lieber trockene Brotscheiben und Steckrüben als »Frühstückspaket« von zu Hause mit. Meist mehr Steckrüben als Brotscheiben. Beides röste ich auf dem Kanonenofen. Meine Kollegen sind nicht besser dran. Belegte Brote? Davon träumt jeder nur laut. Jedes Gespräch, womit es auch immer beginnt, hat das Thema »Essen« zum Inhalt: »Wenn man doch einmal eine Scheibe Brot mit Schinken oder Wurst belegt, mit Schmalz oder auch nur mit Margarine hätte!« Hat einer einmal mehr als trockenes Brot bei sich, verzehrt er es nicht unter den Augen der Kollegen, sondern versteckt sich damit. So geht durch der Hunger die Kollegialität in die Brüche.

Wenn ich die »Hamburger Volkszeitung« herumgehen lasse, lesen die Kollegen nur die amtlichen Mitteilungen oder Anzeigen: »In der 87. Zuteilungsperiode soll ein Ei zur Verteilung kommen. Die Verbraucher werden aufgefordert, den Anmeldeabschnitt mit A für Eier der Eierkarte bei ihrem Kleinverteiler abschneiden zu lassen.« »Tausche goldene Armbanduhr, 15 Steine, gegen gutes Herrenfahrrad.« Meine Bemühungen, eine politische Unterhaltung in Gang zu bringen, bleiben fruchtlos. Da die Themen der chronische Hunger und die Kälte sind, wird nur über die Besatzungsmacht geschimpft und darüber gestritten, in welcher Besatzungszone es sich besser leben läßt. Die Zuteilung von Nahrungsmitteln erfolgt nach Anspruchsklassen (Schwerarbeiter, Allgemeinbeschäftigte, Hausfrauen, Alte und Kinder), und wird in Kalorien ausgedrückt. Die Arbeiter ärgert das; sie können sich unter dem Wort Kalorien nichts Handfestes vorstellen. »Ick schiet op Kalorien, wenn ich man ne ordentlich' Pann vull Kartüffeln mit Speck un Spegelei heff«, schimpft einer. Der Mensch braucht täglich zur Erhaltung seiner vollen Gesundheit und Leistungsfähigkeit 2.650 Kalorien. Das haben jedenfalls Ernährungswissenschaftler der Vereinten Nationen berechnet. Die offizielle Zuteilung in der britischen Zone bewegt sich zwischen 1.500 und 1.350 Kalorien. In Wirklichkeit stehen die Zuteilungen oftmals nur auf dem Papier, jedenfalls in diesem grausamen Winter. Viele Lebensmittel sind einfach nicht lieferbar, weil sie auf dem Wege vom Erzeuger zu den Verteilungsstellen auf dem schwarzen Markt versickern.

Am 19.11.1946 veröffentlicht der sozialdemokratische Parteivorstand einen Aufruf: »Die Ernährung und Versorgung mit den notwendigen Gebrauchsgütern steht vor dem Zusammenbruch. Schuld daran sind diejenigen Elemente, die jetzt versuchen, den Aufbau und die Weiterentwicklung der Wirtschaft zu einer echten sozialistischen Planungswirtschaft zu sabotieren, um sich persönlich den Folgen des Zusammenbruchs zu entziehen. Mit dieser Sabotage versucht der zusammenbrechende Kapitalismus zugleich, die Idee der sozialistischen Planwirtschaft in Mißkredit zu bringen...« Hatte nicht Lenin zur Zeit der Hungerkatastrophe in Rußland ähnliches gesagt? Zwei Engländer sind nach Hamburg gekommen, um sich persönlich über die Situation zu informieren, die Wirtschaftsjournalistin Barbara Ward und der Unterhausabgeordnete Mr. Stokes. Nach der Besichtigung des AK Heidberg in Langenhorn, in dem 160 Hungerkranke liegen, drücken sie ihre Betroffenheit aus: »Es ist ein großer Unterschied, ob man weiß, daß Menschen verhungern oder ob man die Opfer des Hungers selbst sieht.«

Prüfung bestanden

»Jeder Genosse muß kontrolliert und geprüft werden, nicht nur in Bezug auf seine Vergangenheit, sondern auch seine politischen Qualitäten, Mängel und Schwächen müssen registriert werden. Das Ergebnis dieser Kontrolle bildet für jede Leitung die sicherste Unterlage für Einsatz und Verwendung der Funktionäre. Kein Funktionär sollte zur Besetzung einer Funktion zugelassen werden, ohne daß die Unterlagen der Personalabteilung durch die Leitung geprüft sind... Die Personalkartei muß den Entwicklungsprozeß jedes Funktionärs laufend festhalten, dessen Arbeit und Entwicklung prüfen und registrieren. Die treuesten und bewährtesten Genossen müssen die leitenden Funktionen der Partei bekleiden. Oft gibt es Genossen, die während der Hitlerzeit ihren Mann gestanden haben, aber große theoretische Schwächen besitzen. Für deren Weiterentwicklung ist ganz besonders Sorge zu tragen«.[23]

Die Kaderabteilung benötigt meinen Lebenslauf. Folglich schreibe ich: Geboren als Sohn eines Handwerkers und einer Näherin. Volksschulbesuch, Erlernung eines Handwerks etc. Politischer Werdegang: Mitglied des KJV, der KPD, Rote Hilfe, IAH, Freidenkerverband, Gewerkschaft. Bis 1931 in der Grundorganisation Funktionen ausgeübt, Kassierer, Orgleiter, Polleiter Agitpropmann. Lehrer bei Schulungsabenden. Spezielle Themen: »Die Rolle der Gewerkschaften und Genossenschaften im Klassenkampf«. Parteistrafen keine. Während der Reichstagswahlen 1932 in Unterbezirken als Instrukteur eingesetzt. In Ratzeburg-Mölln, auf Fehmarn, in Eutin, in Hitzacker-Dannenberg und einmal zu den Reichstagswahlen vom ZK in Pommern. Über mein Verhalten unter dem Nationalsozialismus wiederhole ich, was ich beim Komitee ehemaliger politischer Gefangener bereits zu Papier gebracht habe. Bald danach werde ich auf die Referentenliste gesetzt. Den Abend, an dem ich zum ersten Male wieder als Referent fungiere, werde ich so leicht nicht vergessen. Ein Abend in jenem frostigen Winter 1946/47. Seit Tagen schneit es. Kniehoch liegt der Schnee. Von Wegräumen kann keine Rede sein. Wer hat auch in diesem Hungerwinter die Kraft und die Laune dazu? Die Rationen werden von Monat zu Monat niedriger. Die Zahl der an Hungerödemen erkrankten Menschen nimmt in erschreckendem Maße zu. Am 28. Dezember kündigen die Militärregierung und der Bürgermeister über den Rundfunk starke Sparmaßnahmen in der Strom- und Feuerungsversorgung an. Hamburgs Kohlebestände sind auf ein Minimum geschrumpft. Von der Zentralverwaltung für Kohle in Minden ist die Kohlezuteilung für Hamburg abermals gedrosselt worden. Die Absicht, in norddeutschen Mooren hinreichend Torf für den Hausbrand zu gewinnen, ist an dem nassen Sommer gescheitert. Von einer zugesagten Lieferung von 40.000 t Briketts aus der sowjetischen Zone treffen nur 400 t in Hamburg ein. Die öffentlichen Verkehrsbetriebe sind in der Zeit von 10 bis 15 Uhr stillgelegt, die Verkaufszeiten der Ladengeschäfte auf die Zeit von 9 bis 15 Uhr beschränkt. In 640 Hamburger Betrieben mit insgesamt 27.000 Beschäftigten ruht seit Mitte Januar die Arbeit. Über 80 Erfrierungstote sind in die Krankenhäuser eingeliefert worden.

Der Fußweg von Röntgen-Müller zu meiner Wohnung beträgt fast eine Stunde. In der Wohnküche, inmitten des Hantierens der Frauen, der Gespräche zwischen meinem Vater und meinem Schwager, des Kindergeplärres, bereite ich mich auf die Zusammenkunft der Langenhorner KPD-Gruppe vor. Diese ist westlich der Langenhorner Chaussee angesiedelt. Das Wohngebiet, in dem die Genossen zu Hause sind, ist eine Erwerbslosen-Siedlung, die Ende 1932/Anfang 1933 von Arbeitslosen zu Erbpachtbedingungen mit staatlicher Finanzierung gebaut worden ist. Die Siedler brachten als Kapital ihre brachliegende Arbeitskraft ein. Sie schachteten den Baugrund aus, mauerten die Fundamente und schufen kleine, bescheidene Zweifamilienhäuser. 1933 waren die Häuser bezugsfähig. Die Einweihung ging unter dem Hakenkreuz und dem Geschwafel brauner Bonzen vor sich: »Gemeinnutz geht vor Eigennutz«. Wann immer ausländische Delegationen Hamburg besuchten, führten die Nazis ihnen diese Siedlung, die Sozialdemokraten und Kommunisten in Gemeinschaftsarbeit geschaffen hatten, als nationalsozialistische Errungenschaft vor. 1934/35 verhaftete die Gestapo einen Kreis von Siedlern, die illegalen Widerstand organisiert hatten — Kommunisten und Sozialdemokraten.

Ausgerechnet an dem Abend, an dem ich zu den Genossen sprechen soll, ist Stromausfall. Im Finstern stampfe ich durch den Schnee. An der Langenhorner Chaussee sind Leute dabei, einen Baum zu fällen. Er wird gleich an Ort und Stelle zu Kleinholz verarbeitet. Ein in diesen Tagen beinahe alltägliches Bild. Als ich im Geiste gerade überschlage, wie lange es wohl dauern wird, bis an der Chaussee der letzte Baum verschwunden ist, werde ich von einem der Holzfäller angesprochen. Es ist ein Genosse, mit dem ich in Fuhlsbüttel 1936 eingesperrt war. Lachend sagt er: »Niemand soll hungern und frieren. Halt' Dich an uns. Du wirst eine warme Stube vorfinden, und was zu essen haben wir auch für Dich.« Das ist also die Gruppe, vor der ich »referieren« soll! Das ganze »Parteiaktiv« beim Holzklau'n! Ob sie wohl auch das Essen...?

Das Essen ist eine fabelhafte Hülsenfruchtsuppe mit Kartoffeln und vielen Fleischstücken. Hülsenfrüchte und Kartoffeln haben sie im Herbst aus dem eigenen Garten geerntet. Das Fleisch allerdings stammt vom schwarzen Markt: Pferdefleisch, eingetauscht gegen Kochtöpfe und Teekessel, angefertigt aus Altmetall von den Klempnern unter den Genossen.

Nach dem Essen trage ich vor, was ich mir im Haus stichwortartig anhand des Referentenmaterials der Parteileitung aufgeschrieben habe. Aber irgendwie greift das nicht. Ich spüre selbst, wie gedrechselt das, was ich sage, klingt. Die Genossen sind enttäuscht über das Wahlergebnis und erwarten von mir eine Erklärung. Ihrer Meinung nach sind hauptsächlich die Verhältnisse in dem von der Roten Armee besetzten Gebiet für das schlechte Abschneiden der Partei verantwortlich. »Die sowjetischen Besatzungstruppen treten auf wie Eroberer und nicht wie die Befreier vom Faschismus. Unser gutes Ansehen, das wir zu Anfang in weiten Teilen der Bevölkerung hatten, schwindet dahin, je länger die Besetzung dauert.« Ich halte dagegen, daß Fehlverhalten von Besatzungstruppen wohl mehr oder weniger in allen Zonen vorkommt, und daß wir Deutschen wohl wenig Grund zur Beschwerde hätten, nach dem, was deutsche Truppen sich in den von Deutschland überfallenen Ländern, vor allem aber in der Sowjetunion, an Grausamkeiten geleistet haben. Es käme doch auf das Wesentliche an, nämlich darauf, daß die Rote Armee uns von der faschistischen Tyrannei befreit habe und den Aufbau eines antifaschistischen demokratischen Deutschlands garantiere. Ich zitiere aus der Parteitagsrede Gustav Gundelachs, der von seinen eigenen Erfahrungen in der sowjetischen Zone spricht: »Ich habe ein Jahr Gelegenheit gehabt, praktisch an der Säuberung von Verwaltung und Wirtschaft in der sowjetisch besetzten Zone mitzuarbeiten. Dort ist die Säuberung von Verwaltung und Wirtschaft mit Erfolg durchgeführt, den Kriegstreibern und Kriegsinteressenten durch die Bodenreform und die Zerschlagung der Konzerne und Großbanken auch die materielle Grundlage entzogen worden. In den Organen der Selbstverwaltung arbeiten heute in der sowjetischen Zone ausschließlich bewußte Antifaschisten... Die antifaschistischen Parteien und Gewerkschaften können sich frei entfalten. Die Gewerkschaften und Betriebsvertreter der Arbeiter und Angestellten haben das volle Mitbestimmungsrecht in den Betrieben und in der Wirtschaft. 1,2 Millionen Mitglieder der Sozialistischen Einheitspartei und 3 Millionen Mitglieder der Einheitsgewerkschaft sind in der Ostzone eine reale Macht, die sich in Wirtschaft und Verwaltung widerspiegelt.«[24]

Aber auch Langenhorner Genossen konnten Eindrücke sammeln. Ich bin überrascht, wie häufig einige von ihnen die Zonengrenze überqueren. Keiner von ihnen bestreitet die von Gundelach vorgetragenen Fakten. »Das ist großartig. Das sollen sie hier erst einmal nachmachen.« Doch andere Feststellungen bringen sie auf die Palme. Daß SED- und FDGB-Funktionäre sich in den Villen der ehemaligen »Goldfasanen« mit all' deren Komfort einquartiert haben und auffallend höhere Lebensmittelrationen erhalten als die werktätige Bevölkerung, Frauen in harter Arbeit Trümmer räumen und keine Zeit finden, nach den wenig vorhandenen Nahrungsmitteln anzustehen, die Männer aber in Lagern festgehalten werden, von der Straße weggeholt, ob Nazis oder keine. »Die Frauen haben die schwere Last des Krieges tragen müssen, jetzt lastet man ihnen die Kriegsfolgen auf«, murrt die Genossin Erna Kock, Mitglied des kommunalen Ausschusses Langenhorn-Fuhlsbüttel. »Meinen Schwager haben Rotarmisten in Schwerin aus seiner Wohnung geholt, und keine Stelle kann Auskunft geben, wo er geblieben ist. Dabei ist er seit 1931 Kommunist, und im KZ war er auch«, sagt eine andere Genossin. Und so zählen sie nacheinander krasse Fälle von Übergriffen der Besatzungsmacht auf. Von Frauenvergewaltigungen ist die Rede, von Raub, von Verschleppungen Jugendlicher, von den Deportationen ganzer Belegschaften mit ihren Betrieben in die Sowjetunion. Mir sind solche »Erzählungen« auch vorher schon zu Ohren gekommen. Sie kursieren unter den Nachbarsleuten und unter den Kollegen im Betrieb. Bislang habe ich sie abgetan als von ehemaligen Nazis verbreitete Greuelmärchen. Und nun muß ich mir so etwas von den eigenen Genossen anhören! Das trifft mich hart. Noch vertraue ich blauäugig den parteioffiziellen Erklärungen, wonach solche Berichte über die sowjetische Besatzungszone von den Feinden des antifaschistischen demokratischen Aufbaus in die Welt gesetzt werden.

Wichtiger als die Situation in der sowjetischen Zone ist den Genossen aller-

Einer der ersten Aufmärsche der KPD in Hamburg

dings die hiesige. Wie aus der »beschissenen Lage« herauskommen? Welchen
Weg zeigt die Partei? Ich weise auf den Parteitags-Appell hin, in dem es heißt: Um
die Entwicklung in der Westzone der in der sowjetischen anzupassen, werden die
Parteimitglieder aufgerufen: Bildet allerorts Arbeits- oder Einheitsausschüsse,
die zu allen Fragen des täglichen Lebens, der Wirtschaft, der Kultur, der Politik
usw. Stellung nehmen und ein ständiges gemeinsames Handeln gewährleisten.
Schafft so gegenseitiges Vertrauen zwischen Kommunisten und Sozialdemokraten und damit zugleich die Voraussetzung für die Vereinigung der deutschen Arbeiterparteien... Eine der wichtigsten Voraussetzungen (zum Sozialismus) zu
kommen, ist die Eroberung der politischen Macht durch die Arbeiterklasse. Eine
gespaltene Arbeiterklasse kann nicht die Macht erobern, geschweige sie halten.
Deshalb nehmen wir die Schaffung einer einzigen revolutionären Arbeiterpartei
so ernst... Genossen und Genossinnen! Sprecht Euch sachlich mit den sozialdemokratischen Genossen aus. Arbeitet täglich mit ihnen zur Wahrung der Interessen des werktätigen Volkes zusammen. Lernt in gemeinsamen Schulungsabenden
und gemeinsamen Wochenendkursen die marxistische Lehre verstehen und an-
wenden.«[25] Eine Antwort, die niemanden zufriedenstellt. Ein älterer Genosse,
der Jahre im KZ verbracht hat, sagt, man merke es mir an, daß ich noch nicht lange
wieder in Deutschland sei. »Du hast keine blasse Ahnung davon, wie die Wirklichkeit aussieht. Einheitsausschüsse usw., das ist doch alles schon gelaufen.
Schnee von gestern. Das war vor einem Jahr mal aktuell. Aber heute? Nach diesem Wahlausgang? Komme heute mal einem Sozialdemokraten mit der Einheit,
der sagt doch glattwegs zu Dir, die haben wir doch längst als SPD. Ihr braucht nur
zu uns zu kommen.«

Es ist eine vertrackte Situation. Ein Teil der Genossen steht seit über einem Jahr in der praktischen politischen Arbeit, und der Referent, aus der Isolation der Kriegsgefangenschaft zurückgekehrt, ist erst seit einigen Wochen dabei. An diesem Abend sitzen wir noch lange zusammen, und ich lasse mir von den Genossen berichten, wie sie 1945 nach der Kapitulation mit der politischen Arbeit begonnen haben.

Sehr bald nach der Befreiung vom Nationalsozialismus sind in Hamburg antifaschistische Ausschüsse entstanden, die bedeutendsten darunter in den Stadtteilen Harburg, Wilhelmsburg und Langenhorn. In Langenhorn haben sich Kommunisten und Sozialdemokraten in Privatwohnungen getroffen und nach wenigen Diskussionen einen antifaschistischen Ausschuß auf die Beine gestellt. Man gelangte verhältnismäßig leicht zu einer Übereinkunft, weil man seit Jahrzehnten miteinander bekannt war. Vordringlich befaßte sich der Ausschuß mit lokalen Problemen. Man bemühte sich, Mietern, die wegen ihrer antifaschistischen Haltung 1934 von den Nazis der Wohnung beraubt wurden, wieder zu ihrer Wohnung zu verhelfen, Unterkünfte für befreite KZ-ler zu beschaffen und dafür zu sorgen, daß in Langenhorn untergetauchte Gestapo-Verbrecher von der Besatzungsmacht festgenommen wurden. Die Bestrebungen der Langenhorner Kommunisten und Sozialdemokraten sind auf die Überwindung der Spaltung der linken Bewegung, als Voraussetzung für eine sozialistische Zukunft, gerichtet. Die früheren Parteien (SPD und KPD) sollten nicht wiederbelebt werden, die Abneigung gegen den alten Parteihader — so empfindet man die ideologischen Gegensätze — ist auf beiden Seiten groß. Der gemeinsame Aktionsausschuß in Langenhorn agiert unter dem Namen »Kommunalpolitischer Ausschuß der SPD und KPD« und begreift sich ausdrücklich als Vorstufe zur Einheitspartei. Das kommt auch in einem Schreiben zum Ausdruck, das er am 27. November 1945 an den SPD-Vorstand Hamburg schickt: »... Gerade in der gemeinsamen Arbeit in praktischen Dingen wie z.B. in den Wohlfahrtsfragen, sehen wir die beste Möglichkeit der Vorarbeit für die angestrebte Einheitspartei... Das Beispiel des gemeinsamen Kommunalpolitischen Ausschusses der SPD und KPD des Distriktes Langenhorn beweist die Möglichkeit solcher Zusammenarbeit«. Von ehemaligen Freunden aus der früheren SAJ in Barmbek erfahre ich, daß sich dort ähnliches wie in Langenhorn abgespielt hat. Hier hat am 9. Dezember die Distriktleitung Barmbek-Uhlenhorst an die Parteizentrale gemeldet »daß die Einsetzung von Arbeitsausschüssen in allen Bezirken beschlossen worden sei zur Erarbeitung einer Plattform, auf die dann die Ausrichtung der Arbeiterschaft erfolgen kann«.

Demgegenüber hält die selbsternannte kommunistische Parteizentrale (bis zur Durchführung erster Parteimitgliederkonferenzen bzw. Mitgliederversammlungen, die erst nach Zulassung der Parteien durch die Militärregierung am 6.8.45 stattfinden konnten) einen ideologischen Klärungsprozeß für notwendig, bevor es zu so weittragenden Beschlüssen wie den zur Bildung einer neuen sozialistischen Partei kommt. Auch dürfen Beschlüsse nur von angeblich legitimierten Gremien gefaßt werden. Und so erscheint denn Fiete Dettmann eines Tages bei den Langenhorner Kommunisten und macht ihnen klar, daß eine Vereinigung der Linken, so wie sie sie für richtig halten, nicht in Frage kommt. Erst müßten überall die kommunistischen und sozialdemokratischen Organisationen wiederaufgebaut werden, und dann würden die »Parteigremien« über die Verschmelzung zur sozialistischen Einheitspartei entscheiden.

»Wir waren gar nicht einverstanden«, sagt Willi Stahl, als wir Jahre danach darauf zu sprechen kommen, aber was für Argumente konnten wir einfachen Genossen schon einer Autorität wie Fiete Dettmann entgegensetzen. Wir konnten doch nicht in Langenhorn allein eine neue Arbeiterpartei gründen. Hätten wir uns nicht gefügt, wären wahrscheinlich einige Genossen aus der politischen Arbeit ausgestiegen, andere vielleicht Mitglieder der SPD geworden. Das Resultat war jedenfalls, daß bald alles nahezu noch mal so ablief wie vor 1933. Wieder klaffte eine Kluft zwischen Sozialdemokraten und Kommunisten. Allerdings sind wir nicht mehr so aufeinander losgegangen wie früher, aber wir hielten Abstand voneinander. Nachdem wir keine gemeinsame Aufgabe vor uns sahen, kein gemeinsames Ziel, kam es auch zu keinen gemeinsamen Aktionen mehr. Nach einem halben Jahr hatten diejenigen Sozialdemokraten, die mit uns die neue Partei schaffen wollten, in der SPD schon nichts mehr zu bestimmen.

Andere Leute waren an ihre Stelle getreten, Karrieremacher, und die beteten Kurt Schumachers Antikommunismus nach«.[26]

Ein Jahr nach der Kapitulation klaffen Anspruch und Wirklichkeit weit auseinander. An Stelle einer Neubelebung der Arbeiterbewegung geht eine Restauration der alten Organisationen vor sich. Die Eliminierung der antifaschistischen Ausschüsse und Komitees durch die sich wieder neu etablierenden Parteiapparate bedeutet im Endeffekt die Zerstörung einer vielleicht machtvollen, selbständigen antifaschistischen und sozialistischen Bewegung. Nach der Betonierung der Parteien bleiben in der anglo-amerikanischen Zone zahlreiche sozialistische Splittergruppen übrig, die zur Parteienbildung in Opposition stehen und die antirevolutionäre Politik der SPD ablehnen, z.B. in Braunschweig, Bremen, Hamburg, Offenbach und Südbayern.

Auch um die KPD herum haben sich Gruppen gebildet, die außerhalb der Partei bleiben, weil die »innere Struktur«, wie Karl Jahnke es formuliert, »sich wenig geändert hat« und »Apparatmenschen ohne Geist die Linie zur ›Ticktack‹ seligen Angedenkens schustern.«

Sind es in Westdeutschland ehemalige »Brandleristen« und »Leninbündler«, so ist es in Ostdeutschland, in Brandenburg, eine »Antifaschistische Aktion«, in Thüringen eine von ehemaligen KZ-Häftlingen gegründete einheitliche sozialistische »Partei der Werktätigen« und in Dresden eine Organisation »Antifaschistischer Volksausschuß«. Sie werden von oben aufgelöst, sind aber in die SED nicht integrierbar. So gehören beispielsweise dem »Antifaschistischen Volksausschuß« in Dresden 20.000 bis 30.000 Mitglieder an. Nach der Neugründung der Parteien schließen sich 7.000 der KPD und 3.000 der SPD an. Von der »Partei der Werktätigen« in Thüringen treten nur die Hälfte der Mitglieder der SPD und KPD bei. Alle anderen, die gerne bereit gewesen wären, weiterhin in einem antifaschistischen Volksausschuß oder in der unabhängigen Arbeiterpartei mitzuarbeiten, bleiben, da sie nicht mehr zu den alten Parteien zurückkehren wollen, abseits und ziehen sich enttäuscht ins Privatleben zurück. Und so beginnt schon 1946 ein Prozeß, an dessen Ende in Ostdeutschland eine, den Massen entfremdete pseudosozialistische Partei nach sowjetrussischem Vorbild das Leben in der Gesellschaft dirigiert und die Entfaltung aller dynamischen Kräfte verhindert.

Die KPD in Westdeutschland, unfähig, eine Eigenständigkeit zu entwickeln, dümpelt ins politische Abseits ab und die SPD, ähnlich wie in der Weimarer Republik, wird ein liberal-opportunistischer Wahlverein, in dem Taktiker der Macht die Politik bestimmen.

Aug' um Aug', Zahn um Zahn

1947 werde ich zum Beisitzenden bei der Spruchkammer in Bergedorf bestellt. Die Besatzungsmächte haben die sogenannte Entnazifizierung angeordnet. Unter den politischen Gefangenen in Fuhlsbüttel gab es zu meiner Zeit zwei Lieblingsthemen. Bei dem einen ging es um das Essen, bei dem anderen darum, was man mit den nationalsozialistischen Menschenschindern anfangen wolle, »wenn es einmal andersherum kommt«. Bei dem Gespräch über »Essen« gab es keine großen Meinungsverschiedenheiten. Wir Gefangenen waren von Haus aus kein Feinschmeckerleben gewohnt, folglich waren hier der Fantasie Grenzen gesetzt. Strittig war das andere Thema. Die einen sprachen sich dafür aus, Gleiches mit Gleichem zu vergelten, die Peiniger genauso zu behandeln, wie diese mit uns umgegangen waren, die anderen plädierten für gerichtliche Aburteilung nach den Regeln international gültiger Rechtsordnungen. Jonni, vor der Verhaftung technischer Leiter bei der Roten Marine, beharrte auf »Aug' um Aug', Zahn um Zahn.« Hans Görtz, Kommunist seit Gründung der Partei und in vielen führenden Funktionen tätig gewesen, hielt dagegen: Wir dürfen uns nicht in die Rolle der Nazibanditen begeben; wir wären dann um nichts besser als sie. Die Befriedigung primitiver Rachegefühle an Stelle der Umwandlung unmenschlicher Zustände in menschliche könnte die notwendige Abrechnung mit dem Faschismus zu einem Wandalismus von Terror und Verbrechen verkommen lassen. Hans ist bei den Vernehmungen durch die Gestapo nicht weniger grausam gequält und mißhandelt worden als Jonni. Beide leiden auch im zweiten Jahr ihres Zuchthaus-Aufenthaltes noch an den Folgen der Mißhandlungen und Folterungen.

13 Jahre später werden die Deutschen per Fragebogen danach untersucht, wer von ihnen Nazi gewesen ist und in welchem Maße: Belasteter, nominelles Mitglied, Mitläufer oder Anpasser. »Die Fragebogen sind wahrheitsgemäß auszufüllen. Falsche Angaben werden mit hohen Geldbußen oder Gefängnis nicht unter zwei Jahren geahndet.« Trotzdem schwindeln viele Deutsche vor dem Untersuchungsrichter wie gerissene Ganoven. Die ›Hauptschuldigen‹ und ›Schuldigen‹ werden vor Gericht gestellt. Nachdem die Besatzungsmächte die neugebildeten deutschen Landesregierungen in die »Entnazifizierung« eingeschaltet haben, sind gerichtsähnliche deutsche »Spruchkammern« geschaffen worden, besetzt mit einem Berufs- und zwei Laienrichtern (Beisitzern). Der Richter hat politisch

unbelastet zu sein, der Beisitzer Naziverfolgter, dies aber nicht unbedingt. Die ›Schuldigen‹ können von diesen Gerichten zu Gefängnisstrafen verurteilt werden, jedoch nicht über ein Strafmaß von drei Jahren hinaus. Höhere Bestrafungen haben sich die Besatzungsmächte vorbehalten. Für weniger schwer Belastete sind Geldbußen vorgesehen. Minderbelastete können zu Aufräumungsarbeiten verpflichtet werden oder zur Abgabe von Möbeln an Bedürftige. Die von der Bergedorfer Spruchkammer Abzuurteilenden sind im Internierungslager Neuengamme, dem früheren NS-Konzentrationslager, untergebracht.

Die Fahrt von Langenhorn nach Bergedorf wird zu einer langen Reise. Die Verhandlungen der Spruchkammern beginnen um 11 Uhr, aber ich muß schon um 7 Uhr aus dem Haus. Den normalen U-Bahnverkehr wie in der Vorkriegszeit gibt es noch nicht wieder. Die Züge fahren unregelmäßig. Anschlüsse auf den Umsteigebahnhöfen Kellinghusenstraße und Schlump funktionieren nur in größeren Abständen. Die Eisenbahn von Hamburg nach Bergedorf gleicht einem Fossil aus der Pionierzeit der Eisenbahn. Mühsam und mit Unterbrechungen krauchen Lokomotive und zwei überfüllte Wagen ihrem Ziele entgegen. Die Wagen sind ungeheizt, durch die mit Pappe verkleideten Fenster zieht die Kälte herein. In den Räumen des Amtsgerichts, in denen die Spruchkammer tagt, umfängt mich wohltuende Wärme. Für die Gerichtsbarkeit stellt die Besatzungsmacht Kohlen zur Verfügung. Einmal sind bis 14 Uhr — dann ist Mittagspause — fünf »Fälle« zu erledigen. Wir haben zu wenig Zeit, um durch Einsicht in die Akten ein Bild über jeden einzelnen Fall zu gewinnen. Zum Glück hat der Richter die Akten vorher gründlich studieren können und informiert uns ausführlich. Wir haben über ehemalige Angehörige der Waffen-SS und Polizeieinheiten zu entscheiden: Ob sie sich zu diesen Einheiten gemeldet haben oder rekrutiert worden sind, und ob sie an verbrecherischen Handlungen beteiligt waren. Die Internierten sind durchweg gut gekleidet, — gemessen an der Kleidung, die die Mehrheit der Bevölkerung trägt — und sie sind gut genährt. Der Richter und wir, die beiden Schöffen, sind schäbig angezogen und vom Fleisch gefallen. Ein Widerspruch, der uns schon nicht mehr aufregt. Wir sind daran aus früheren Verhandlungen bereits gewöhnt.

Im übrigen konnten wir uns bei einer Besichtigung mit Presseleuten ein Bild davon machen, wie die Internierten untergebracht sind und wie sie leben. Das Internierungslager erinnert mich lebhaft an Kriegsgefangenenlager in Amerika. Die Nazis sind in Baracken und einem Fabrikgebäude des ehemaligen KZ Neuengamme untergebracht. Die Betten sind zu zwei und drei Stück aufgestockt, dazwischen breiter Raum zur ungehinderten Bewegung. Für Internierte, die sich handwerklich betätigen wollen — einen Zwang zur Arbeit gibt es »natürlich« nicht — stehen Handwerkszeug und Materialien in ausreichenden Mengen zur Verfügung. Wer sich aber lieber die Hände nicht dreckig machen will, kann sich in den verschiedenen Arbeitsgemeinschaften fortbilden. Ein »Berufsbildungswerk« bereitet auf höhere Positionen in Wirtschaft und Verwaltung vor. Die umfangreiche Leihbibliothek, Schrifttum von 1937, enthält nur wenige Exemplare nichtnationalsozialistischer Literatur. Alle internen verwaltungstechnischen Angelegenheiten werden von den Nazis selbst geregelt. Nur die morgen- und abendlichen Zählappelle hat sich die Besatzungsmacht vorbehalten. 30 bis 40 Internierte sind in der Regel abwesend. Sie haben offiziellen Urlaub, um erkrankte Angehörige besuchen zu können.« Als ich im Nazilager KOLAFU eingesperrt war, bekam meine schwangere Frau keine Besuchserlaubnis, und ich durfte ihr nicht schreiben.

Die Nazis haben das Krematorium des ehemaligen Konzentrationslagers abgerissen und aus den Steinen zur Befriedigung ihrer »kulturellen Bedürfnisse« zwei Theaterbaracken gebaut. An Verpflegung erhalten die Internierten täglich 1.341 Kalorien, wenn sie faulenzen, 1882, wenn sie arbeiten; 300 Kalorien mehr, als die arbeitende Bevölkerung außerhalb des Lagers.

In einer Information an die Presse hat die Militärregierung diese Verpflegungssätze damit begründet, daß die eingesperrten Nazis nicht in der Lage seien, sich einen Garten zu bebauen oder sich zusätzliche Nahrung ohne Marken zu beschaffen. Tatsachen reden eine andere Sprache. Die Nazis in Neuengamme erhalten von Verwandten und Sympathisierenden so viele Speckpakete und andere Nahrungsmittel, daß das Bergedorfer Postamt die Beförderung nicht bewältigen kann. Von den Presseleuten, die das Leben der Nazis »hinter Gittern« beobachten konnten, schreibt die Journalistin Marguerite Peacock unter der Überschrift: »Es lohnt sich noch, ein Nazi zu sein« in der englischen Zeitschrift »John Bull«: Nazioffiziere, die kalten Blutes englische Gefangene umgebracht haben und ihr Urteil in Deutschland erwarten, erhalten mehr Nahrung als Kriegerwitwen, die ihre vaterlos gewordenen Kinder in den Ruinen ausgebombter Häuser aufziehen.« In der »Times« nimmt ein Korrespondent Stellung zu den »Paketsendungen, die in einer Anzahl von 2.000 Paketen wöchentlich im Lager eintreffen: Wer sendet diesen Nazihäuptlingen diese Extranahrung? Die Antwort ist einfach: Um Lebensmittel außerhalb der Ration zu erhalten, muß man heute in Deutschland sehr reich sein und Schwarzmarkt-Beziehungen haben. Bist Du nun aber ein Internierter, so mußt Du in der Außenwelt Sympathisierende haben, die, auf eine Zukunft hoffend, bereit sind, diese Kostbarkeiten zu senden. Die »Neue Zürcher Zeitung« schreibt: »Ich habe die Internierungslager mit ihren wetterfesten Baracken gesehen, in denen die Nazis in Wolldecken eingehüllt schliefen. Ich habe aber auch diese Internierten sich gemütlich sonnen sehen. Aber in den Bunkern, worin Hunderte heimatloser Deutscher — größtenteils Frauen und Kinder — leben, sah ich Familien eingeengt in einem luftlosen Raum. Das einzige Licht, das in diese Höhle drang, kam durch ein vergittertes Fenster.«

Von den fünf Internierten, die der Spruchkammer vorgeführt werden, gehörte einer der Gestapo an. Glaubt man seinen Aussagen, so hat er nur am Schreibtisch schriftliche Arbeiten erledigt, die Personalien von Verhafteten aufgenommen. Nein, Juden seien unter den Verhafteten nie gewesen. Was mit den Juden in den KZs gemacht worden sei, habe er nie gewußt. Darüber hätten sie sich im »Kollegenkreis« nie unterhalten. Ihr Dezernat habe ja auch mit Juden nichts zu tun gehabt. Nein, an Mißhandlungen von Verhafteten habe er sich nicht beteiligt. Die Ermittlungen haben Gegenteiliges ergeben. Der Richter liest darüber einiges aus der Anklageschrift vor. Meinem Mitschöffen platzt der Kragen, als der Angeklagte behauptet, das seien üble Verleumdungen: »Verdammt noch mal, lügen Sie uns doch nicht an! Die Zeugen, die Sie belasten, sind doch ehemalige Komplicen!« Die belastenden Aussagen anderer Gestapoleute decken sich mit den Aussagen von ehemaligen Verhafteten. Ich halte das dem Angeklagten vor. Widerwillig gibt er zu »hin und wieder« an Vernehmungen teilgenommen zu haben. Um bei seinen Vorgesetzten nicht als »lascher Beamter« aufzufallen, habe er auch schon einmal Backenstreiche ausgeteilt. Die haben aber bestimmt Niemandem wehgetan. Dann wirft er sich zu unserer allgemeinen Überraschung auf die Knie und schluchzt, wobei ihm tatsächlich Tränen über die Backen laufen: »Bitte, verurteilen Sie mich nicht zu Gefängnis. Bei einer Gefängnisstrafe verliere ich das Anrecht auf Pension, und was soll dann aus meiner Frau und meinen Kindern werden?« Ich sehe, wie dem Richter die Hände zittern: »Stehen Sie auf, Sie Memme, und verschonen Sie uns mit Ihrem rührseligen Theater«, sagt er und die Akte schließend, setzt er hinzu: »Sie widern mich an!« In der abschließenden Beratung schlägt er drei Jahre Gefängnis vor, unserer Zustimmung im voraus gewiß.

Achtzehn Monate nach diesem Urteil erfahre ich aus Polizeikreisen, daß der Verurteilte die Strafe nicht nur nicht abzusitzen brauchte, sondern bei der Hamburger Polizei auch wieder eingestellt worden ist. Da ist «Kameradschaftshilfe« mit im Spiel gewesen. Erkennbar wird es durch eine später veröffentlichte »Denkschrift des Bundes Deutscher Polizeibeamter«, die sich für eine Rehabilitierung der Angehörigen der Gestapo und deren Wiederaufnahme in den Polizeidienst einsetzt. »Konzentrationslager als solche« heißt es darin, »hat es bekanntlich im Ausland vor dem ›Dritten Reich‹ schon gegeben und sie haben auch nach der deutschen Kapitulation nicht zu bestehen aufgehört. Der Gerechtigkeit willen darf auch nicht unerwähnt bleiben, daß weit über die Hälfte der KZ-Häftlinge gemeingefährliche Gewohnheitsverbrecher waren«.[27] Allerdings schreiben wir da schon das Jahr 1953 und so gewissenlose Diener des Nazireiches wie die Staatssekretäre Globke, Vialon und Hopf haben unter dem Kanzler Adenauer bereits Schlüsselpositionen inne, alte Nazis wie Oberländer, Lübke, Seebohm, Krüger, Mauntz oder Asbach bekleiden Ministerposten. Die Restauration in der Bundesrepublik ist in vollem Gange.

Vom Arbeiter zum Parteisekretär

Wenn Hitler mit einer Behauptung Recht behalten sollte, dann mit dieser, die er bereits zu Beginn seiner Laufbahn aufstellte: »Nie wieder darf und wird es in Deutschland einen November 1918 geben«. Beim Zusammenbruch des Nazi-Regimes kommt es zu keiner revolutionären Massenbewegung. Die Voraussetzung dafür, eine organisierte Arbeiterklasse, fehlt. Die nationalsozialistische Herrschaft und der ›totale Krieg‹ haben tiefe Spuren im Bewußtsein der Arbeiter hinterlassen. Die militärische Besetzung Deutschlands und die dadurch bedingte Einteilung in Zonen erschwert den Aufbau der Arbeiterorganisationen. Der politische und organisatorische Handlungsraum der Kommunisten und Sozialdemokraten ist durch Befehle und Anordnungen eingeengt, die von den Großmachtansprüchen des anglo-amerikanischen Imperialismus und der stalinistischen So-

Die erste Ausgabe der Hamburger Volkszeitung nach dem Krieg vom 3. April 1946

wjetbürokratie diktiert sind, und den elementaren Interessen der deutschen Arbeiterklasse zuwiderlaufen.

Das Vorhandensein der Besatzungsmächte schüchtert die Massen ein und erzeugt ein Gefühl der Ohnmacht. Der Tätigkeitsbericht der Hamburger SPD spricht von »Ermüdungserscheinungen der politischen Aktivität unserer Mitarbeiter an der Demokratie«. Bedeutsamer aber noch sei »die Haltung der nicht durch politische Parteien kontrollierten Bevölkerung. Die abwartende und zu Anfang gleichgültige Haltung der Massen, die außerhalb der politischen Parteien stehen, hat sich sichtbar zu Ungläubigkeit und Mißtrauen in die Politik der englischen Militärregierung verdichtet... Hoffnungsfreudigkeit auf eine Wende (hat) sichtbar nachgelassen und einer dumpfen Verzweiflung Platz gemacht.«[28]

So bewegt sich der Klassenkampf der Arbeiter auf einem sehr niedrigen Niveau. Sie reagieren hauptsächlich mit individuellen Mitteln wie niedriger Arbeitsleistung und Wegbleiben vom Arbeitsplatz.

1946 sind zum ersten Male seit der Existenz der Hamburger KPD Kommunisten im Hamburger Senat vertreten. Eingeklemmt zwischen Anspruch und Wirklichkeit, Prinzipien und Realität befinden sie sich in keiner beneidenswerten Lage. Fiete Dettmann, kommunistischer Senator für Gesundheitswesen, stellt folgende Überlegung an: »Wenn die Schwerindustrie verlorengeht oder auch nur stilliegt, wird sich unsere Arbeiterbevölkerung mit einer vorher nicht gekannten Senkung ihres Lebensstandards konfrontiert sehen und sogar von Verelendung und Untergang bedroht sein. Ich sehe im Augenblick auch keinen Anreiz für die Arbeiter, einen vollen Arbeitstag zu leisten. Löhne und wöchentliche Lebensmittelrationen sind zu gering. Für sie springt mehr dabei heraus, wenn sie Gartenland bearbeiten oder sich irgendwelche Wohnungen zusammenflicken. Mehr und mehr wenden sich die Arbeiter dem Schwarzmarkt zu, auf dem sie von ihrem Wochenlohn von 40 Reichsmark gerade ein Schwarzbrot kaufen können. Ich frage mich manchmal, ob es nicht besser ist, sich aus dem ganzen staatlichen Verwaltungskram herauszuhalten und keine Verantwortung für Maßnahmen zu tragen, die unser Ansehen auf's Spiel setzen.«

Seit dem 1. Mai 1947 bin ich für die Kommunistische Partei hauptamtlich tätig. Das Landessekretariat hat mich dem Genossen Gottlieb Weide zur Unterstützung der Aufgaben in der Abteilung für »Arbeit und Soziales« zugeteilt. Das verschafft mir größeren Einblick in das, was in den Belegschaften vor sich geht. Bei Maihak in Barmbek produziert die Belegschaft Bügeleisen, Stehlampen, Schlösser und Feuerzeuge, die sie bei den Bauern gegen Speck, Schinken oder Eier umtauscht. Mit Transportmitteln des Betriebes organisiert der Betriebsrat die Besorgung von Kartoffeln. Bei Heidenreich und Harbek fertigt man neben der eigentlichen Herstellung von Drehbänken auch Dosenschließmaschinen für den Hausgebrauch an. Sie verschließen die Dosen, in denen die Erzeugnisse des Schrebergartens eingeweckt werden. Aus Stahlhelmen werden Kochtöpfe. Die Frau eines Arbeiters, der in der Abteilung für Holzbearbeitungsmaschinen beschäftigt ist, erzählt: »Heidenreich (hatte) mit den Käufern der Holzbearbeitungsmaschinen vereinbart, daß ein Teil der Rechnungen in Möbeln bezahlt wird (da haben wir dann als ›Lohnzahlung‹) plötzlich ein Schlafzimmer bekommen, das wir gar nicht unterbringen konnten... Wir verkauften es nachher auf dem Schwarzmarkt. So wurde also von der Firma kompensiert, daß die Leute statt des Geldes einmal etwas Brauchbares bekamen.«[29]

Werft- und Hafenarbeiter brauchen keine Dörfer aufzusuchen, um zu »kompensieren«. Ihre Betriebsräte regeln das untereinander. Der Hafen liefert Lebensmittel, die Werften Gebrauchsgegenstände. Davon profitieren auch die Parteiangestellten. Gelegentlich zweigen die Genossen Betriebsräte schon mal ein »Freßpaket« für uns ab. Was die Versorgung mit Lebensmitteln betrifft, sind wir schlechter dran als andere. Wir haben weder Zeit noch Gelegenheit, den schwarzen Markt oder die Bauern aufzusuchen. Unsere Arbeitszeit beginnt um 9 Uhr und endet selten vor 22 Uhr. Tagsüber finden Sitzungen, Besprechungen und Zusammenkünfte mit den Genossen aus den Betrieben und den Funktionären aus den Stadtteilen statt. Dazwischen sind Artikel für die HVZ zu schreiben oder Informationsblätter zu erstellen. Ab 15 Uhr beginnen die Zusammenkünfte der Betriebsgruppen, daran nehmen wir entweder als Referenten oder Instrukteure teil. Jeden Nachmittag bin ich in irgendeiner Betriebsgruppenversammlung. Da tagen die Werften, der Hafen, die Metall-Land-Betriebe, Gas- und Wasserwerke sowie die Verkehrsbetriebe. Am Abend finden dann öffentliche Veranstaltungen und Mitgliederversammlungen in den Wohngebieten statt. Für die Sonntage setzen die Stadtteilleitungen sogenannte »Betriebsarbeiter-Konferenzen« an, auf denen die Themen: »Betriebsvereinbarung«, »Mitspracherecht«, »Mitbestimmung« und »Tarifvertrag« abgehandelt werden.

Noch gibt es keine einheitliche Arbeitsrechtsgesetzgebung. Nach 1945 ist auf diesem Gebiet ein Vakuum entstanden. Für die Arbeiterschaft ist es wichtig, zu betrieblichen Abschlüssen zu kommen, bevor die Unternehmer sich in Verbänden zusammenschließen und die alten Machtpositionen wieder ausbauen. Aufschlußreich für eine bestimmte Mentalität unter den Arbeitern ist ein Vorschlag des Betriebsrates von Unilever, den Geldlohn durch Warenlohn zu ersetzen. Der Vorschlag hat in der Belegschaft große Zustimmung gefunden, ebenso die Begründung dafür: »Alle politischen Parteien können mit ihren Programmen keine sofortige Erleichterung der Lebenslage der Arbeiter bringen, sondern versprechen lediglich für die Zukunft eine Verbesserung. In der gegenwärtigen Not kommt es aber auf Sofortmaßnahmen an.« Auch in der Öffentlichkeit findet dieser Vorschlag Resonanz. Rundfunk und Presse debattieren darüber, in den Betrieben wird lebhaft diskutiert. Es liegt nahe, zu vermuten, daß dieser Vorschlag nicht von allein die Idee des Betriebsrates ist, schon gar nicht bei einem multinationalen Konzern wie der Unilever. Vielmehr handelt es sich hierbei um einen Streich, der sich gegen die Gewerkschaften richtet.

Der DGB hat eine »Musterbetriebsvereinbarung« entworfen und den Arbeitern empfohlen, auf dieser Grundlage das Recht auf Mitbestimmung in den Betrieben durchzusetzen. Im November 1946 hat es bei der Firma Bodé-Panzer in Hannover, im April 1947 bei der Firma Miele in Bielefeld um den Abschluß von Betriebsvereinbarungen wochenlange Streiks gegeben. Der Kampf der neuen Gewerkschaften um das Mitbestimmungsrecht wird von SPD, KPD und den Sozialausschüssen der CDU unterstützt.

DGB-Flugblatt von 1951

Die Auffassung der Hamburger KPD zum »Kompensations-Unwesen« gibt ein Artikel von mir wieder, der in »Weg und Ziel«, Funktionärs-Organ der KPD/ Wasserkante erschienen ist. Anhand von Beispielen versuche ich zu erklären, was die verführerische Praxis von »Warenlohn« anstelle von »Geldlohn« für die Arbeiter bedeutet.

»Ist die Ersetzung der Geld- durch Warenlöhne ein annehmbarer Vorschlag? Praktische Ansätze dazu liefen bisher auf folgendes hinaus: In einer Großbäckerei erhielten Belegschaftsmitglieder allwöchentlich einige Brote zusätzlich zu ihrem Lohn ausgehändigt. Der Unternehmer leitete daraus das stillschweigende Einverständnis der Belegschaft für sich ab, Mehlschiebungen großen Formats gegen Baumaterialien vornehmen zu dürfen, um seine Betriebseinrichtungen zu erneuern und sich ein neues Haus zu bauen. Dagegen lehnte er Lohnerhöhungen und den Abschluß einer Betriebsvereinbarung ab. Einmal, weil er in Anbetracht einer kommenden Währungsreform die Löhne niedrig zu halten wünscht und zum anderen, weil er verhindern will, daß die Belegschaft durch die Betriebsvereinbarung Einsicht in seine Bücher bekommt, wodurch natürlich die ganzen Schiebungen aufgedeckt würden. Es wird sich für die Arbeiter bitter rächen, wenn sie den Kampf um Lohnerhöhung und Betriebsvereinbarungen zu Gunsten vorübergehender Deputate, wie in diesem Fall die Brotzuteilung, zurückstellen.

Eines Tages wird ihnen die Rechnung präsentiert werden, nämlich wenn die Währung stabilisiert ist. Dann hat der Unternehmer seinen Betrieb erneuert und seinen Neubau bezogen, also sein Schäflein ins Trockene gebracht, aber die Belegschaft muß im Gegensatz dazu zu den alten Lohnbedingungen weiterarbeiten.«

Ein anderes Beispiel bieten die Phönix-Werke in Harburg. Hier erhält jeder Arbeiter vierteljährlich eine komplette Fahrradbereifung, bei vierzig Überstunden außerdem eine weitere Bereifung ausgehändigt. Die Unternehmensleitung hält sich schadlos, indem sie »Eigenerzeugnisse gegen Textilien und ganze Wagenladungen Zement« verschiebt.

Zudem nutzt Direktor Schäfer von den Phönix-Werken die Situation, um »ehemalige Nazis und Kriegsverbrecher wieder in leitende Stellungen zu lancieren.«

Bei der Sunlicht AG, Bahrenfeld, setzt sich ein Herr Kögler vom Betriebsrat in der »Freien Presse«[30] wortreich für Kompensationsaufträge des Unternehmertums ein: »Es ist unfaßbar, daß ausgerechnet die Gewerkschaften sich der Forderung nach realer Teilhaberschaft des Arbeitnehmers verschließen und genau umgekehrt, dem Arbeiter, Bauern und Unternehmer selbst das bescheidenste Verfügungsrecht über die eigene Erzeugung zugunsten einer staatlichen Bürokratie entziehen wollen... Die Praxis dürfte sehr schnell ergeben, daß die Kompensationsaufträge am zweckmäßigsten dem zuständigen Fachgroßhandel erteilt werden.« Dieser Kögler kennt sich aus, war er doch Berufswalter bei der nationalsozialistischen Deutschen Arbeitsfront. Mit dem letzten Absatz hat Kögler übrigens die Katze aus dem Sack gelassen. Über den Fachgroßhandel »hätten dann die Unternehmer die unbegrenzte Möglichkeit, die Erzeugnisse über den Weg der Kompensation in die unkontrollierten Kanäle des schwarzen Marktes verschwinden zu lassen.«

Mein Artikel in »Weg und Ziel« ist vor dem Druck unter den Genossen in der Abteilung für Arbeit und Soziales diskutiert worden. Dabei halfen mir insbesondere die Hinweise von Gottlieb Weide, der als ehemaliger Arbeiter in verschiedenen Berufen und als Gewerkschaftsfunktionär Erfahrungen mit Arbeitern gesammelt hat.

»Wir müssen geduldig nach Argumenten suchen, die auch von den Kollegen verstanden werden und die nachdenklich machen. Funktionärsdeutsch und erhobener Zeigefinger sind da fehl am Platze,« sagt Gottlieb. Letzteres sagt er übrigens häufiger.

Also schreibe ich: »Wir Kommunisten sind nicht gegen die Deputate für die Belegschaft, sondern grundsätzlich gegen die Kompensationsgeschäfte der Unternehmer untereinander... Wenn die Bergarbeiter und die Eisenbahner Deputatkohle, die Arbeiter auf den Gaswerken Schlackenkoks, in der Fischindustrie Fische und bei den Gummiwerken Fahrradbereifung erhalten, dann besagt das noch lange nicht, daß hiermit ein Weg zur Überwindung der Krise gefunden ist, und daß man daraus nun generell die Forderung ableiten kann: ›Umwandlung des Geldlohnes in Warenlohn‹. Können wir heute aus dem wirtschaftlichen Leben den Straßenbahnschaffner, den Postschaffner, den Arzt, Richter, Anwalt und das ganze Heer der technischen und kaufmännischen Angestellten hinwegdenken? Selbstverständlich nicht. Alle diese Gruppen erzeugen nichts Greifbares, nichts Handfestes, das sie unmittelbar gegen eine andere Ware eintauschen können, leisten jedoch sehr viel für die Gesellschaft. Daraus ergibt sich, daß eine Verwandlung des Geldlohnes in Warenlohn mit Ausnahme für einige wenige Berufe nicht zu verwirklichen ist. Was müßte zwangsläufig geschehen, wenn nun jeder, der etwas Tauschbares erzeugt, nur tauschen wollte? Bestimmt gäbe es überhaupt keine bewirtschafteten Waren mehr zu kaufen. Nicht nur solche Konsumenten, die zu den freien Berufen gehören, könnten nichts mehr kaufen, sondern selbst der Arbeiter von der ›Phönix‹ erhielte nirgends Ware, wenn er nicht eine Bereifung in Kauf gibt. Soviele Reifen können die Arbeiter gar nicht der Produktion entnehmen, wie sie dann zum Tausch benötigen.

›Ersetzung des Geldlohnes in Warenlohn‹ ist also Unsinn, ist eine Ausgeburt der augenblicklich verfahrenen wirtschaftlichen Situation in Deutschland.

Die Nutzanwendung für die Arbeiter? »Den Arbeitern müssen wir sagen: Sichert Euch das Mitbestimmungsrecht in den Betrieben! Übt die Kontrolle der Produktion so aus, daß den Unternehmern das Kompensieren unmöglich gemacht wird! Säubert die Betriebe von Nazis und Kriegsverbrechern und verhindert, daß sie auf Umwegen wieder hineinkommen! Verhindert die Wirtschaftssabotage und fordert einen ausreichenden Lohn, der es ermöglicht, daß Ihr normal Eure Arbeit leisten könnt! Laßt den Unternehmer spüren, daß Ihr nicht gewillt seid, demokratische Rechte gegen Deputate zu verkaufen, auf die ihr Anspruch habt!«

Zu einem erschütternden Erlebnis wird die Begegnung mit einem ehemaligen Mitgefangenen aus dem Kriegsgefangenenlager Camp Chaffee. Sein eigentliches Zuhause ist ein Ort in Oberschlesien, aber dahin kann er nicht wieder zurück. Er ließ sich aus der Gefangenschaft nach Hamburg entlassen, in der Hoffnung, hier

Angehörige zu finden. Diese Hoffnung hat sich als trügerisch erwiesen. Hamburg ist zur Hauptstadt der Flüchtlinge und Vertriebenen geworden. Nach Angaben der Sozialbehörden leben hier 325.000 Flüchtlinge und Vertriebene. Wer von ihnen nicht von Hamburger Familien als Mitbewohner aufgenommen wird, haust in denkbar schlechten Quartieren. 79.000 Menschen leben in Notunterkünften, 60.350 in Baracken, 179.000 in Nissenhütten (Wellblech-Baracken), der Rest in Wohnwagen, auf Wohnschiffen und in ehemaligen Luftschutzbunkern.

Mein Bekannter ist im Bunker Stiftstraße in St. Georg untergekommen. Ein widrig muffiger Gestank schlägt mir beim Betreten des Bunkers entgegen. Feucht und ungesund ist auch der Geruch in den Kabinen, die sich je drei Personen teilen müssen. An den Wänden hängen Fetzen ehemaliger Kleidungsstücke. Als »Betten« dienen drei vollkommen verdreckte Strohmatratzen. Unter den primitiven Bedingungen läßt sich nichts sauber halten. Auf dem Fußboden stehen Kisten und Pappkästen als Ersatz für Schränke. Sie sollen Lebensmittel — soweit vorhanden — vor Staub und Schmutz schützen. Das sonstige Mobiliar besteht aus einem Tisch auf wackeligen Beinen. »Ein Komfort, den Du nicht in allen Kabinen antriffst«, kommentiert mein Bekannter. Weil ich mich nach Fenstern umsehe, sagt er: »Das ist ein Luxus, den es hier nicht gibt. Dafür wird von Zeit zu Zeit frische Luft durch eine Maschine in die Kabine geblasen. Und bilde Dir man ja nicht ein, daß wir elektrisches Licht haben. Die Glühbirne, die Du am Draht hängen siehst, ist schon lange im Eimer, und Ersatz gibt es nicht. Um der Wahrheit die Ehre zu geben, es ist so eine Art Notbeleuchtung vorhanden, aber die reicht gerade aus, um erkennen zu können, daß sich noch ein Leidensgenosse in der Kabine bewegt. So sitzen wir im Dunkeln und starren uns an. Zwischen uns baut langsam der Haß eine Mauer. Wir fluchen und schimpfen und versuchen, auf der Dreckmatratze zur Ruhe zu kommen. Doch kaum ist man eingenickt, begibt sich das Ungeziefer auf die Jagd. Wanzen! Wieviele? Es müssen Tausende sein!«

Außer den Kabinen ist noch ein Tagesraum sowie ein Waschraum mit Toilette vorhanden. Der Tagesraum ist unbenutzbar, weil es auch hier keine Beleuchtung gibt. Der Waschraum hat nur eine spärliche Notbeleuchtung. Über Politik kann man mit den Bunkerbewohnern nicht sprechen. »Ich hab's versucht«. Sagt einer: »Hör' schon auf, das ist doch Scheiß!«

Hier wird gestreikt

Nachdem die Kalorienzuteilung von Mitte 1946 bis Frühjahr 1947 von 1.000 bis 1.200 auf 800 Kalorien heruntergesetzt worden ist, wird Hamburg 1947 offiziell zum Notstandsgebiet erklärt.

Karl Stolper, Betriebsratsvorsitzender bei der Firma Maihak in Barmbek, schildert später in einem Interview, wie die Situation in den Betrieben ist: »Man muß betonen, daß der Selbsterhaltungstrieb ... sehr groß war — wir hatten zuerst nur von Maisbrot gelebt. Das führte dann 1947 zu einem Hungermarsch.« Sein Kollege Mercel sagte: »Es ging um's nackte Überleben. Von unserer Firma Maihak ging der Marsch aus, in den sich die anderen Betriebe einreihten... Der Zug führte um die Außenalster herum zum Gewerkschaftshaus. Hier hat unser ... Vorsitzender Adolf Kummernuß gesagt: ›Bis hierher und nicht weiter.‹ Dieser Spruch bedeutete: »Wir wollen essen und trinken. Wir wollen wieder satt werden!«[31]

Die Hungerdemonstration findet am 9. Mai 1947 statt. Vier Wochen vorher rügen SPD und Gewerkschaften die im Hafen wegen der schlechten Lage ausgebrochenen Teilstreiks als »wilde« und »unverantwortliche Streiks« mit der Begründung: »Streik im Hafen verschlimmert die Ernährungslage.« Trotzdem breitet sich die Bewegung gegen den Hunger bald auf andere Betriebe aus, insbesondere auf Werften und Metallandbetriebe. Wo es nicht zu solchen Protestaktionen kommt, wird passive Resistenz geübt. Bei Menk und Hambrock steigt der tägliche Arbeitsausfall von 8% im Jahre 1946 bis zu 25% im Jahre 1947. Am 8. Mai kommt es in einer Zusammenkunft von Gewerkschaftsvorstand, Beirat, Vertretern des Ortsausschusses und Betriebsräten zu heftigen Beschwerden über die Versorgungspolitik der Besatzungsmacht. Die Versammlung endet mit dem Beschluß, für den 9. Mai zum Warnstreik von 12 bis 14 Uhr in allen Betrieben und zur Demonstration und Kundgebung vor dem Gewerkschaftshaus aufzurufen. Unter der Losung: »Von Kalorien kann niemand leben«, proklamieren die Werftarbeiter am 6. Mai den Sitzstreik. In der Hungerdemonstration werden Transparente mit der Losung: »Gebt uns Lebensmittel oder Särge« getragen. Es ist die erste große Gewerkschaftsdemonstration nach 1945.

Ein Witz am Rande: Mich hindert ein Sekretariatsbeschluß an der Teilnahme. Am Tage der Hungerdemonstration hängt über dem Eingang zum Parteibüro der Kommunistischen Partei ein Plakat mit der Aufschrift: »Hier wird gestreikt«.

Hamburger Gewerkschafter demonstrieren gegen den Hunger

Ich frage den Genossen, der hinter dem Eingang in der Anmeldung sitzt, ob das ein Fastnachtsscherz sein soll. Er aber erklärt mir ganz ernsthaft, daß der von den Gewerkschaften beschlossene Streik auch für die Angestellten des Parteibüros gelte. Wütend stürme ich zu Harry Naujoks ins Zimmer. Ob sie verrückt geworden seien. Seit wann die ›Kommandostelle‹ der Avantgarde des Proletariats bei Aktionen sich selber der Funktion enthebe? Harry sagt, das Sekretariat habe so beschlossen, um damit seine Solidarität mit den streikenden Arbeitern und Angestellten zu bekunden. Weiterhin sei beschlossen, daß die Genossen umschichtig Streikposten stehen sollen.

Über die Demonstration berichtet die »Hamburger Volkszeitung« am Tag darauf: »Die Manifestation gestaltete sich zu einer der größten, die Hamburg bisher erlebte. Nachdem um 12 Uhr die Betriebe stillgelegt worden waren, marschierten die Belegschaften in beachtenswerter Geschlossenheit durch die Stadt zum Ort der Kundgebung. Riesige Züge, zum Teil mit Fahnen und Transparenten, kamen besonders vom Hafen und den Werften herauf. Die Spitze der Hafenarbeiter führt Harry Naujoks. Die Kolonne aus dem Hafen wurde durch die Belegschaft der Werft Blohm und Voß angeführt.«

Mich ärgert sehr, daß ich an der Aktion nicht teilnehmen kann, denn von 12 Uhr bis 15 Uhr bin ich als Streikposten eingeteilt. Werner Kunze, mein Mitposten flucht: »Ist das ein ausgefallener Blödsinn!« Als Harry Naujoks und Gustav Gundelach von der Kundgebung zurückkommen und ins Parteihaus wollen, müssen sie uns mit sanfter Gewalt beiseite schieben. Wir weigern uns, sie ins Haus zu lassen und verweisen auf das Plakat: »Hier wird gestreikt.«

»Ehern klingen die Sätze«

Es ist der 30. Mai 1947. Vor den »Harvestehuder Lichtspielen« am Eppendorfer Baum drängen sich die Menschen. In einer halben Stunde wird hier der Parteitag der Kommunistischen Partei Deutschlands, Landesverband Wasserkante eröffnet. Nach 17 Jahren werde ich zum ersten Mal wieder an einem Parteitag teilnehmen. Das Gefühl, das einen dabei überkommt, kann sich keiner von den Jungen vorstellen. »Nach siebzehn Jahren...«

Die Sonne malt auf Fassaden und Gehwege flimmernde Ornamente. Geduldig warten die Menschen auf Einlaß. Wohlig wärmen sie sich in den Strahlen der Sonne, froh, endlich die kalten Monate und die feuerungsarme Zeit hinter sich gebracht zu haben. Sie stehen in kleinen Gruppen zusammen und unterhalten sich. Gesprächsfetzen dringen an mein Ohr: »Die ›Befreiung‹ haben wir jetzt zwei Jahre hinter uns, und immer ist noch nicht zu sehen, daß es wieder aufwärts gehen wird«. Oder: »Bevin hat vor 500 Delegierten der Labour Party in London erklärt, England werde nicht zulassen, daß sich im Herzen Europas ein Elendsgebiet entwickelt. Tatsächlich ist Deutschland bereits ein Elendsgebiet.« In Berlin befinden sich 15.615 Menschen infolge von Kälte und Hunger in akuter Lebensgefahr. Sie

```
┌─────────────────────────┐
│  DELEGIERTENKARTE       │   000542 ✻
└─────────────────────────┘

          _Hehneth Rrumha_
FÜR _____

ZUM PARTEITAG DER KPD, LANDESVERBAND
WASSERKANTE, AM 30./31. MAI 1947, IN HAMBURG
IN DEN »HARVESTEHUDER LICHTSPIELEN« AM
EPPENDORFERBAUM

BEGINN
        AM FREITAG, DEM 30. MAI 1947, UM 10 UHR
        AM SONNABEND, DEM 31. MAI 1947, UM 9 UHR

        ZU ERREICHEN: HOCHBAHNHALTESTELLE EPPENDORFERBAUM SOWIE
                      STRASSENBAHNLINIEN 14 UND 18

VORSTAND DER KPD / LANDESVERBAND WASSERKANTE
```

Delegiertenkarte von H. Warnke zum KPD-Parteitag 1947

wurden teilweise durch die Polizei in völlig apathischem Zustand aufgefunden«, hat einer heute morgen im Rundfunk gehört. Eine andere Stimme: »Bei uns in Hamburg sind im Dezember und Januar 302 Personen an Lungenentzündung gestorben, 5.200 sind an der Grippe erkrankt«. Was sie noch nicht wissen können, ist, daß zwei Monate später die Hamburger Schulen für 14 Tage geschlossen werden müssen, weil 447 Personen an der neuen Volksseuche Polio (Kinderlähmung) erkrankt sind. 46 Hamburger sterben daran. August Ziehl, langjähriger Bürgermeister von Geesthacht, spricht davon,daß er von morgens bis abends »um Dinge renne, die irgendwie mit unserem täglichen Leben zusammenhängen: Ernährung, Heizung, Schlafen, Wohnung, Möbel, Kleidung und Schuhzeug. Es gibt so viele Menschen, denen es am Nötigsten fehlt.«

Es ist wirklich kein Vorankommen zu spüren. Das Leben verkümmert. Mehr denn je wird deutlich, daß unsere Zukunft von den Entscheidungen der vier Besatzungsmächte abhängt. Im April hat eine Außenministerkonferenz in Moskau stattgefunden. Die Sowjetunion hat sich mit ihren Forderungen nach einem deutschen Einheitsstaat, einer Festlegung der deutschen Ostgrenze an der Oder-Neiße ebensowenig durchsetzen können wie mit den Forderungen nach einer Beteiligung an der Kontrolle des Ruhrgebiets, der Rückgabe des Saargebiets und der Auflösung der amerikanischen und englischen Besatzungszonen als wirtschaftliche und politische Einheit. Die Amerikaner und Engländer betreiben einen wirtschaftlichen, politischen und staatsrechtlichen Zusammenschluß der drei Westzonen und schließen die Sowjetunion von der ursprünglich vereinbarten Kontrolle des Ruhrgebiets durch die sechs Mächte USA, UdSSR, England, Frankreich, Holland und Belgien aus. Auch Westdeutschland soll kein Mitspracherecht zugestanden werden. Denn nach Meinung der Amerikaner ist der allerwichtigste Platz auf der Erde für die Amerikaner und das amerikanische Geschäft das Ruhrtal in Deutschland. Die Briten haben die Ruhrindustrie-Verwaltung. Es ist möglich, daß sie Washington den Vorschlag machen, sie möchten die Ruhr weiter verwalten, während (wir Amerikaner) dies bezahlen. Damit dürfen wir niemals einverstanden sein. Es gibt eine alte, gute Regel, daß der, welcher den Flötenspieler bezahlt, auch die Melodie bestimmen kann.«[33]

In den »Harvestehuder Lichtspielen« wird der Parteitag der Hamburger Landesorganisation der KPD um Punkt neun Uhr eröffnet. Ein Transparent mit der Losung des Parteitages bedeckt die ganze Fläche der Filmwand. Die große Schrift verkündet:

EINHEIT DER WERKTÄTIGEN — EINHEIT DEUTSCHLANDS!

Gegenüber dem Präsidium haben 558 kommunistische Delegierte, 181 sozialdemokratische und 119 parteilose Gäste aus Hamburg und Schleswig-Holstein Platz genommen. Die Beteiligung der Sozialdemokraten am Parteitag wird von der Parteileitung als »offenes Verdienst«, weil sie aus dem bisherigen passiven Bekenntnis heraustraten und offen in die dargebotene Freundeshand einschlugen,« gewertet. Doch die in der »Hamburger Volkszeitung« daraus abgeleitete Hoffnung, »daß dieser Parteitag der letzte Parteitag der Kommunistischen Partei sein wird, und daß sich im nächsten Jahr die vereinigten Sozialisten auf einem gemeinsamen Parteitag brüderlich die Hände reichen werden«, geht nicht in Erfüllung. Zwar werden diese Sozialdemokraten einige Monate später ein sogenanntes »Hamburger Manifest oppositioneller Sozialdemokraten« unterzeichnen, aber ein Teil von ihnen verläßt freiwillig die SPD, die anderen werden ausgeschlossen. 10 Jahre später gehören einige der Ausgeschlossenen zum Funktionärsstab der KPD und sind zu hundertprozentigen Stalinisten geworden.

Urteilt man nur nach dem Ritual, nach dem der Parteitag verläuft, nach der Zusammensetzung des Präsidiums, könnte man meinen, die alte KPD von früher vor sich zu haben. Doch der Schein trügt. Von den 558 Delegierten ist eine Mehrheit von 306 Delegierten erst seit 1945 in der Partei, 166 waren vor 1933 Mitglied, 86 seit Parteigründung. Zu Beginn des Parteitages spielt das »Orchester Hamburger Künstler« die Egmont-Ouvertüre von Beethoven. Feiertagsstimmung kommt auf. Lange hält sie nicht an. Begrüßungsansprachen, Tätigkeitsberichte und der Bericht der Mandatskommissionen erzeugen profane Langeweile. Die Stimmung hebt sich erst wieder, als der Parteivorsitzende Max Reimann an das Rednerpult tritt. Ich erlebe ihn zum ersten Mal. Ein sympathischer Mann. Ruhig und besonnen, ohne eine Spur von Effekthascherei, jedes gestische Getue vermeidend, trägt er seine Rede vor. Sein Thema ist die Sozialistische Einheitspartei. Noch ist man im Zonenvorstand der Auffassung, daß nach dem Zusammenschluß von KPD und SPD in der Ostzone, nunmehr auch bei uns im Westen die Sozialistische Einheitspartei ihre Verwirklichung findet. Woher die Hamburger Leitung diese Gewißheit nimmt, ist mir allerdings schleierhaft. Ein von der Hamburger Stadtleitung am 11. Mai 1947 an die Hamburger Arbeiterschaft ergangener Aufruf zur Bildung einer sozialistischen Einheitspartei hat keinen Widerhall gefunden. In mehreren Stadtteilen setzte die Stadtleitung Gründungsversammlungen für die

Wollen wir die großen, vor uns stehenden Aufgaben lösen, dann müssen wir eine festgefügte, geschlossene Kraft schaffen, die konsequent und unbeirrt ihren Weg geht . . .
Diese unüberwindliche Kraft stellt die Arbeiterklasse dar, wenn sie einig ist.

Wilhelm Pieck, im Februar 1946

PARTEITAG

DES LANDESVERBANDES
DER KPD WASSERKANTE
IN HAMBURG
VOM 30. BIS 31. MAI 1947

Max Reimann spricht zu den Delegierten des Parteitags der Hamburger Landesorganisation der KPD

SED an. Aber der Besuch der Versammlungen war flau. In einer Versammlung in Lokstedt, an der ich teilnahm, haben sich von ungefähr 90 Anwesenden 35 in eine Interessenliste für die SED eingetragen. Wieviele davon Sozialdemokraten sind, geht allerdings aus der Liste nicht hervor. Gottlieb Weide erzählte mir von einer Versammlung in Harburg. Diese war ausschließlich von Kommunisten und einigen bereits ausgeschlossenen Sozialdemokraten besucht, obwohl 400 Personen an ihr teilnahmen.

Mit der Schaffung der SED in der Ostzone ist die sozialistische Volkspartei schon Wirklichkeit geworden. Ihre Grundsätze und Ziele sind für die westdeutsche KPD verbindlich. Entspricht es dieser Verbindlichkeit oder ist es Wunschdenken, wenn Max Reimann sagt: »Dieser Parteitag ist eines der größten Ereignisse in der Geschichte unserer Partei und in der Geschichte der Arbeiterbewegung der letzten dreißig Jahre überhaupt.«

Trotz meiner ketzerischen Gedanken, die übrigens nie von langer Dauer, sondern flüchtig wie ein Luftzug sind, stimme ich in den spontanen allgemeinen Beifall ein, als Max Reimann auf die These vom »besonderen deutschen Weg zum Sozialismus« zu sprechen kommt und erklärt: »Es gibt also aus der besonderen Lage heraus, in der wir uns heute in Deutschland befinden, nur einen Weg zum Sozialismus: Sozialismus bedeutet vollendete Demokratie!«

Doch als ich am anderen Tag den Bericht über die Rede von Max Reimann in der »Hamburger Volkszeitung«[34] lese, stößt es mir sauer auf. Da stehen Worte wie diese: »Und dann spricht Max Reimann wie er noch nie zu uns gesprochen hat« und »Ehern klingen die Sätze«. Dieses Scheißvokabular kenne ich doch. Zwölf Jahre haben die Nazis ihren »Führer« so bejubelt. Haben wir Nazischreiber in der HVZ-Redaktion? Seltsam, kein Genosse stößt sich daran. Mit wem ich auch spreche, keiner empfindet das so wie ich. Franz Heitgreß sagt zweideutig: »Lies mal in den Parteiblättern von früher nach. Über Teddis Auftreten in Versammlungen haben die so ähnlich geschrieben. Muß wohl an unserer deutschen ›Muttersprache‹ liegen.«

An der Diskussion nach Max Reimanns Referat beteiligen sich auch viele von den sozialdemokratischen und parteilosen Gästen. Ihnen geht es um Alltägliches, weniger um Programmatisches. Sie reden von den Schwierigkeiten politischer Aktivitäten unter Arbeitskollegen, bei denen die Sorgen um das tägliche Brot, um Wohnraum und Kleidung das Interesse an Parteien verdrängt. Die Diskussionsredner unserer Partei sagen ähnliches oder wiederholen, was Reimann gesagt hat. In seinem Schlußwort bringt Max Reimann seine Unzufriedenheit über die Diskussion zum Ausdruck. Es sei zu wenig auf die programmatische Grundlage der SED eingegangen worden: »Wir müssen uns jetzt in noch viel stärkerem Maße als bisher mit den Grundsätzen und Zielen der SED vertraut machen. Nur dann werden wir in der Lage sein, große Teile der Werktätigen, der fortschrittlichen Kräfte unseres Volkes, für die SED zu mobilisieren.

Besteht für die Verwirklichung einer sozialistischen Einheitspartei kaum noch Aussicht, so setzt sich der Wille zur Einheitsgewerkschaft trotz aller Hindernisse, die die Besatzungsmächte, insbesondere die amerikanische, dieser Idee in den Weg legen, auch in den Westzonen durch. Zum ersten Mal in der Geschichte der deutschen Gewerkschaftsbewegung bildet sich eine Einheitsgewerkschaft. Der Hamburger Parteitag hebt in einer besonderen Entschließung die Bedeutung dieser Tatsache hervor. »In den Gewerkschaften hat die Einheit der Arbeiterklasse in ganz Deutschland bereits einen organisatorischen Ausdruck gefunden. Interzonale Tagungen der Gewerkschaften Deutschlands haben Gegenwartsforderungen proklamiert, deren Verwirklichung den Weg zu einem demokratischen und fortschrittlichen Deutschland frei machen. Jede Geringschätzung oder Vernachlässigung der Gewerkschaftsarbeit unserer Parteimitglieder stellt deshalb eine mangelnde Pflichterfüllung dar. Der Parteitag fordert alle Organisationseinheiten auf, der Parteimitgliedschaft unablässig bei der Schulung und Erziehung zu aktiven Gewerkschaftsfunktionären so zu helfen, daß die gewerkschaftliche Tätigkeit eines jeden Kommunisten zu seiner wichtigsten politischen Tagesarbeit wird.«

Gottlieb Weide, Richard Bernsee und ich haben die Entschließung in der Abteilung für »Arbeit und Soziales« erarbeitet. Auf dem Parteitag begründet Gottlieb Weide die Entschließung. Auf diesem Parteitag werde ich in den Landesvorstand gewählt. Gewählt wird auch mein alter Kumpan Franz Bafian aus Wilhelmsburg, der 1933/34 zu unserer illegalen Gruppe gehörte, die den »Roten Punkt« verbreitete.

Was du nicht selber weißt, weißt du nicht

38 Kilometer nördlich von Berlin an der Havel und dem Finowkanal liegt Liebenwalde. In Liebenwalde befindet sich die Parteihochschule der SED, die Karl Marx-Schule. Doppelt so weit entfernt von Hamburg, in Grömitz an der Lübekker Bucht, hat die KPD Wasserkante eine Parteischule. Direktor der Karl Marx-Schule ist Rudolf Lindau.[35] Die Schule in Grömitz wird von Heinz Nillson geleitet. Die Karl Marx-Schule hat Halbjahres- und Zweijahreslehrgänge, Grömitz ist eine 14-Tage-Schule.

Die Halbjahreslehrgänge auf der Karl-Marx-Schule sind in erster Linie für die älteren Genossen vorgesehen, die bereits vor 1933 als KPD- oder SPD-Funktionäre tätig waren. Die Schule soll sie mit den neuen Aufgaben und Erkenntnissen vertraut machen und sie, wie Rudolf Lindau es formuliert, »in theoretischer Hinsicht auf eine höhere Stufe bringen«. Etwa ein Viertel der Lehrgangsteilnehmer der Karl Marx-Schule sind westdeutsche KPD-Funktionäre.

Auch zwei Hamburger haben ihren Lehrgang absolviert und sind vor zwei Monaten zurückgekehrt. Den einen hat es in Hamburg nicht lange gehalten. Obwohl Familienvater, ist er in die sowjetische Zone übergewechselt zu einer Genossin, die er auf dem Lehrgang kennengelernt hat. Die Partei hat ihn ausgeschlossen; der Lehrgang war für die Katz. Der Karl Marx-Schüler arbeitet jetzt als Parteiloser auf der Neptun-Werft in Rostock. Mehr Glück hat die Partei mit dem anderen Schüler, einem ehemaligen Werftarbeiter von Blohm, der unserer Abteilung zugeteilt worden ist. Mit ihm läßt sich gut auskommen. Er ist kameradschaftlich und in jeder Beziehung zuverlässig. Was mir weniger gefällt, ist seine Blauäugigkeit gegenüber der Parteidoktrin. Die Parteischule hat aus dem einfachen Arbeiter einen Buchstabengläubigen gemacht, getreu den Worten »was man schwarz auf weiß besitzt, kann man getrost nach Hause tragen«. In den kommenden Jahren bekommt er Aufgaben zugeteilt, für die er nicht geeignet ist, gibt sich jedoch alle erdenkliche Mühe, um das in ihn gesetzte Vertrauen zu rechtfertigen. Er wird verheizt und geht wieder zur Werft zurück. Ein Betriebsunfall macht ihn zum lebenslänglichen Invaliden.

Von der Karl Marx-Schule hat er sämtliche Werke von Stalin mitgebracht. »Von Stalin lernen, heißt mit Stalin siegen«. Es ist erstaunlich, wie er den Stalin im Kopf hat. Wann immer es ihm angebracht erscheint, spuckt er ein Stalin-Zitat aus. Einmal zeigt er mir Stalins Schrift über die »Nationale Frage«. Verzückt führt er

Daumen und Zeigefinger an den Mund und sagt: »Das ist einfach Zucker.« An
der Parteischule in Grömitz wird er als Lehrer eingesetzt. Sein Fach: »Geschichte
der KPdSU« (B. Kurzer Lehrgang).

Obwohl ich während meiner langjährigen Parteizugehörigkeit niemals die Gelegenheit hatte, eine Parteischule zu besuchen, setzt die Landesleitung mich ebenfalls als Lehrer an der Grömitzer Parteischule ein. Mein »Fach« beschäftigt sich
mit »Rolle und Aufgaben der Gewerkschaften in der Gesamtarbeiterbewegung.«
Unter diesem Thema behandele ich nicht nur die Geschichte der sozialistischen
Gewerkschaften, sondern auch die der christlichen und der Hirsch-Dunkerschen.
Ein Pensum, für das drei Tage zur Verfügung stehen, eingeteilt in Referate und Se-
minare. Zum Abschluß meines Unterrichts gebe ich den Schülern einen Vers von
Bertolt Brecht mit auf den Weg:

> *»Scheue dich nicht zu fragen, Genosse!*
> *Laß dir nichts einreden,*
> *Sieh selber nach!*
> *Was du nicht selber weißt,*
> *Weißt du nicht.«*

Das Thema ›Gewerkschaften‹ ist mir sozusagen ›auf den Leib geschneidert‹.
Seit 1927 bin ich gewerkschaftlich tätig. Als in den dreißiger Jahren alle Genossen
aus dem Verband der Maler wegen Zugehörigkeit zur RGO ausgeschlossen wurden, verblieb ich als alleiniger Sprecher der Opposition. 1947 nehme ich auch wieder aktiv am Gewerkschaftsleben teil. Der Malerverband gehört nach dem Neu-
aufbau der Gewerkschaft zur IG Bau-Steine-Erden. Der Fachgruppenvorstand
wird eine Zeitlang von Sozialdemokraten gestellt, die im gewerkschaftseigenen
Unternehmen »Bauhütte« beschäftigt sind. Da sie übertariflich entlohnt werden,
sind sie an Lohnerhöhungen und Verbesserung der Arbeitsbedingungen wenig
interessiert. Bei einer Neuwahl gelangen Karl Johannsen[34] und ich in den Vorstand. Karl wird erster, ich zweiter Vorsitzender. Dieser Erfolg ist vor allem Karls
beständiger Arbeit unter seinen Kollegen zu verdanken. Er ist von Natur aus ein
ruhiger und bedächtiger Mensch, sehr sachlich in seiner Argumentation und
kommt bei den Kollegen seines Betriebes — er ist Betriebsratsvorsitzender — gut
an.

Die großen Hamburger Malereibetriebe, zumeist im Kriege zu Großunterneh-
men geworden, sperren sich gegen jeden Pfennig Lohnerhöhung; dabei haben sie
durchweg Aufträge von der Militärregierung und verdienen gut. Auf einer Mitgliederversammlung schlage ich vor, einige dieser Betriebe zu bestreiken, um eine
fünfprozentige Lohnerhöhung durchzusetzen. Nach einigem Schwanken erklärt
sich die Mehrheit für den Streik. Der Betrieb, in dem Karl Johannsen arbeitet,
macht den Vorreiter. Die Belegschaft fordert in einer Betriebsversammlung
Kampfmaßnahmen zur Lohnerhöhung. Am Tage des Streikbeginns suche ich
nacheinander drei Großbetriebe auf und spreche zu den Belegschaften. Obwohl
die Unternehmer in den Betriebsversammlungen selbst das Wort ergreifen, um
die Kollegen vom Streik abzuhalten, kommt es überall zum Streikbeschluß. Nach
zwei Tagen sind die Unternehmer in die Knie gezwungen und akzeptieren die Forderung.

Verband der Maler, Lackierer, Anstreicher, Tüncher und Weißbinder Deutschlands.
Adresse: Hamburg 25, Claus Grothstraße 1.

Mitgliedsbuch

Nr. 61560

für Herrn *Warnke, Helmut*

Geboren am *31. Juli 1908*

in *Hamburg*

Eingetreten am *8. Juli 1927*

in *Hamburg*

EHRENURKUNDE
FÜR UNSER MITGLIED

Helmuth Warnke

SEIT

1927

MITGLIED DER
GEWERKSCHAFTS-
BEWEGUNG

Seit mehr als 60 Jahren Gewerkschaftsmitglied; links: Helmuth Warnkes erstes Mitgliedsbuch; rechts: Ehrenurkunde der Gewerkschaft Handel, Banken und Versicherungen

Um den Verlust wieder wettzumachen, versuchen die Malermeister, den Leistungslohn im Malergewerbe einzuführen. Danach soll der Lohn nicht mehr nach Zeit, sondern nach Stückzahl der gestrichenen Türen und Fenster, Decken- und Zimmerwände sowie Fassadenanstriche nach Quadratmeterzahl gezahlt werden. Faktisch bedeutet das die Einführung des Akkordlohnes im Malerhandwerk. Für manche Kollegen ist das ein verführerisches Angebot. »Wer tüchtig ranrauscht, der kann viel Geld einsacken«, sagen diese Kollegen. Hier sind erste Anzeichen der Gesellschaft der fünfziger Jahre zu erkennen, in denen es immer stärker nach der Devise gehen wird: »Kannste was, dann haste was, haste was, dann biste was.« Um der Gefahr der Einführung des Akkordsystems im Malerhandwerk entgegenzusteuern, halte ich auf einer Mitgliederversammlung ein Referat über »Leistungslohn«. Ich führe den Kollegen die Nachteile der leistungsbezogenen Entlohnung vor Augen und warne sie vor der verstärkten Ausbeutung, die die Unternehmer damit bezwecken. Es folgen weitere Versammlungen, auf denen das Thema ausgiebig diskutiert wird. Am Ende können Karl Johannsen und ich aufatmen. »Eine Entschließung der gewerkschaftlich organisierten Maler lehnt die Einführung des Leistungslohnes im Malerhandwerk ab«, heißt es in einer Pressemeldung.

Auch in der sowjetischen Zone geht es um Steigerung der Arbeitsleistung. Mitte Oktober 1948 ist in Sachsen ein »Stachanow«, ein Übererfüller der Norm entdeckt worden. Der deutsche »Stachanow« heißt Hennecke. Er hat im Zwickauer Kohlenrevier das bisherige Tagessoll um 380 Prozent überboten. Dieses Beispiel wird zum Ausgangspunkt einer »mächtigen« Bewegung, einer Übernormerfüllungsbewegung. Das ZK der SED veröffentlicht aus diesem Anlaß einen Brief an Adolf Hennecke. Darin wird seine Akkordleistung als eine »wegweisende Tat« gelobt, als eine »revolutionäre Leistung zur Erfüllung des Wirtschaftsplanes«, als »eine schlagende Antwort auf die Marshallplan-Politik im Westen«.

Der Brief endet mit den Sätzen: »Hieraus geht klar hervor, daß Deine Tat als Ergebnis der in Dir lebendig gewordenen revolutionären Tradition der deutschen Arbeiterbewegung, wie sie sich unter anderem in Karl Liebknecht, dessen Name Deine Grube mit Stolz trägt, verkörpert. Sie ist das Ergebnis des sozialen Verantwortungs- und höchsten Pflichtbewußtseins gegenüber Deiner Partei, Deiner Klasse und unserem Volk.«[36]

»Solche Dinge gehen natürlich nicht spontan«, offenbart Rudolf Lindau den Lehrern der Karl Marx-Schule in einer internen Besprechung. »Sie müssen sorgfältig geplant und organisiert werden. Bereits vor mehr als zwei Monaten haben die Besprechungen darüber begonnen. Es mußte zunächst die Frage geklärt werden, in welchem Teil unserer Zone der Ausgangspunkt einer solchen Bewegung zu liegen habe. Nach längeren Diskussionen entschied man sich, diese Bewegung in Sachsen ins Leben zu rufen. Danach wurde die Entscheidung über den Industriezweig getroffen. Ähnlich wie in der Sowjetunion wurde der Bergbau als wichtigster Ausgangspunkt erkannt. Sollte man nun einen jüngeren oder einen älteren Arbeiter auswählen? Die jüngere Generation der Arbeiter wird leichter für eine Aktivistenbewegung zu gewinnen sein. Die Hauptfrage ist, einen Umschwung bei den älteren Industrie- und Facharbeitern zu erreichen. Daher wurde festgelegt, einen älteren Arbeiter auszuwählen. Schließlich galt es, noch eine andere Frage zu klären. Sollte man einen Parteilosen oder ein SED-Mitglied damit beauftragen? Man entschied sich für ein SED-Mitglied, um damit die Rolle der Partei in dieser wichtigsten Frage deutlich zu unterstreichen. Bei der Suche nach einem solchen Mann stieß man auf Adolf Hennecke, der den gewünschten Anforderungen entsprach. Er ist jetzt 43 Jahre alt, seit 20 Jahren im Bergbau tätig und hat auch eine SED-Parteischule besucht. Adolf Hennecke wollte zunächst nicht. Er fürchtete, seine Arbeitskollegen würden ihm diese Rolle übelnehmen. Erst als ihm die politische Bedeutung und auch seine eigenen Aufstiegsmöglichkeiten klargemacht wurden, erklärte er sich bereit, die Aufgabe zu übernehmen.« Und wozu das alles? Weil es sich in der Sowjetzone nach den Worten von Rudolf Lindau »als notwendig erwiesen hat, durch eine besondere Bewegung, eine neue Einstellung zur Arbeit, einen neuen mächtigen Aufschwung der Arbeitsproduktivität zu erzielen.«

Wie es sich so trifft, habe ich in diesen Tagen gerade in Berlin zu tun. Während dieser Zeit wohne ich bei Herbert Warnke. Wir kommen auf die Hennecke-Bewegung zu sprechen und Herbert zeigt mir einen Artikel, den er für »Die Arbeit«, das Funktionärsorgan des FDGB, geschrieben hat: »Die Aktivistenbewegung ist der Beginn eines neuen, besseren Abschnitts unserer Geschichte. An die Stelle eines falschen, verlogenen, von der Reaktion jahrhundertelang gepredigten ›Heldentums‹ tritt die Arbeit als eine Sache der Ehre. Die Erfüllung des Wirtschaftsplanes bedeutet, einen neuen Menschentypus zu entwickeln nach dem Beispiel des Kollegen Hennecke und seiner Freunde, den Arbeitshelden des Aufschwungs der demokratischen Wirtschaft.« Zum ersten Male seit unserer jahrzehntelangen

Freundschaft kommt es zu einem heftigen Streit zwischen uns beiden. O, dieses verdammte Phrasengedresch, das so sehr an das der Nazis erinnert! »Arbeit adelt«, hieß es bei denen und »Arbeit macht frei«. Ich werfe Herbert vor, er habe vergessen, was er einstmals als Betriebsratsvorsitzender auf der Hamburger Werft zu solchen Arbeitsbedingungen gesagt hat, nämlich das Akkord Mord sei. Ich frage ihn, ob er vergessen habe, wie oft die Arbeiter in den Streik getreten seien gegen menschenunwürdige Akkordbedingungen?

Als ich aus Berlin wegfahre, weiß ich, daß unsere Freundschaft einen Knacks bekommen hat und mein Verhältnis zur Partei fragwürdig geworden ist. Ich trage mich mit dem Gedanken, aus der KPD auszutreten. Aber nach Hamburg zurückgekehrt, stecke ich gleich wieder bis über beide Ohren in Arbeit. An Austritt aus der Partei denke ich nicht mehr. Man kann ihr nicht den Rücken kehren, ohne mit allem zu brechen, wofür man solange gelebt hat. Und außerdem ist da das Prinzip »Hoffnung«, das ich nicht aufzugeben gewillt bin, den Traum von einer besseren Zukunft, den ich nicht aufgeben kann.

> *» Wenn der Mensch die Kraft zum guten Träumen*
> *eingebüßt hätte, wenn er nicht immer wieder*
> *vorauseilen und mit seiner Einbildungskraft*
> *das ganze seines Tuns überschauen würde,*
> *das sich mühselig unter seinen Händen*
> *herauszubilden beginnt —*
> *wie könnte er überhaupt das Umfassende*
> *seiner Anstrengungen durchhalten?*
> *Träumen wir also! Aber unter derBedingung,*
> *ernsthaft an unseren Traum zu glauben,*
> *das wirkliche Leben aufs genauste*
> *zu beobachten, unsere Phantasie gewissenhaft*
> *zu verwirklichen! Träumen ist notwendig... «*

Das hat einmal der Mann gesagt, der von der Weltrevolution geträumt hat, von dem Kommunismus, der allen Widrigkeiten zum Trotz schließlich und endgültig triumphieren werde, Wladimir Iljitsch Lenin.

Privatleben nebenbei

Ausgerechnet am Mittelweg unseres Gartens mußte mein Vater eine Regentonne eingraben. »So was Unvernünftiges«, schalt meine Mutter, »wie leicht kann da jemand reinfallen.« Prompt fiel dann auch meine Cousine bei einem Besuch in diese Regentonne. Das geschah im Sommer 1924 und das pitschenasse Mädchen war damals drei und ein halbes Jahr alt.

In den folgenden Jahren habe ich meine Cousine nur selten zu Gesicht bekommen. Unsere letzte Begegnung war kurz vor Kriegsausbruch. Jetzt, nach neun Jahren, sind wir uns wiederbegegnet. Aus dem kleinen Mädchen ist eine Frau geworden, ohne deren Gesellschaft ich bald nicht mehr auskommen kann. 1948, sechs Tage vor Weihnachten, heiraten wir. Meine Schwester mit Mann und Kin-

Deutscher Gewerkschafts-Bund Britische Zone und das Land Bremen

Arbeiter, Angestellte und Beamte im Vereinigten Wirtschaftsgebiet.

Zur Demonstration

des gewerkschaftlichen Willens ruht die Arbeit am
Freitag, 12. November 1948 von 00 bis 24 Uhr
im gesamten Wirtschaftsgebiet der vereinigten Zonen.
Die Gewerkschaften fordern:

1. Die amtliche Verkündigung des wirtschaftlichen Notstandes.
2. Zur Ueberwindung dieses Notstandes zeitlich befristete ausserordentliche Maßnahmen:
   a) Einsetzung eines Preisbeauftragen mit besonderen Vollmachten;
   b) Erlaß eines dem Notstand angepaßten Preis-, Kontroll- und Wuchergesetzes
   c) erweiterte Vollmachten und Verpflichtungen für Polizei und Behörden zur wirksamen Bekämpfung von Preiswucher, Warenhortung und illegalen Warenhandel
   d) schnellste Aburteilung von Verstößen gegen Gesetze und Anordnungen in Verbindung mit dem Notstand in einem besonderen Verfahren.
3. Beschleunigung des Jedermann-Programms und seine Erweiterung in einem Ausmaß, das dem Verhältnis vordringlichem Massenbedarf und weniger vordringlichem Bedarf gerecht wird.
4. Neuordnung der Steuererfassung und drakonische Strafmaßnahmen gegen Steuerbetrüger und deren Mithelfer.
5. Wirksame Maßnahmen, um bei Lastenausgleich den Sachwertbesitz sowie die Sachwertgewinne aus Warenhortung und Preiswucher zu erfassen und für einen gerechten sozialen Ausgleich zu verwenden.
6. Aufrechterhaltung bzw. Wiederherstellung der vollen Erfassung und Bewirtschaftung im Ernährungssektor.
7. Planung und Lenkung im gewerblich-industriellen Sektor, insbesondere für Rohstoffe, Energie und Kredite, sowie für den Außenhandel und den Großverkehr.
8. Ueberführung der Grundstoffindustrien und Kreditinstitute in Gemeinwirtschaft.
9. Demokratisierung der Wirtschaft und gleichberechtigte Mitwirkung der Gewerkschaften in allen Organen der wirtschaftlichen Selbstverwaltung.
10. Inkraftsetzung der zu Ziffer 8 u. 9 von den Parlamenten bereits beschl. Gesetze.

Männer und Frauen, reiht Euch ein! **Es handelt sich um Euer Lebensinteresse!**

Frankfurt a. M., 6. November 1948   Der Gewerkschaftsrat des Vereinigt. Wirtschaftsgebietes
HANS BÖCKLER

Flugblatt des DGB von 1948

dern hat mittlerweile eine eigene Wohnung beziehen können. So richten wir uns in den frei gewordenen Räumen bei meinen Eltern ein. Viel hineinzustellen haben wir nicht. Zwei Betten, bestehend aus eisernen Rahmen mit Drahtgeflecht und alten Matratzen, drei unterschiedlich große Schränke, ein Tisch, zwei Stühle, eine selbstgefertigte Sitzbank und ein Bücherbord, ebenfalls selbst gebastelt, das ist das ganze Mobiliar. Ein Rundfunkgerät bringt Irmgard mit in die Ehe, ein Luxusgegenstand in dieser Zeit. Andere Leute haben ihre Radiogeräte auf dem schwarzen Markt eingetauscht.

Die Inflationszeit ist am 20. Juni 1948 offiziell beendet. Die neue Währung trägt den Namen »Deutsche Mark«. Die Geldscheine sind in den USA hergestellt und insgeheim waggonweise über Bremerhaven nach Frankfurt zur »Bank Deutscher Länder« transportiert worden. Am Vorabend der Währungsreform kündigen Amerikaner, Engländer und Franzosen den Geldumtausch über Presse und Rundfunk an: »Das alte Geld ist vom 21. Juni an ungültig. Jeder Einwohner der drei Westzonen erhält als Kopfquote 60,-- Mark der alten Währung in neues Geld umgetauscht. 40,-- DM am 20. Juni, die restlichen 20,-- DM in einem Monat. Die Auszahlung des Kopfbetrages erfolgt durch die Stellen für die Verteilung von Lebensmittelkarten.«[37] Am Morgen des 21. Juni erleben die Menschen in Westdeutschland, wie sie in den vorangegangenen Jahren von gewissenlosen Schiebern und Geschäftsleuten hintergangen worden sind. Über Nacht ist ein riesiger Strom gehorteter Waren in die Geschäfte geflossen. Angefangen von Speck und Wurst bis zum Bohnenkaffee, von Haushaltsgegenständen bis zu ledernen Schuhen und Anzügen aus Kammgarn ist alles wieder vorhanden.

Vor den Schaufenstern stauen sich die Schaulustigen. Es ist die zweite Währungsreform in Deutschland innerhalb von 25 Jahren und zweimal derselbe Schwindel. Ähnlich wie bei der Währungsreform 1923 werden die Besitzer von Sachwerten und Aktien gegenüber Arbeitern und Angestellten bevorteilt. Ihre Altguthaben und Altgeldforderungen werden im Verhältnis von 10 zu 1 umgetauscht, die Arbeiter und Angestellten dagegen um alle ihre Ersparnisse gebracht. Einer der Begünstigten ist Horten, Besitzer zweier kleiner Kaufhäuser und eines Trümmergrundstücks. In 20 Jahren wird er es zu einem Vermögen von rund einer Milliarde Mark gebracht haben.

Die Besitzlosen haben ihr Kopfgeld schnell ausgegeben. Löhne und Gehälter sind eingefroren, das Markensystem bleibt weiterhin in Kraft, die Grundnahrungsmittel sind nach wie vor rationiert. 300 g Fleisch stehen einer Person monatlich zu. Unter dem Ladentisch jedoch verkaufen die Schlachter täglich 500 g zu einem Preis von 4,-- bis 5,-- DM, und in den Restaurants werden Fleischgerichte ohne Marken gegen hohe Preise angeboten. Der monatliche Durchschnittsverdienst der Arbeiter liegt bei 320,-- DM brutto. Die Mieten betragen zwischen 40,-- und 60,-- DM.

Hat eine Arbeiterfamilie 1937 für Nahrungsmittel im Monat 86,44 DM ausgegeben, so müßte sie jetzt, will sie sich auf dem gleichen Kalorienniveau ernähren, 359,45 DM ausgeben. Da durch die Währungsreform in vielen Unternehmen die finanziellen Rücklagen wertlos geworden sind, wächst die Zahl der Arbeitslosen — in der britischen Zone von 216.647 im Mai, auf 308.644 im Juli 1948.

In »Weg und Ziel«, dem Hamburger KPD-Funktionärsorgan, kommentiere ich: »Die Unternehmer nehmen die Entlassungen mit der fadenscheinigen Begründung vor, es fehle ihnen an Bargeld und Krediten, und die Auftraggeber hätten ihre Aufträge zurückgezogen, um neue Preise festzusetzen.« In Wahrheit aber seien »Kreditschwierigkeiten und Auftragszurückziehungen Manöver der in- und ausländischen Kapitalisten, um die Lasten der kapitalistischen Restaurierung auf die Schultern der arbeitenden Massen abzuwälzen.« Viele Betriebe horten die Bareinnahmen aus dem Verkauf der vor der Währungsreform gehüteten Waren. Ich zitiere aus der »Zeit«, was die Unternehmer mit den eingesparten Lohnkosten machen: »Gefragt sind alle Arten von Fahrzeugen, vom Volkswagen angefangen bis zum Büssing-Lastzug, der ja immerhin ein Objekt von 30.000 DM darstellt. Unternehmer bieten Barzahlung an.« Gegen diese Unternehmerpolitik »müssen unsere Genossen in den Betrieben und Gewerkschaften als Vorkämpfer für folgende Forderungen eintreten:

1. Verankerung des Mitbestimmungsrechtes der Betriebsräte und Gewerkschaften (bei der Produktionsplanung, Einstellungen und Entlassungen) in der Hamburger Verfassung.

2. Sofortige Aufstellung eines Arbeitsbeschaffungsprogramms durch den Senat bei Bezahlung von Tariflöhnen und Bereitstellung der Mittel durch eine sofortige Vermögensabgabe im Zuge des Lastenausgleichs.

3. Sofortige Zurückführung aller Preise auf den Stand von 1938.«

Abschließend warne ich die Betriebsräte vor der Zustimmung zu Entlassungen. »Wer die Entlassungen ausspricht, trägt die Verantwortung für das Los der Betroffenen.« Diese Verantwortung möchten die Unternehmer gerne auf die Betriebsräte abschieben, ist es doch »der Wunsch vieler Unternehmer: Der Entlassene soll sagen: »mein Betriebsrat hat mich rausgeworfen!« Nie war die Verantwortung der Arbeiterparteien, Gewerkschaften und Betriebsräte so groß wie im Augenblick.«

Die Währungsreform hat die bis dahin verschleierten Klassengegensätze wieder in voller Deutlichkeit hervortreten lassen. Damit sind die Fragen des Lohnes, der Preise und des Arbeitsplatzes wieder in den Mittelpunkt der gewerkschaftlichen Aufgaben gerückt. Der wachsende Unwille der arbeitenden Bevölkerung über Massenentlassungen und Preiswucher zwingt die Gewerkschaftsführung, nachdem sie sich lange gesperrt hat, für den 12. November einen 24stündigen Demonstrations- und Generalstreik anzusetzen. An diesem Streik beteiligen sich von den 11,7 Millionen Beschäftigten der Bizone 9 250.000 Arbeiterinnen und Arbeiter. Das sind dreimal soviele Werktätige wie in den folgenden 20 Jahren an allen Streiks in der Bundesrepublik beteiligt sein werden.

Als Irmgard und ich vier Wochen nach dem Generalstreik unsere Hochzeit begehen, reicht das Geld für den Hochzeitsschmaus dann auch nur für ein bescheidenes Menü, Kartoffeln und Kohlrouladen gefüllt mit Pferdehack. Den Bohnenkaffee, ein Hochzeitsgeschenk von Gottlieb Weide, muß Irmgard erst in der Bratpfanne rösten, bevor er serviert werden kann. Die Ironie der Geschichte will es, daß bei der Trauung auf dem Standesamt rein zufällig noch einmal die »sozialistische Einheit« symbolisiert wird. Der eine Trauzeuge ist Mitglied des sozialdemokratischen, der andere Mitglied des kommunistischen Landesvorstandes. Der sozialdemokratische Genosse überreicht uns einen Strauß roter Nelken, der kommunistische Genosse ein Buch mit einer Widmung von Gustav Gundelach, die »Geschichte der KPdSU (B). Kurzer Lehrgang«. Meine Schwiegermutter legt enttäuscht das Buch aus der Hand: »Ich dachte, es sei ein Kochbuch«; aber wozu braucht man in dieser Zeit schon ein Kochbuch?

Keine rosa Zeiten für eine frischgebackene Ehe! Für Irmgard häufen sich erst einmal Widerwärtigkeiten über Widerwärtigkeiten. Da ist der Ofen, der nicht richtig heizt — die Wärme zieht durch den Schornstein, statt in den Raum. Toilette und Waschgelegenheiten werden von meinen Eltern mitbenutzt, wobei es nicht ausbleibt, daß man sich gegenseitig in die Quere kommt und es Ärger gibt.

Bei den Geschäftsleuten ist Irmgard unbekannt und wird weniger entgegenkommend bedient als die Stammkunden. Die Nachbarsleute verhalten sich ihr gegenüber zurückhaltend bis feindselig. Sie lasten ihr meine politische Einstellung an. »Wie kann man nur einen Kommunisten heiraten!« Zudem ist sie nicht in der Siedlung aufgewachsen, sondern eine Zugezogene, eine Fremde. Auch verargen ihr die Leute ihre Geschicklichkeit, aus alten Kleidungsstücken neue zu schneidern. »Was die für ein Kostüm trägt! Die bildet sich wohl ein, was besseres zu sein.«

Borniert verhalten sich auch die lieben Parteigenossinnen. Die verübeln ihr, daß sie nicht in die Partei eintreten will. Sie führen sich dabei auf wie eine Kirchengemeinde, in der die Pastorenfrau fremd geht. Irmgard hat noch nie einer Organisation angehört. Sie ist allergisch gegen Vereine. Obgleich sie im Nazireich einen

Helmuth Warnke und seine zweite Frau Irmgard (1948)

sozialen Beruf ausübte, hat sie weder der NSDAP, noch einer ihrer Nebenorganisationen angehört. Auf die diversen Aufforderungen, Mitglied in einer NS-Organisation zu werden, hat sie nicht reagiert. »Ich habe mich einfach nicht darum gekümmert«, sagt sie, wenn sie manchmal danach gefragt wird, »schließlich konnte
mich ja niemand zur Mitgliedschaft zwingen.« Meine Eltern nehmen ebenfalls
Anstoß daran, daß Irmgard sich nicht in die Partei der Arbeiterklasse einreiht.
»Das sind kleinbürgerliche Allüren«, behauptet mein Vater und macht ihr Elternhaus dafür verantwortlich. Weil Irmgards Vater bis zur Ausbombung selbständiger Schuhmacher war, ist er in den Augen meines Vaters ein Kleinbürger. Wie
simpel sich doch die Klassenverhältnisse in manchen Köpfen »klassenbewußter«
Arbeiter darstellen! Die Schuhmacherwerkstatt meines Schwiegervaters war alles
andere als eine Goldgrube. Um ein ähnliches Einkommen wie mein Vater, der als
Handwerker bei den Hamburger Gaswerken arbeitete, zu erwirtschaften, mußte
meine Schwiegermutter tüchtig mit Hand anlegen: Untermieter versorgen, Schulden für Schuhreparaturen eintreiben und in Heimarbeit Näharbeiten übernehmen. Einer der Untermieter war Kommunist, weshalb die Gestapo mehrmals die
Wohnung durchsuchte. Der Sohn wurde drei Monate eingesperrt, weil er zur
Reichstagswahl 1933 kommunistische Flugblätter verteilt hatte.

»Müssen wir eigentlich heiraten?« hat Irmgard gefragt, »ich kann mir vorstellen, daß ich mein Kind auch alleine aufziehen kann«. Alleine hat sie gesagt. Das
Kind kommt im Januar 1949 zur Welt. Eine leichte Geburt. »War das alles?« sagt
sie nachher zur Hebamme, und sie strahlt. Unsere Tochter präsentiert sich als ein
rundherum fertiges Menschenkind. Auf dem Kopfe hat sie schon einen richtigen
Haarschopf, darunter blicken zwei wache Augen in die Welt. Ich darf sie in den
Arm nehmen. Vorsichtig halte ich sie wie früher als Fünfjähriger Großmutters
»kostbare« Vase, ein Geschenk ihrer Herrschaft, »Junge, dat Du de nich fall'n
lost, son wunnervoll Stück!« Die Geburt war unkompliziert und leicht, aber die
Nachwirkungen sind schlimm. Kindbettfieber und Brustentzündung. Eine Brust
muß geschnitten werden, ein langer Krankenhausaufenthalt folgt. Und ich bin im-

mer auf Achse, selten zur Stelle, wenn ich gebraucht werde. Irmgard, die mein politisches Engagement billigt, beschwert sich mit keinem Wort. Sie unterstützt meine Arbeit auf ihre Art. Aus dem Krankenhaus entlassen, lange noch schwach auf den Beinen, nimmt sie, wie immer, mit bewundernswerter Energie den »Kampf« mit den Verhältnissen wieder auf.

Ihren »Mann stehen« hat sie früh lernen müssen. Bereits mit vierzehn Jahren arbeitet sie als schlecht behandeltes und mies bezahltes Dienstmädchen. Mit 18 Jahren beginnt sie eine Ausbildung als Säuglingslehrschwester im Krankenhaus, gehalten in einem Internat mit Regeln wie für Klosterschülerinnen. Zu Beginn des 2. Weltkrieges ist sie keine 19 — sechs Jahre Krieg und die Jugendzeit ist dahin. Das Haus in dem sie mit ihren Eltern lebt, wird 1943 bei einem Luftangriff auf Hamburg bis auf den Grund zerstört. Unter Lebensgefahr und bis zur Erschöpfung hilft sie, Leben zu retten. Sie wird mit ihren Eltern nach Mecklenburg evakuiert und arbeitet in der Landwirtschaft, bis sie wieder eine Anstellung in ihrem Beruf findet. Kurz vor Kriegsende erlebt sie, wie eine Bombe das Behelfskrankenhaus in Kottbus zerstört. Es ist mit schwangeren Frauen überfüllt, die vor der heranrückenden Front flüchten. Von der Bombe getroffen, stürzt eine Wand wenige Meter hinter Irmgard zusammen. Eine Feuerlohe schießt zum Himmel. Noch nach Jahrzehnten wird sie der Schrecken einholen, wenn Luftschutzsirenen (probeweise) aufheulen, Düsenjäger die Schallmauer durchdonnern. 1945 nach Hamburg zurückgekehrt, sorgt sie dafür, daß die Eltern zu einer Parzelle und einem Behelfsheim, einer Schreberlaube in Groß-Borstel kommen, birgt Steine aus den Trümmern, die geklaut werden, bringt Vater und Mutter je in einem anderen Krankenhaus unter, weil sie an Hungerödem erkrankt sind und meldet sich zur weiblichen Polizei, um wieder einen Beruf zu haben.

Irmgard Warnke (*) gehörte zu den ersten Polizistinnen in Hamburg (Oktober 1945)

Es sind die Stärke ihres Gemüts und das Gespür für Realität, die unsere Ehe zu einer Partnerschaft für die vielen Jahre unseres Lebens werden lassen, die noch vor uns liegen. Was habe ich schon dagegen zu setzen? Ich, ein Bigamist, der zur gleichen Zeit mit einer toten Ideologie und einem lebenden Wesen aus Fleisch und Blut verheiratet sein will! Unbestreitbar, Berufspolitik und Privatleben vertragen sich schlecht miteinander. Ich bin die meiste Zeit von zu Hause weg und lasse Irmgard mit den anfallenden Problemen allein. Zeit füreinander haben wir eigentlich immer nur am späten Nachmittag. In diesen Stunden nehme ich mein Mittagessen ein und entspanne mich für die Abendveranstaltungen, die um 20 Uhr beginnen.

Glücklich schätzen wir uns, wenn am Sonntag einmal keine Parteiveranstaltung stattfindet. Manchmal ist nur der Vormittag besetzt, und der Nachmittag frei. Selten gehört uns einmal ein ganzer Sonntag. Dann machen wir Wanderungen in der noch unbebauten näheren Umgebung oder am Elbufer Blankenese-Wedel. Der 1. Mai ist unser persönlicher Feiertag. Vormittags beteiligen wir uns an der Maidemonstration, abends gehen wir zur Stadtteil-Maifeier, auf der ich vor dem gemütlichen Beisammensein eine kurze Ansprache halten muß. Dann spreche ich über den Ursprung des 1. Mai, über die Kämpfe, die es um die Durchsetzung des Weltfeiertages der Arbeiter gegeben hat, spreche von unseren Träumen:

> *» Wenn die Zukunft uns gehört,*
> *dann wollen wir leben,*
> *einzeln und frei*
> *wie ein Baum*
> *und brüderlich*
> *wie ein Wald. «*

Wenn die Zukunft uns gehört. Gemeint ist die sozialistische Zukunft. Wann die aber einmal sein wird, steht in den Sternen. Zukunft? Denken die Menschen im Augenblick überhaupt soweit im voraus? Trotz allmählicher Besserung der Ernährungslage durch die erfolgte Währungsreform ist das Denken und Handeln der Menschen von der Bewältigung der gegenwärtigen Notlage voll in Anspruch genommen.

Gedanken über Deutschlands Zukunft machen sich die Besatzungsmächte. Die Amerikaner kündigen 1947 eine finanzielle Hilfe in Höhe von mehreren Milliarden Dollar für Europa an unter der Bedingung, daß sich die europäischen Staaten zu einer Wirtschaftsgemeinschaft zusammenschließen. Dieser Zusammenschluß erfolgt im April 1948 und umfaßt 18 Mitgliedstaaten. Im Juli 1948 wird die sogenannte Bizone, das von den Westmächten besetzte Deutschland miteinbezogen. Die Sowjetunion, die zur Teilnahme aufgefordert ist, lehnt ab und veranlaßt, daß auch die volksdemokratischen Länder der Wirtschaftsgemeinschaft fern bleiben. Der Wirtschaftsplan erhält den Namen » Marshall-Plan« nach dem Namen des amerikanischen Staatssekretärs George Marshall, der den Plan ausgearbeitet hat. Ursprünglich scheint die Sowjetunion nicht abgeneigt, den Wirtschaftsplan zu unterstützen, so nimmt der sowjetische Außenminister Molotow an den vorbereitenden Beratungen in Paris teil. Im SED-Organ « Neues Deutschland« heißt es dazu: »... auch für Deutschland (sind) die Beratungen von größter Bedeutung; (kann) doch ohne den Wiederaufbau der deutschen Wirtschaft nicht an eine wirtschaftliche Gesundung Europas gedacht werden«. Und die sowjetische Prawda schreibt, daß der Marshall-Plan »zweifellos durch den gegenwärtigen Stand der Wirtschaft in den USA bedingt« sei, wo die Gefahr einer Wirtschaftskrise mit jedem Tag anwachse; um nicht den Export einschränken zu müssen, sei die herrschende Klasse der USA gezwungen, den europäischen Ländern Kredite zu gewähren. Dies allein sei (jedoch) kein Grund, die Kredite abzulehnen; erst wenn die Verfasser dieses Plans »auf die Ratschläge gewisser übereifriger Reaktionäre der USA hören und für die europäischen Länder Bedingungen festgelegt haben«, die unannehmbar seien, weil sie eine »Einmischung in die inneren Angelegenheiten der europäischen Staaten und eine Verletzung ihrer Souveränität bedeuten«.

Den Entschluß, sich nicht an der Wirtschaftsgemeinschaft zu beteiligen, begründet die Sowjetunion damit, daß die »Länder Europas ... keine einheitliche Entwicklung haben. In Westeuropa haben großkapitalistische Kreise den Dollar zur Grundlage ihrer Wirtschaft und damit das Land vom amerikanischen Monopolkapitalismus abhängig gemacht, während andere Länder, wie Jugoslawien, Bulgarien, Rumänien, Ungarn, Polen und andere den Weg der wirtschaftlichen und politischen Unabhängigkeit mit weitgehender Entmachtung des Monopol- und Trustkapitals gegangen sind.«[38] Das eigentliche Ziel des Marshall-Plans sei die Eingliederung der westdeutschen Industrie in einen »Westeuropa-Trust«; die Folgen wären, daß die westdeutschen Werktätigen sich statt in einer wahren Demokratie in einem »Musterlande« in der Rolle von Kolonialsklaven wiederfinden würden.

Die Entscheidung der Sowjetunion ruft in der Mitgliedschaft der KPD eine geteilte Meinung hervor, war doch im Marshall-Plan auch die Belieferung der Sowjetunion und der volksdemokratischen Länder mit Getreide vorgesehen. Die »Hamburger Volkszeitung« sieht sich deshalb veranlaßt, den Standpunkt der Parteiführung darzulegen. Mit dem Marshall-Plan werde die »Enteignung der Konzernherren oder gar die Sozialisierung genauso wie das übrige Deutschland abgeschrieben. Durch die vom Marshall-Plan bedingte Restaurierung des Monopolkapitalismus in den Westzonen werde die werktätige Bevölkerung bei niedrigstem Lebensstandard als Kuli die schlimmste Ausbeutung erdulden müssen; da die westdeutsche Wirtschaft ganz auf die Profitinteressen ausländischer Monopolmächte ausgerichtet werde. Bei einer kommenden Krise werden dann die Werke und Betriebe des deutschen Kolonialgebietes als erste stillgelegt und die Arbeiter auf die Straße geworfen.« Daß solche Befürchtungen nicht grundlos sind und auch von anderen geteilt werden, geht aus einer Stellungnahme der Hamburger Jungsozialisten hervor. Darin wird die Befürchtung zum Ausdruck gebracht, daß die »Marshall-Plan-Hilfe längerfristig an Bedingungen im Sinne des amerikanischen Kapitalismus geknüpft sei und sich daraus Bedingungen ergeben können, die eine unabhängige Entwicklung Westdeutschlands unmöglich machen. Sollte man die Unabhängigkeit um die man »gegen den Kommunismus« so leidenschaftlich gekämpft« hatte, an den Kapitalismus verlieren? Auf dem Hamburger Landesparteitag der SPD sagt der Sprecher dieser Gruppe, der Delegierte Helmut Schmidt: »Mit dem Marshall-Plan marschiert gleichzeitig die Macht des alten

Klassenfeindes gegen den Sozialismus. Soweit der amerikanische Arm reicht, werden die europäischen sozialistischen Parteien auf der Hut sein müssen ... Es wäre töricht, sich aus Angst vor dem östlichen Raubtier freiwillig dem westlichen Raubtier in den Rachen zu werfen.«[39]

Für die KPD ergibt sich aus der Einschätzung des Marshall-Plans die Aufgabe, flexible Strategien zur Abwehr zu entwickeln. Aber dazu fällt uns in der Ferdinandstraße nichts anderes ein, als eine noch stärkere Anlehnung an die SED und Sowjetunion.

Kartoffelkäfer

Den Kartoffelkäfer kennt mein Enkel nicht. Er hat noch nie einen zu Gesicht bekommen, und in der Schule hat er auch nichts über ihn erfahren. Wahrscheinlich ist er inzwischen ausgestorben. In meiner Jugendzeit war er noch der Schrecken der Landwirtschaft. Er ist ein kleiner häßlicher Käfer, eiförmig, neun bis elf Millimeter lang mit gelblich weißen Flügeldecken und schwarzen Längsstreifen. Seine Larven richten durch Zerfressen der Kartoffelblätter ungeheuren Schaden auf Kartoffelfeldern an. Er legt seine Puppen in die Erde und vermehrt sich ungeheuer schnell. Ursprünglich in Amerika zu Hause, wo er Kolorado-Käfer heißt, ist er 1860 langsam, aber stetig von den westlichen Staaten Nordamerikas östlich bis an den atlantischen Ozean vorgedrungen. Mit Beginn des ersten Weltkrieges wurde auch Deutschland von ihm heimgesucht. Von dieser Landplage sind 1948 Schleswig-Holstein und Niedersachsen betroffen. Tag für Tag ist die Landbevölkerung auf den Äckern und sammelt das Ungeziefer von den Kartoffeln. Das ist im Moment die einzige Möglichkeit, um die Kartoffelernte zu retten. In einigen Landkreisen haben die Schulen geschlossen, und die Schüler helfen, Kartoffelkäfer einzusammeln.

Wir sind auf dem Wege nach Rostock. Eine Delegation Hamburger Werftarbeiter will der Neptun-Werft einen Besuch abstatten. Bis Herrnburg an der Zonengrenze geht unsere Reise durch Schleswig-Holstein, und so werden wir Zeugen der Kartoffelkäferbekämpfung. Zwischen Herrnburg und Schönberg in Mecklenburg ist »Niemandsland« — die Felder liegen brach. Es werden weder Getreide noch Kartoffeln angebaut. Doch von da an, vorbei an Grevesmühlen, Wismar, Kleinbukow bis Rostock sind die meisten Felder bestellt. Mit großer Beruhigung nehmen wir das frische Grün der Kartoffeläcker wahr. Hier scheint es keine Kartoffelkäfer zu geben.

Von Hamburg bis Rostock sind es 168 km; aber bei dem schlechten Zustand der Straßen brauchen wir den ganzen Tag, um die Strecke zu bewältigen. Der Krieg hat auch hier seine Spuren hinterlassen: Gesprengte Brücken, notdürftig durch Holzbrücken ersetzt, Bomben- oder Granattrichter, um die die Straße sich herumwindet, Schuttberge, über die die Straße hinwegführt. Rostock's Hafen ist arg mitgenommen, die schönen alten Kirchen und das Rathaus, dessen ältester

Teil im 14. Jahrhundert erbaut wurde, sind zerstört. Die Stadt ist überbevölkert. Die Einwohnerzahl ist von 67.000 vor dem Krieg auf 80.000 während des Krieges angestiegen. Unser Interesse gilt vor allen Dingen der Rostocker Neptun-Werft, mit der es eine besondere Bewandtnis hat. Sie wurde nämlich von einer einstmaligen Privatwerft in eine sowjetische Aktiengesellschaft (SAG) umgewandelt. Eine Aktiengesellschaft ist für einen Sozialisten etwas Anrüchiges.

In »Weg und Ziel«[40] definiere ich den Begriff Aktiengesellschaft so: »Eine kapitalistische Aktiengesellschaft kommt zustande, indem eine Gruppe von Privatkapitalisten Gelder zur Gründung eines Unternehmens zusammenlegt oder Anteile eines schon bestehenden Unternehmens erwirbt, um ihre Gelder nutzbringend anzulegen. Dabei ist unter »nutzbringend anlegen« nicht ein gemeinnütziger Zweck zu verstehen, sondern der Nutzen eines jeden einzelnen kapitalistischen Geldgebers ... Den kapitalistischen AG's geht es um den Gewinn, um Profit, nicht um die Produktion ... Die kapitalistischen AG's sind die Wurzeln des Monopolkapitalismus«. Über die sowjetischen Aktiengesellschaften hat Walter Ulbricht auf dem 2. Parteitag der SED gesagt: »Das sind Betriebe, die der Demontage unterlagen, aber auf Ersuchen der deutschen demokratischen Kräfte nicht demontiert wurden. Die früheren Besitzer dieser Betriebe wurden enteignet. Ihre Werke sind Eigentum der sozialistischen Sowjetunion. Trotzdem liefern sie einen Teil ihrer Produktion, wie z.B. Benzin, Kautschuk u.a., für den deutschen Bedarf ... Wir hoffen, daß später ... die SAG's volkseigene Betriebe werden. Daraus ergibt sich, daß wir uns zu den sowjetischen Aktiengesellschaften ebenso verhalten wie zu den volkseigenen Betrieben.«

In meinem Artikel in »Weg und Ziel« schreibe ich zu diesem Thema: Es ist (den westlichen Konzernherren) überaus peinlich, festzustellen, wie das Beispiel der Sowjetunion nachdrücklichst auch auf die Bevölkerung der Westzonen wirkt. Deshalb entfachen sie und ihre unfreiwilligen Helfer eine wüste Verleumdungskampagne gegen die sowjetischen Aktiengesellschaften.«

Tatsächlich hat der NWDR gemeldet, daß 700 Arbeiter der Rostocker Neptun-Werft Sowjet-AG nach Rußland verschleppt worden seien, und der Sozialdemokrat Meitmann sagt am 25.2.1948 in der Bürgerschaft zur kommunistischen Fraktion gewandt: »Warum äußern Sie sich nicht und schweigen dazu, daß die sowjetische Besatzungsmacht die Einbeziehung der sowjetischen Aktiengesellschaften, in denen ein volles Drittel der Produktion der Ostzonenwirtschaft in neuen, und zwar ausländischen Monopolgesellschaften zusammengefaßt ist, ausdrücklich von der Sozialisierung durch die deutsche Bevölkerung auf Befehl der Militärregierung ausnimmt? Diese sogenannten Kombinate werden ... von russischen Direktoren und russischen Ingenieuren geleitet, und die Betriebsräte ... haben in der Führung dieser Werke keinerlei Mitbestimmungsrecht.« Diese »Hetze«, wie ich es in »Weg und Ziel« nenne, findet Gehör auch bei den Hamburger Werftarbeitern, unter denen der sozialdemokratische Einfluß dank des erfolgreichen Aufbaus sozialdemokratischer Betriebsgruppen durch Herbert Wehner stetig zunimmt. Die »Verwirrung« reicht bis in die Mitgliedschaft der KPD hinein. Um uns vom Gegenteil der Anti-Sowjethetze zu überzeugen, haben wir in Hamburg eine Delegation von Werftarbeitern zusammengestellt, die sich an Ort und Stelle vom

Gegenteil überzeugen soll. Die Partei hat mich zum Delegationsleiter bestimmt. Die Rostocker Werft hat ebenfalls durch Kriegseinwirkungen erheblichen Sachschaden erlitten. Man verheimlicht uns auch nicht, daß nach Kriegsende Teile der Werft demontiert wurden. Zur Zeit unseres Besuches befindet sich die Neptun-Werft in vollem Wiederaufbau. Insgesamt beschäftigt sie wieder 3.800 Arbeiter, Angestellte und Techniker. Wie hoch die Zahl der Beschäftigten früher war, können wir leider nicht in Erfahrung bringen. Die Werft führt Reparaturarbeiten durch. Es sollen aber demnächst Neubauten in Angriff genommen werden. Geplant ist der Aufbau einer Fischereiflotte. Die Werft soll als Musterbetrieb die gesamte Wirtschaft in der Sowjetunion anspornen. In meinen handschriftlichen Aufzeichnungen für spätere Berichterstattung in Hamburg habe ich notiert:»Die gewerkschaftliche Forderung nach gleichem Lohn für gleiche Arbeit ist auf der Neptun-Werft verwirklicht. Die Jugendlichen erhalten 15 bis 18 Tage Urlaub. Der Gesundheitszustand der Belegschaft wird durch Betriebsärzte und Sanitätspersonal überwacht. Es gibt eine politechnische Klinik und eine zahnärztliche Station. Außerdem sind dem Werk ein Kindergarten, eine Schneiderei, eine Schuhmacherwerkstatt und eine Bibliothek zugeordnet. Ihren Urlaub können die Arbeiter in betriebseigenen Erholungsheimen verbringen.«

Am Beispiel der Sowjet-AG Neptun-Werft erläutere ich in »Weg und Ziel« die Forderung Walter Ulbrichts auf dem 2. Parteitag der SED: »Die landeseigenen und die SAG-Betriebe müssen zu Musterbetrieben werden durch Erhöhung der Wirtschaftlichkeit, durch Sparsamkeit beim Materialverbrauch, durch Verbesserung der Organisation und Arbeitsmoral. Der Produktionsplan muß zur Sache der ganzen Belegschaft gemacht werden.« Meine Schlußfolgerung gipfelt in den fast pathetisch klingenden Sätzen:»Die SAG's erfüllen hierbei dreierlei Aufgaben:

a) Steigerung der Produktion zum Zwecke der Wiedergutmachung der durch den Krieg zerstörten Werte des Sowjetlandes.

b) wesentliche Belebung der Wirtschaft in der Sowjetzone.

c) Beispiele schaffen für die Entwicklung der schöpferischen Kräfte der Arbeiterklasse.

Wir können alle Einrichtungen der Werft besichtigen. Der russische Generaldirektor in Uniform und im Range eines Kapitäns der Kriegsmarine und der deutsche Direktor — vor einem Jahr war er noch Betriebsratsvorsitzender — führen uns und geben Auskunft; allerdings redet nur der sowjetische Offizier, der deutsche Direktor schweigt sich aus. Leider können wir auch mit keinem der Beschäftigten sprechen. Alle sind ganz ihrer Arbeit hingegeben und erwecken den Eindruck, als hätten sie an unserem Besuch kein besonderes Interesse. Wenn wir Fragen stellen, antwortet der Generaldirektor über zwei deutsche Dolmetscher, wobei einer immer den anderen korrigiert. Wenn ich eine Frage stelle, überschlagen sie sich förmlich, um dem anderen mit der Übersetzung zuvorzukommen.

Ich frage:»Wieso ist ein Offizier und nicht eine Zivilist Generaldirektor? Hat ein Kapitän Kenntnisse von Betriebsleitung?« Ja, der Generaldirektor sei in Friedenszeiten Leiter eines Unternehmens in Leningrad. Ich frage, ob die Produktion der Werft als Reparationszahlung in die Sowjetunion gehe. Ein Teil des Fischfangs wird an die Rote Armee abgegeben. Alles andere gehe an die Bevölkerung, und die Belegschaft bekomme Fische als Deputat. Die Werft lasse eigene Fischkutter fahren. Der Generaldirektor setzt hinzu: »Neben der Furcht vor Kriegen ist es die Furcht vor Arbeitslosigkeit, die die Menschen am stärksten beherrscht. Die SAG-Unternehmungen helfen, die Arbeitslosigkeit zu beseitigen.«

Ob und wann die Neptun-Werft an die deutschen Arbeiter zurückgegeben werde, frage ich. »Wann das geschehen wird«, erklärt der Generaldirektor, »hängt von den Beziehungen der SU zu einer deutschen Zentralregierung ab. Je schneller Deutschland zu einer freien und einheitlichen Regierung zusammenfindet, je eher wird es sein.«

Wir wollen noch etwas über die Rechte der Belegschaftsvertretung wissen. Die Antwort bekommen wir vom Betriebsratsvorsitzenden, einem ehemaligen Sozialdemokraten. Der Betriebsrat besteht aus 15 Mitgliedern, von denen fünf freigestellt sind. Außerdem sind noch ein Gewerkschaftsleiter und ein Jugendvertrauensmann freigestellt.

Der parteilose Werftarbeiter Wolfgang Oeverdick von der Deutschen Werft in Hamburg wird später auf Versammlungen sagen: »Stellen bei uns hier die Betriebsräte mehr eine Wohlfahrtsinstanz dar, so ist der Betriebsrat in der Ostzone für alle Produktionsplanungen, Arbeitserfüllungen und dazu für das soziale Wohlbefinden der Arbeiter verantwortlich.«

Zum Abschied beschenkt der sowjetische Offizier jeden von uns mit einem Kilo Heringe. Die Frauen, die uns die Fische abwiegen, sehen uns unfreundlich an und sprechen nicht mit uns.

Von Rostock zurück, führt unser Weg über Berlin. Wir folgen damit einer Einladung des FDGB. Während die Werftkollegen im Gästehaus des FDGB unter-

1. Mai in Berlin-DDR: auf der Ehrentribühne Helmuth (*) und Herbert (**) Warnke

kommen, wohne ich bei dem FDGB-Vorsitzenden Herbert Warnke. Bei ihm höre ich die Meldung, die der ostzonale Rundfunk mehrmals am Tage wiederholt: »Amerikanische Flugzeuge haben über Kartoffelfeldern in Sachsen und Thüringen Kartoffelkäfer abgeworfen. Brigadisten verschiedener Industriebetriebe und Angehörige der Freien Deutschen Jugend sind auf den Feldern im Einsatz, um die Kartoffelkäfer einzusammeln und somit den schändlichen Anschlag amerikanischer Monopolisten auf die Versorgung der Arbeiter und Bauern sowie der werktätigen Intelligenz zunichte zu machen.« Ich gucke Herbert an. Mir bleibt einfach die Spucke weg. Herbert flucht: »Denen ist aber auch jedes Mittel recht.« Ich frage: »Wie meinst Du das?« »Na, eben so, daß die Amis zu jeder Gemeinheit fähig sind, um dem sozialistischen Aufbau zu schaden.« Jetzt bin ich ganz perplex. »Du nimmst diese Meldung für ernst? Dann verrate mir mal, wer die Kartoffelkäfer bei uns im Westen abgeworfen hat?«

Als ich ein halbes Jahr später wieder in der Ostzone zu tun habe, erfahre ich, daß inzwischen der deutsche Direktor, der gesamte Betriebsrat der Neptun-Werft, ebenfalls der Oberbürgermeister und einige Stadträte von Rostock wegen Sabotage verhaftet worden sind. Über 200 Großbetriebe sind zwischen Elbe und Oder in sowjetische Aktiengesellschaften verwandelt worden. Mir fällt der Propagandatrick von den Kartoffelkäfern ein, und mir kommt der ketzerische Gedanke, ob in diesen Gesellschaften, — »Vereinigung zur Erstellung eines Betriebsvermögens« womöglich auch der Wurm drin sein sollte.

Klo-Papier

1926 hat die kommunistische »Hamburger Volkszeitung« meine erste Leserzuschrift (»Arbeiterkorrespondenz«) veröffentlicht. Seitdem habe ich viele »Arbeiterkorrespondenzen« geschrieben, unzählige Flugblätter verfaßt, einige hektographierte »Zeitungen« herausgegeben. In den dreißiger Jahren schuf ich die Wohnbezirkszeitung »Der rote Hacker« für den Bereich der Staatssiedlung Langenhorn und die »Erwerbslosenfahne« für den Erwerbslosen-Ausschuß in Langenhorn-Fuhlsbüttel. In der Theorie sollten alle Flugschriften von einem »Kollektiv« verfaßt werden, aber in der Praxis saß ich in der Regel allein damit. Bei der Erwerbslosenzeitung erhielt ich einige Male Unterstützung durch den Genossen Karl Burmester aus Fuhlsbüttel. Heute bin ich ziemlich sicher, daß ich mich ohne Bindung an die Partei nicht »schriftstellerisch« betätigt hätte. Nunmehr bringe ich die »Betriebszeitung« heraus. Auf Beschluß des Landessekretariats habe ich bei der Militärregierung eine Lizenz beantragt. Die Zeitung soll im Format DIN A 4 erscheinen, sechs Seiten umfassen und »Volkswille«, »Mitteilungsblatt für die Betriebsgruppen der Kommunistischen Partei« heißen.

Dem Sekretariatsbeschluß ist eine Besprechung vorangegangen, an der Harry Naujoks als Landesvorsitzender, Franz Blume von der Agitprop-Abteilung sowie Gottlieb Weide und ich von der Abteilung für Arbeit und Soziales teilgenommen haben. Gegenstand der Debatte war die mangelhafte politische Arbeit der Partei in den Betrieben. In den dreißiger Jahren war es üblich, daß in fast allen Großbetrieben, in denen kommunistische Betriebsgruppen existierten, hektographierte Betriebszeitungen, die die Genossen in den Betrieben selber herstellten, verteilt wurden. Die Partei versuchte nach 1945, diese Aktivität neu zu beleben, doch alle Bemühungen in dieser Richtung scheitern. Zum einen mangelt es an Papier, zum anderen an schreibfähigen Genossen. Der Papiermangel ließe sich beheben, woher aber sollen wir die schreibgewandten Genossen nehmen? Diejenigen, die diese Aufgabe früher erfüllt haben, sind kaum mehr vorhanden, oder haben während der zwölf Jahre Naziherrschaft das selbständige Schreiben verlernt. Wohl bemüht sich die Redaktion der »Hamburger Volkszeitung« um die Heranziehung von neuen »Arbeiterkorrespondenten«, erreicht aber nicht, daß Genossen in den Betrieben Eigeninitiative zur Herstellung von Betriebszeitungen entwickeln.

Nach Meinung von Harry Naujoks haben alle an der Besprechung beteiligten Abteilungen in den vergangenen Monaten zu wenig getan, um die Betriebsgruppen zu aktivieren. Wie häufig bei solchen Gelegenheiten geraten Harry Naujoks und Gottlieb Weide aneinander. Harry wirft Gottlieb lasches Verhalten gegenüber solchen Genossen vor, die sich vor der politischen Arbeit in den Betrieben »drücken«. Gottlieb führt objektive und subjektive Gründe für den gegenwärtigen Zustand der Betriebsgruppenarbeit an. Einerseits werde die Arbeit durch die Konkurrenzsituation der SPD, die Herbert Wehner mit Erfolg in vielen Betrieben aufgebaut habe und dieUnterstützung durch die Gewerkschaften finden, während gleichzeitig die Gewerkschaften gegen die Kommunisten hetzen, erschwert. Andererseits befänden sich die Genossen in dem Dilemma, ständig die Politik der SED in der Sowjetunion erklären zu müssen, was dazu geführt habe, daß die Genossen nicht offensiv, sondern defensiv unter den Arbeitern auftreten.

Daß ausgerechnet die beiden Genossen, denen ich mich menschlich am stärksten verbunden fühle, öfters miteinander in Konflikt geraten, ergibt sich aus ihren unterschiedlichen persönlichen Eigenarten. Harry ist der politische Typ des Agitators und Propagandisten und neigt zum Aktionismus (ich selbst sehe mich übrigens auch so), Gottlieb hingegen ist von bedächtiger Natur, der Typ des abwägenden Gewerkschaftsfunktionärs, ein Gegner voreiliger Entscheidungen. Mit Gottlieb kann man stundenlang diskutieren, ohne daß es ihm zuviel wird; Harry verliert schnell die Geduld und läßt sich ungern von seiner vorgefaßten Meinung abbringen. Ich denke aber auch, daß Harrys Haltung sich zum großen Teil aus seiner Position als Vorsitzender erklärt. Von ihm werden Entscheidungen verlangt, er muß die Arbeit der Abteilung koordinieren, die Partei nach außen hin repräsentieren und an Sitzungen bürgerschaftlicher Deputationen teilnehmen. Er ist einfach mit Arbeit überlastet, hat deshalb kaum Zeit für politische Überlegungen, noch hat er Muße, um mit anderen Genossen politische Probleme ausgiebig zu diskutieren.

Zu dieser Zeit erkenne ich noch nicht, daß die Meinungsverschiedenheiten zwischen den Genossen nicht nur subjektive Ursachen haben, wie unterschiedliche persönliche Eigenschaften, Arbeitsüberlastungen und Mangel an Zeit.

Die kommunistischen Funktionäre sind vor Aufgaben gestellt, die objektiv unerfüllbar sind. Als westdeutsche Partei muß die KPD eine Politik verfolgen, die einerseits die besonderen Umstände in Westdeutschland und die speziellen Anliegen dieser Arbeiterschaft berücksichtigt, andererseits aber die Grundsätze und Ziele der SED, als deren Teil sie sich begreift, vertreten. Eine Situation, die nur zwei Möglichkeiten zuläßt; entweder die Partei bleibt bei ihrem alten Kurs und verkümmert damit zur politischen Sekte, oder sie grenzt sich deutlich von der SED ab und findet den Weg zur Eigenständigkeit und gewinnt dadurch neue Anhänger aus dem linken Spektrum der Arbeiterklasse und der Intellektuellen. Diese eigenständige Partei müßte sich an dem Verständnis von einem demokratischen Sozialismus einer Rosa Luxemburg orientieren, wonach verschiedene Fraktionen in der Partei, verschiedene Parteien das grundlegende Fundament der sozialistischen Demokratie bilden.

Der »Volkswille« als Mitteilungsblatt für die Betriebsgruppen der Kommunistischen Partei erscheint zum ersten Mal am 1. Juni 1948. In seinem Geleitwort heißt es unter anderem: »Unser Blatt muß bestrebt sein, alles Wesentliche aus dem wirtschaftlichen, politischen und gewerkschaftlichen Geschehen zu übermitteln. Es wird seinen Zweck am besten erfüllen, wenn es von recht vielen Mitarbeitern aus den Betrieben unterstützt wird, um es im besten Sinne zu einem Informations- und Diskussionsblatt unserer Betriebsgruppen zu machen.«

Doch die Hoffnungen, das Blatt könne die Stelle einnehmen, die einstmal die von Kommunisten in den Betrieben verfaßten Betriebszeitungen innehatten, erfüllen sich nicht. Trotz aller Appelle, schreibt keine Betriebsgruppe Berichte für den »Volkswillen«. Es ist unsere Schuld, die Schuld der Redakteure. Das Blatt ist viel zu theoretisch gehalten. Wir deklamieren und dozieren, schreiben über die Politik der KPD in der Vergangenheit, über die Entwicklung in der sowjetischen

Zone und über den Aufbau in den volksdemokratischen Ländern. Kein Wunder, daß die Betriebsarbeiter sich nicht für das Blatt interessieren. Was ist das auch schon für eine Betriebszeitung, in der nicht über die Tagespolitik geschrieben wird, kein Wort darüber, was in den Betrieben vor sich geht, wo dem Arbeiter der Schuh drückt? Zu meiner Schande fällt mir das weder beim Schreiben noch beim späteren Nachlesen auf. Erst drei Jahre später, als ich das Blatt während der Verbüßung einer Haftstrafe in der Strafanstalt Hamburg-Glasmoor noch einmal zu Gesicht bekomme und in Ruhe »studieren« kann, fällt mir dieser Mangel auf.

Im Knast wird der »Volkswille« von der Anstaltsleitung als Klo-Papier ausgegeben. Bündelweise, gut verschnürt, so wie die Landesleitung der Partei die Zeitungen an die Stadtteilorganisationen geliefert hat, finde ich sie in der Materialausgabe des Gefängnisses wieder. Anscheinend sind sie gar nicht erst zur Verteilung gelangt, sondern gleich von den Stadtteilleitungen an die städtische Altpapierverwertungsstelle weitergeleitet worden. Karl Drescher, Stadtteilleiter von St. Pauli, der ebenfalls in Glasmoor eingebuchtet ist, sagt, als ich ihn auf meine Entdeckung aufmerksam mache: »Na ja, das Blatt ist auch stinklangweilig. Schade um das Geld, das Ihr für den Druck aus dem Fenster geworfen habt.«

»the german boys to the front«

Am 14. August 1949 finden in Westdeutschland die ersten Bundestagswahlen statt. Drei Tage danach lassen die Amerikaner durch ihren »Hohen Kommissar« bei Adenauer anfragen, ob er in der Lage sei, 150.000 zuverlässige Freiwillige einzuberufen. Die Antwort Adenauers lautet, er könne dies nur mit Zustimmung der SPD tun; er habe mit Kurt Schumacher bereits Unterredungen darüber geführt.[41] Insgeheim treibt Adenauer die Pläne der Remilitarisierung voran. Hinter dem Rücken seines eigenen Kabinetts führt er die Vorverhandlungen mit dem Hohen Kommissar über die Aufstellung von deutschen Divisionen, die in den am 4. April 1949 geschaffenen Nordatlantikpakt eingegliedert werden sollen. Aus Protest gegen Adenauers Machenschaften scheidet Innenminister Gustav Heinemann am 9. Oktober 1950 aus dem Kabinett aus. Die Regierungskrise macht die Gefahr einer Wiederbewaffnung vor aller Welt deutlich.

Erich Kästner trägt im »Münchener Kabarett« ein Chanson vor:

> *»Alle mal herhören!*
> *Auch die, die schwerhören!*
> *Ob nun Wehr, oder Lehr-*
> *Deutschland, ans Gewehr!*
> *Und nun woll'n wir wieder mal!«*

Der Refrain des Chansons wird zum Slogan des allgemeinen Widerstandes gegen die geplante Remilitarisierung:

> *»Ohne uns! Ohne uns!«*

Eine Welle der Verweigerung breitet sich über das Land aus:

»Ohne uns! Ohne uns!«

Im Dezember 1950 wird in Stuttgart eine Tagung von Gegnern der Remilitarisierung einberufen. Aus Hamburg nehmen daran teil: Der Vorsitzende der Deutschen Friedensgesellschaft, Helmut Härtling, Frau Hoppstock-Huth von der Internationalen Frauenliga für Frieden und Freiheit, Dr. Michaltchef von der Internationale der Kriegsdienstgegner, die Journalistin Claudia Kuhr für den Verein »Neutrales Deutschland« und ich für das »Hamburger Friedenskomitee«. Claudia Kuhr über die Tagung: »Es war sehr eindrucksvoll. Ich habe den Eindruck gewonnen, daß es tatsächlich die echte Sammlung war. Ich habe aus den Reden gehört, daß auch Kommunisten vertreten waren. Aber der ganze Tenor, der dort herrschte, war nicht kommunistisch ... Außerdem sagten wir uns: Deutschland ist das Vaterland aller Deutschen. Ganz gleich, ob jemand Christ oder Heide, Kommunist oder Sozialist ist, er hat das Recht, seine Meinung zu sagen. Das ist das Recht eines jeden Deutschen. Wir werden jeden akzeptieren, der wie wir die Wiederaufrüstung verhindern will.«

Auf der Tagung in Stuttgart wird ein »Hauptausschuß für Volksbefragung« gebildet. Gleichzeitig wird die Gründung von Volksbefragungs-Ausschüssen in allen Städten empfohlen. Eine »Geschäftsführende Leitung« soll an Stelle des bei Parteien und Vereinen üblichen Vorstands den »Hauptausschuß für Volksbefragung« nach innen und außen vertreten. Helmut von Mücke, Mitglied der »Geschäftsführenden Leitung« über die Zielsetzung: »Wir wollen durch die Volksbefragung das Volk zur Entscheidung über die Frage bewegen, ob man remilitarisieren soll oder nicht. Wir wollen, daß das Volk seine Stimme erhebt. Das ist das Hauptziel. Darüber hinaus gilt es, den Wunsch zum Ausdruck zu bringen, daß es bald zu einem Friedensabschluß kommt und zur Bildung einer souveränen gesamtdeutschen Regierung. Deshalb lautet unsere Frage: »Sind Sie gegen die Remilitarisierung Deutschlands und für den Abschluß eines Friedensvertrages im Jahre 1951?« In einem Manifest des Münchener Parteitages der KPD am 31.3.1951 sichert die Partei der Volksbefragung ihre volle Unterstützung zu: »... Wir wollen, daß Schluß gemacht wird mit jeglichen Remilitarisierungsplänen und -maßnahmen. Darum stehen wir voll und ganz ein für die Beschlüsse des Hauptausschusses für Volksbefragung. Wir setzen unsere Kraft ein für die Verwirklichung der Volksbefragung unter der Losung: Sind Sie gegen die Remilitarisierung und für den Abschluß eines Friedensvertrages mit Deutschland 1951?« Durch die Aktion »Volksbefragung« erfährt der Widerstand gegen die Wiederbewaffnung eine neue höhere Qualität. An die Stelle der Nur-Verweigerung, des bloßen »Ohne uns« tritt der organisierte aktive Widerstand.

Bei einer ersten Volksbefragung in Hamburg im Dezember 1950 sprechen sich 77 bis 80 Prozent der Befragten gegen die Remilitarisierung aus. Die Volksbefragung in Hamburg hat viele ehrenamtliche Helfer, die von Tür zu Tür gehen, sich mit Listen vor die Betriebe hinstellen und Unterschriften sammeln. Das Gros stellen die Kommunisten. Auffallend ist die große Resonanz der Bevölkerung. Selbst Menschen, die sich nicht in die Volksbefragungslisten eintragen, äußern ihren Unmut. Sätze wie »Erst entwaffnen uns die Amis bis zum letzten verrosteten Taschenmesser, und jetzt wollen sie wieder eine deutsche Armee, womöglich mit

Mai-Kundgebung in Hamburg 1950

Hitlers Generälen an der Spitze,« sind keine Seltenheit.

Die KPD stellt mich für die Arbeit im Hamburger »Ausschuß für Volksbefragung« frei. Der Parteiauftrag, mich vom Ausschuß zum Geschäftsführer oder Sekretär wählen zu lassen, stößt auf keinerlei Schwierigkeiten. Außer dem »Verein Neutrales Deutschland«, vertreten durch Claudia Kuhr, dem »Bund der Naturfreunde« und der »Sozialistischen Aktion«, einer Gruppe ausgeschlossener Sozialdemokraten, stehen alle im Ausschuß vertretenen Organisationen der KPD nahe: »Freie Deutsche Jugend«, »Nationalkomitee Deutsche Einheit«, »VVN«, »Demokratischer Kulturbund« und »Westdeutsche Frauenfriedensbewegung«. Die pazifistischen Organisationen wie »Internationale der Kriegsdienstgegner«, »Internationale Frauenliga« und die »Deutsche Friedensgesellschaft« haben einen Beitritt zum Ausschuß mit der Begründung, daß sie sich nur mit Gruppen zusammenschließen könnten, die grundsätzlich auf dem Boden der Gewaltlosigkeit ständen, abgelehnt. Sie sind nur zur punktuellen Zusammenarbeit bereit. Aber einige unabhängige Persönlichkeiten haben sich ohne Vorbehalte dem Ausschuß angeschlossen: Rechtsanwälte, Ärzte, Professoren und drei ehemalige Berufsoffiziere.

Natürlich gehöre ich als Sekretär des Ausschusses für Volksbefragung weiter der Landesleitung der KPD an, und beziehe auch mein Parteigehalt weiter. Niemand im Ausschuß interessiert sich dafür, bei welcher »Firma« ich meinen Lebensunterhalt verdiene; auch die Tatsache, daß ich immer über Gelder zur Finanzierung von Plakaten, Flugblättern und Veranstaltungen verfüge, ruft keine Nachfragen hervor. Längst sammle ich keine Unterschriften mehr, sondern befasse mich nur noch mit der Organisation. Ich erweitere den Ausschuß durch Hinzuziehung von Betriebsräten und Gewerkschaftsfunktionären. So kann ich beispielsweise den HBV-Sekretär Findeisen, den IG Chemie-Sekretär Sannig sowie den ÖTV-Sekretär Nicolaisen für die Mitarbeit gewinnen. Dadurch wird die Befragung von Betriebsarbeitern und Gewerkschaftsmitgliedern erleichtert. Ein Paradepferd unter den Betriebsratsvorsitzenden ist Hein Fink von der Deutschen Werft, Mitglied der Hamburger Bürgerschaft (KPD). Bei öffentlichen Veranstaltungen sitzt er als Repräsentant der Hamburger Arbeiterschaft neben Vertretern des Bürgertums auf dem Podium.

Höhepunkt der Volksbefragungskampagne ist eine Veranstaltung in der Hamburger Kunsthalle, zu der auch die pazifistischen Organisationen, die dem Ausschuß für Volksbefragung nicht angehören, aufgerufen haben. Es hat viel Mühe gekostet, die Veranstaltung zustande zu bringen. In stundenlangen Besprechungen mit Vertretern dieser Organisationen hatte ich die Befürchtung auszuräumen, die Veranstaltung werde von der »kommunistischen Zenrale in der Ferdinandstraße« gesteuert. Erst als ihnen die Versammlungsleitung zugestanden und die Zusicherung gegeben wird, daß kein bekannter Kommunist sprechen werde, erklären sie sich zur Teilnahme bereit. Die Sprecher(innen) sind Frau Hoppstock-Huth für die Frauenliga, Pastor Niemöller für die Friedensgesellschaft, Dr. Michaltchef für die Internationale der Kriegsdienstgegner, Frau Claudia Kuhr für den Ausschuß für Volksbefragung und Hein Fink für die Betriebsräte der Metallindustrie. Die überfüllte Veranstaltung findet anderen Tages ein positives Echo in der bürgerlichen Presse. Sogar die Resolution, die Hein Fink im Namen der Hamburger Werftarbeiter verlesen hat, findet gebührende Beachtung. Ein Satz aus der Resolution wird wörtlich zitiert: »Hamburger Werftarbeiter sind nicht bereit, jemals wieder Kriegsschiffe zu bauen.« Nur das sozialdemokratische »Hamburger Echo« nennt die Veranstaltung »ein kommunistisches Friedenstheater«. Man sollte annehmen, daß der ursprüngliche Anspruch beider Parteien, die Spaltung der Arbeiterklasse zu überwinden, zumindest in der Frage der Wiederbewaffnung noch ein Rest von Übereinstimmung und Gemeinsamkeit zwischen SPD und KPD ermöglicht. Ein Test darauf ist das von Max Reimann unterzeichnete Schreiben des KPD-Parteivorstandes an den Parteivorstand der SPD am 29. Januar 1951. Es heißt darin:

»Zweifelsohne würde die Herstellung eines einheitlichen demokratischen und somit friedliebenden Deutschlands die Remilitarisierung verhindern und die Gefahr eines neuen Krieges von uns nehmen. Deutsche aus Ost und West sollten sich an einen Tisch setzen, um darüber zu beraten, wie ein gesamtdeutscher konstituierender Rat gebildet werden kann, der die Aufgabe hat, die Bildung einer gesamtdeutschen Regierung für ganz Deutschland vorzubereiten. Damit wäre auch ein Gremium geschaffen, das bei den bevorstehenden Viermächteverhandlungen den Standpunkt des deutschen Volkes zur friedlichen Lösung der deutschen Frage vertreten kann. Dieser gesamtdeutsche konstituierende Rat könnte auch die Vorbereitung der Durchführung einer gesamtdeutschen Wahl für eine Nationalversammlung übernehmen ... Der Ernst der Lage erfordert, daß sich Sozialdemokraten und Kommunisten brüderlich aussprechen. In der großen Bewegung für die Verständigung unter den Deutschen können Sozialdemokraten und Kommunisten nicht aneinander vorübergehen. Aus dem tiefen Gefühl der Verantwortung für das Schicksal unseres Volkes schlagen wir Euch vor, daß Vertreter des Partei-vorstandes der SPD und Vertreter des Parteivorstandes der KPD zusammenkom-men, um über die Schicksalsfragen des deutschen Volkes zu beraten ...«

Der sozialdemokratische Parteivorstand reagiert nicht auf diesen Vorschlag, sondern wirft der SED und KPD Heuchelei vor:

»In Westdeutschland sind die Kommunisten gegen Remilitarisierung, aber in Ostdeutschland unterhält das kommunistische Regime eine kasernierte Volkspo-lizei, die militärisch ausgebildet und ausgerüstet und eng mit dem militärischen Apparat der Besatzungsmacht verknüpft ist.«

Soll man der SPD Heuchelei oder Blindheit vorwerfen, wenn sie so argumen-tiert? In der Bundesrepublik sind deutsche Einheiten in wenig durchsichtiger Form und verschiedenen Uniformen den Truppenverbänden der Besatzungs-mächte angegliedert. So dürfte es auch der SPD nicht entgangen sein, daß die bri-tische Besatzungsmacht ihren Truppen, deutsche »Dienstgruppen«, ausgesuchte ehemalige Wehrmachtsangehörige, insgesamt 80.000 Mann zugeordnet hat. Ge-rade der SPD, die sich doch so gerne als »traditionelle Partei des Friedens und An-timilitarismus darstellt, müßten Bedenken kommen angesichts dieser ersten prak-tischen Anzeichen einer deutschen Remilitarisierung. Außerdem nimmt sie es hin, daß durch ein Gesetz vom 16. März 1951 der Grenzschutz (20.000 kasernier-te »Polizeibeamte«) geschaffen wird. Der Bundesgrenzschutz ist eine Freiwilligentruppe. Als die ersten Freiwilligen in der Rahlstedter Kaserne einrük-ken, — eine Kaserne, die die Nazis gebaut haben — stehe ich mit mehreren Leuten vor dem Kasernentor und verteilte Flugblätter. Keine Polizei hindert uns bei der Verteilung. Das ist auch gar nicht erforderlich. Die Zeitfreiwilligen werfen uns die Flugblätter vor die Füße und beschimpfen uns. Nur einige Wenige lassen sich auf ein Gespräch ein. Dadurch erfahren wir etwas über die Motive der »Freiwilligen«. Sie sind zumeist Söhne von Ostvertriebenen oder Flüchtlingen aus Mitteldeutsch-land und sie hassen die »bösen Russen«. Sie sind von einem beinahe krankhaften Antikommunismus beseelt.

Noch vor Ausbruch des Korea-Krieges im Juni 1950 hat der West-Ostkonflikt in der Berlinkrise eine Phase erreicht, in der ein neuer Weltkrieg schon von Millio-nen Menschen in Europa befürchtet wird. Historisch wird die Berlinkrise unter dem Slogan »Berliner Blockade« einseitig der sowjetischen Besatzungsmacht an-gelastet. Was aber hat sich in Wirklichkeit begeben? Im Widerspruch zur sowjeti-schen Forderung, in ganz Deutschland eine einheitliche Währungsreform vorzu-nehmen, haben die westlichen Besatzungsmächte eigenmächtig und überra-schend in ihren Zonen am 20.6.48 eine Währungsreform durchgeführt, was fak-tisch eine weitere Vertiefung des Bruchs der Kontrollratsbestimmungen und des Potsdamer Abkommens bedeutete. Als Reaktion darauf ordnet die sowjetische Militärregierung für ihre Zone und für Berlin die Umstellung der Währung auf Ostmark an. Die Westmächte antworten darauf mit der Unterbindung des gesam-ten Güterverkehrs zwischen den Westzonen und Berlin, worauf die sowjetische Militärregierung mit dem Stop aller Warenlieferungen im Westteil Berlins, einschließlich Strom, Kohle und Arzneimittel reagiert. Die Abschnürung dauert 9 Monate. Erst am 12. Mai 1949 wird sie beendet. Während dieser »Blockade«

werden Lebensmittel und Versorgungsgüter von amerikanischen Transportmaschinen nach Westberlin eingeflogen. Laut Auffassung der SED, die wir westdeutschen Kommunisten teilen, ist Berlin die Hauptstadt der DDR, und soll einmal die Hauptstadt eines einheitlichen sozialistischen Deutschlands werden, und was die Amerikaner jetzt mit ihren »Rosinenbombern« betreiben, ist eine Verletzung der Hoheitsrechte der DDR und die Zerstörung der Einheit von Berlin. Ganz radikale Genossen stellen die Frage: »Warum schießen die Russen die Amibomber nicht einfach ab«, so wie auf der anderen Seite kalte Krieger die Forderung an die Amerikaner stellen, die Rote Armee bis hinter die Weichsel zurückzudrängen und das deutsche Reich wiederherzustellen in den Grenzen von 1937.

Aus Westberlin bekomme ich Briefe ehemaliger Mitgefangener aus dem Kriegsgefangenenlager Camp Chaffee, die mir erst zum Bewußtsein bringen, wie sich die Situation in Westberlin auf die Bevölkerung, und zum Nachteil der Kommunisten, auswirkt. In Westberlin ist eine Lagermentalität entstanden, die nur Belagerer und »Befreier« kennt. Eine Mentalität, auf der der Antikommunismus prächtig gedeiht. Als am 26. Mai 1952 der Ministerrat der DDR den Beschluß faßt, an der 1.381 km langen Zonengrenze eine 5 km tiefe Sperrzone und entlang der Grenze einen 10 m breiten Streifen einzudrahten, in dem auf jeden scharf geschossen wird, der ihn zu betreten wagt, dämmert es mir zum ersten Mal, daß Sowjetunion und DDR das ihrige zur Förderung des Antikommunismus beitragen. Währenddessen stehe ich bei der Parteileitung ständig unter Druck. »Die Bewegung gegen die Remilitarisierung muß breiter werden. Wissenschaftler, Schriftsteller und Maler, Persönlichkeiten des öffentlichen Lebens müssen zur Mitarbeit im Hamburger Ausschuß für Volksbefragung gewonnen werden« lautet der Beschluß des Sekretariats. Das ist leichter beschlossen als in die Tat umgesetzt. Zwei Maler gehören dem Ausschuß schon an: Willi Kolberg, von dem die Hamburger Kunsthalle gerade ein Bild angekauft hat, und Adolf Wriggers, der sich einen Namen mit einer Ausstellung von Landschaftsbildern aus den Elbgemeinden zwischen Nienstedten und Schulau gemacht hat. Nur, beide sind Mitglieder der kommunistischen Partei. Oskar Kokoschka, obwohl gegen die Remilitarisierung, winkt auf Anfrage ab. Er arbeitet gerade an dem Porträt von Max Brauer. Drei Schriftsteller treten dem Ausschuß bei: Peter Martin Lampe, der in der Weimarer Republik bekannt geworden ist durch die Aufdeckung von Mißständen in Erziehungsheimen. Seine Erkenntnisse veröffentlichte er in dem Buch »Revolte im Erziehungshaus«; O.E. Kiesel, der das Buch »Die unverzagte Stadt«, die Schrekkensgeschichte der sechs Bombennächte in Hamburg 1943 geschrieben hat und Lestiboudear, ein Arbeiterschriftsteller. Franz Heitgres, ehemaliger Senator und Vorsitzender des Komitees, politisch Verfolgter des Nazisystems, schafft einen Kontakt zu dem Verleger Ernst Rowohlt. Dank der Bemühungen von Franz kommt es an einem Aprilabend zu einem »unverbindlichen Gespräch« zwischen Ernst Rowohlt, Hein Fink und mir. Das Gespräch findet in der »Hamburger Fischerstube«, Ecke Esplanade/Stephansplatz statt. Die »Unverbindlichkeit« hat Rowohlt sich ausbedungen. Dementsprechend kommt eine Unterhaltung nur schleppend in Gang. Getreu einer Hamburger Redensart: »He sä nicks, un se sä nicks, un en Wöör holde dat annere«.

Rowohlt studiert die Weinkarte, Hein Fink die Speisekarte, und ich schaue mir in Ruhe den legendären Verleger an. »Der also hat Schriftsteller wie Joachim Ringelnatz, Johannes R. Becher, Leonhard Frank, Kurt Tucholsky verlegt, hat den Fallada entdeckt und unter seine Fittiche genommen. Säße er mir in der U-Bahn gegenüber, ich könnte es mir nicht vorstellen. Der könnte ein Landwirt sein, mit seiner massigen Figur, dem kantigen Kopf, dem geröteten Gesicht, gefärbt von Sonne und Wind oder vom Wein, — aber ein Intellektueller, der sich leidenschaftlich für die Literatur engagiert? Wären da nicht die hinter der Brille versteckten zupackenden Augen, der listige Zug um den Mund, das energische Kinn.« Endlich hat Rowohlt seine Wahl getroffen. »Ein vortrefflicher Wein«, sagte er, »Ihr seid natürlich meine Gäste.« Ich bin kein Weinkenner, aber ich glaube Rowohlt auf's Wort, wenn ich sehe, mit welchem Behagen er zu seinem Glas greift. Löst der Wein die Zunge, oder hat Rowohlt uns nur ein wenig zappeln lassen? Jedenfalls kommt jetzt das Gespräch in Gang. Es dreht sich um viele Dinge, nur nicht um die Volksbefragung. Jedesmal, wenn Hein Fink oder ich darauf zu sprechen kommen, fällt Rowohlt eine neue Anekdote ein, die er uns noch eben mal erzählen muß: »Kommt da doch ein Mann zu mir, dickes Paket unterm Arm, na, so dick wie zwei aufeinandergelegte Eisenbahnschwellen, reißt die Verpackung runter, Zeitungspapier, ganz gewöhnliches Zeitungspapier. Und was meint Ihr kommt da hervor? Beschriebenes Papier! Eine Menge! Da hätte man eine Vierzimmerwohnung mit tapezieren können! Aber das Dollste, wißt ihr, das Dollste kommt noch ...«.

Vergeblich versuche ich, ihn zu unterbrechen: »Also, Herr Rowohlt, was die Volksbefragung anbetrifft ...« Auch Hein Fink kann mit dem Thema, das uns so sehr am Herzen liegt, bei Rowohlt nicht landen. Doch als er vom Leben auf Werften und Schiffen erzählt, ist Rowohlt ganz Ohr. Es wird ein langer Abend. Hein kann mit Alkohol umgehen, ich nicht. Der Alkohol geht mit mir um, so daß Hein mich schließlich in ein Taxi verfrachten muß.

Als am darauf folgenden Tag der Genosse Bruno Meyer, der für die Abteilung Massenarbeit bei der Landesleitung verantwortlich ist, nach dem Ergebnis der »Unterhandlung« mit Rowohlt fragt, kann ich nur antworten: »Keine Ahnung, frag' Hein Fink«. Tatsächlich wollte Rowohlt mit unserem Ausschuß nichts zu tun haben, und hatte uns deshalb geschickt ausgetrickst. Sechs Jahre später aber, in der Zeit des kalten Krieges, reist er nach Moskau zum Jugend-Festival.

Außer der Landesleitung bin ich auch der »Geschäftsführenden Leitung« des Hauptausschusses verantwortlich. Ich diene jetzt sozusagen zwei »Herren«. Von beiden bekomme ich Anweisungen, die nicht immer unter einen Hut zu bringen sind. So erwartet zum Beispiel der Hauptausschuß von mir, größtmögliche Rücksichtnahme auf die Meinung der nichtkommunistischen Mitglieder, während andererseits die Partei strikt auf die Durchsetzung ihrer »Generallinie« im Volksbefragungsausschuß besteht. Gleichzeitig werden aber von mir Flexibilität und Eigeninitiative verlangt. Das verschafft mir eine Bewegungsfreiheit, wie ich sie zuvor in keiner anderen Parteiarbeit gekannt habe. Eigeninitiative entwickle ich denn auch. So verbinde ich meine Vorträge über die Remilitarisierung mit Illustrationen. In einem Ramschladen am Grindel kann ich einen Bildwerfer, ein sogenanntes Episkop, billig erwerben. Der Händler ist froh, daß er den Apparat los wird:

»Der nimmt nur Platz weg«. Tatsächlich ist der Kasten ein vorsintflutliches Monstrum: Umfang 1,25x0,60 m, bei einer Höhe von 0,75 m. Außerdem fehlen wichtige Zubehörteile. Doch die Genossen von der HEW sorgen dafür, daß der Apparat wieder funktionsfähig wird. Da es zu dieser Zeit noch keine Projektionsapparate und auch keine Dias gibt, locken wir mit dem Bildwerfer viele Neugierige an. Später werde ich einmal sagen können, diese Illustration der Vorträge war damals eine Sensation. In der ersten Zeit zeige ich nur einzelne Bilder, die die Furchtbarkeit des Krieges zur Schau stellen. Dann stelle ich eine Chronologie zusammen und entwickle etwas ähnliches wie einen Filmstreifen. Unter dem Titel »Unverzagtes Hamburg« zeige ich Bilder von Katastrophen, die Hamburg im Verlauf seiner Geschichte heimgesucht haben, von den Ursachen, die zu den Katastrophen führten und von den Lehren, die die Hamburger daraus gezogen haben.

Ein Beispiel: Der große Brand von 1842 in Hamburg. Die Ursache dafür, daß er sich so verheerend ausbreiten konnte, waren die engen Gassen, die leicht brennbare Bausubstanz und ein miserables Feuerlöschwesen. Nach dem Brand hat man daraus Lehren gezogen, andere Straßenzüge gebaut und das Löschwesen von Grund auf modernisiert. Ein anderes Beispiel: Die große Cholera von 1892, die nahezu das gesamte Wirtschaftsleben in Hamburg lahmlegte, von den vielen Toten gar nicht zu reden. Die Ursache lag in den schlechten hygienischen Zuständen — Hamburg hatte bis dahin noch keine Kläranlage — und dem Fehlen von Präventivmaßnahmen.

Auch aus dieser Erfahrung sind die notwendigen Konsequenzen gezogen worden. So wurde eine optimale Sandinfiltrationsanlage geschaffen, um zu verhindern, daß die Kloake aus der Elbe in die zentrale Wasserleitung gelangt. Die sanitären Anlagen in den städtischen Krankenhäusern wurden verbessert und die Sanierung des Gängeviertels, Brutstätte vieler Krankheiten, wurde in Angriff genommen. Anhand dieser Beispiele leiten wir ab, daß auch Kriege vermeidbar sind, beseitigt man die Ursachen.

Die Agitation mit der Lichtbildserie »Unverzagtes Hamburg« bringt mich auf eine weitere Idee. Könnten wir nicht unter diesem Motto eine Ausstellung zusammenstellen? In Langenhorn stoße ich auf einen Fotografen, der noch (oder schon wieder) im Besitz des Handwerkzeugs ist, das zur Reproduktion alter Bilder und Vergrößerungen notwendig ist. Dank seiner Hilfe verfügen wir bald über eine Vielzahl von Bildern, die einen Einblick geben in die verschiedenen Katastrophen, von denen Hamburg heimgesucht wurde: Der große Hamburger Brand, die Choleraepidemie und der Bombenhagel auf Hamburg im 2. Weltkrieg. Die Fotos müssen auf Kartons aufgezogen werden. Aber woher Kartons nehmen, wenn Papier immer noch Mangelware ist? Wir helfen uns aus der Verlegenheit, indem wir alte Schnellhefter, Buchdeckel und gebrauchtes Packpapier verwerten. Irmgard und ich rutschen abends auf dem Küchenfußboden umher, schneiden, kleben, pressen und schreiben mit Tuschfarbe Texte. Eine mühselige Arbeit! Die Klebe, angeblich aus Kastanienmehl hergestellt, spottet jeder Beschreibung. Sie will und will nicht kleben, bis ich im Keller noch einen Rest eingedickten Lack entdecke und ihn der Klebe zusetze. In den unteren Räumen einer Ruine in der Schröderstiftstraße stellen wir aus. In den ersten Wochen läßt sich die Besucherzahl noch an

EINE WOCHE

UNVERZAGTES HAMB[...]

Eröffnungsfeier
der Ausstellung
U N V E R Z A G T E S H A M B U R G
27.Oktober 1951 17.00 Uhr
im Hörsaal des Hamburgischen Museums für Völkerkunde und Vorgeschichte,
Hamburg 13, Rothenbaumchaussee

den Fingern zweier Hände abzählen. Sie nimmt aber in dem Maße zu, wie sich die Sehenswürdigkeit der Ausstellung herumspricht. Bald erweisen sich die Räumlichkeiten als zu klein für den täglichen Zustrom von Schaulustigen. Entgegenkommenderweise stellt das Museum für Völkerkunde an der Rothenbaumchaussee uns einen Ausstellungsraum zur Verfügung. Die Ausstellung erregt mehr Aufsehen, als jede andere Agitationsform der Volksbefragungs-Kampagne zuvor. Als das Museum die Räume für eigene Zwecke benötigt, ziehen wir um in einen Pavillon in »Planten und Blomen«, und auch hier müsen wir wegen des anhaltenden Besuchs die Dauer der Ausstellung mehrmals verlängern. Über den Eindruck, den die Ausstellung bei den Besuchern hinterläßt, legt das ausgelegte Gästebuch ein beredtes Zeugnis ab. Aus ihm geht hervor, daß sowohl Lehrer mit ihren Schülern aus den Gymnasien und Realschulen, als auch aus den Gewerbeschulen die Ausstellung besucht haben. Schüler der Fachschule für den Verwaltungsdienst beim Hamburger Senat haben in das Gästebuch geschrieben: »Dem Verein »Unverzagtes Hamburg« sei Dank für diesen vorzüglichen Geschichtsunterricht. Wer will, kann daraus lernen, wie man Leben schützt und erhält. Wir wünschen den Veranstaltern, daß ihre Ausstellung von vielen Hamburgern besucht wird, damit auch sie teilhaben an der Erkenntnis, daß zur Sicherung des Friedens die Ächtung der Waffen die notwendige Voraussetzung ist.«

Wir haben die Ausstellung unter das Motto gestellt: »Keine Remilitarisierung! Nie wieder Krieg!« Auch haben wir Unterschriftenlisten ausgelegt, in die sich viele Besucher eingetragen haben. Faktisch ist es eine erste Antikriegsausstellung nach dem Nationalsozialismus und dem 2. Weltkrieg.

Leider weiß die Parteileitung die Ausstellung nicht zu würdigen. Sie nimmt das positive Ergebnis der monatelangen Arbeit einfach nicht wahr. Weil diese Agitation nicht in dem üblichen vorgeschriebenen Schema läuft, tut sie sie als eine »Abweichung von der Hauptaufgabe des politischen Massenkampfes gegen die Remilitarisierung« ab. Folglich wird die Ausstellung beendet und das kostbar zusammengestellte Material vernichtet. »Wat de en midd Kopp un Hänn obbugt, stoot de anner midd'n Mors wedder üm«, pflegt der Hamburger in solchen Fällen zu sagen.

Meine Frau hat in unserem Stadtteil einen »Volksbefragungsausschuß« auf die Beine gestellt. Unterhaltungen über die Remilitarisierung mit Leuten beim Einkauf haben sie dazu ermutigt. Die Sache läuft gut an. Dem Ausschuß gehören zwei Lehrer, ein Zahnarzt, ein Elektromeister, ein kaufmännischer Angestellter, eine Diakonissin, 2 Krankenschwestern sowie einige Hausfrauen an. Der Ausschuß veranstaltet öffentliche Informationsabende und sammelt Unterschriften. Bei Ärzten und Geschäftsleuten hängen Plakate aus, Irmgard hat an dieser Arbeit große Freude. Auch wenn sie und ich dabei in Kauf nehmen müssen, daß wir einander noch seltener zu sehen bekommen. Bin ich einmal im Hause, muß sie unterwegs sein, und umgekehrt, hat Irmgard einen freien Abend, bin ich auf Achse.

Doch eines Tages ist der Ausschuß kaputt. Ein Ausschußmitglied nach dem anderen bleibt den Sitzungen fern. Unbegreiflich! Es hat weder Meinungsverschiedenheiten noch Auseinandersetzungen gegeben. Irmgard hat keine Erklärung dafür. Kaputt gemacht haben ihn die lieben Genossen von der Langenhorner SPD, indem sie ihn als kommunistische »Tarnorganisation« verleumdeten. Jedes Ausschußmitglied haben sie unter massiven Druck gesetzt. Kein Mittel war ihnen gemein genug! Sie haben die Lehrer bei ihrer Behörde angeschwärzt, sie würden sich für die KPD betätigen. Die Lehrer sind vorgeladen und gerügt worden. Dem Elektromeister haben SPD-Funktionäre den Boykott angedroht, na, und von den Frauen sind einige Mitglieder der SPD. So werden Irmgard und ihre gute Arbeit ein Opfer des Antikommunismus. Irmgard hat das nach und nach aus Leuten herausbekommen. Sie haben Schuldgefühle ihr gegenüber. Jeder und jede für sich erzählt, wie er oder sie zum Austritt gezwungen wurden. Wohl ist ihnen dabei nicht! Sie hätten gerne weitergemacht, aber mit der Zivilcourage ist es schlecht bestellt.

Die Volksbefragung in Hamburg scheint ein voller Erfolg zu werden. Mehrere Tausend Frauen und Männer haben sich schon in unsere Listen eingetragen. Aber ich mache mir nichts vor, auch wenn ich nach außen hin Optimismus verbreite. Nicht alle Hamburger sind gegen Wiederbewaffnung und Aufrüstung. Im Hafen ist es zu Teilstreiks gegen Entladungen amerikanischer Waffen gekommen. Auf den Werften haben Arbeitsniederlegungen aus Solidarität mit den Hafenarbeitern stattgefunden, woraufhin kommunistische Betriebsratsmitglieder im Hafen und auf der Deutschen Werft entlassen werden. Zwei Wochen später, als wieder Waffen zur Entladung kommen, sind die Hafenarbeiter zu keiner weiteren Streikaktion zu bewegen. Mit anderen Genossen verteile ich zur Frühschicht Flugblätter, die die Hafenarbeiter zum Streik auffordern. Die Arbeiter stecken die Flugblätter unbesehen in die Taschen. Sie können sich schon denken, was darauf steht, aber sie wollen es nicht zur Kenntnis nehmen. »Ihr Kommunisten habt gut reden, aber wer gibt mir Arbeit, wenn ich hier rausfliege?«, sagt einer zu mir.

Bei einem Versuch, die Entladung von englischer Munition im Hamburger Hafen zu verhindern, setzt der sozialdemokratische Senat Polizei ein. »Eine kleine, von der SED beeinflußte Gruppe von Arbeitern im Hamburger Hafen, hat, wie die Staatliche Pressestelle mitteilt, zu einem Streik für Mittwoch aufgerufen. Als am Dienstag zwei britische Munitionsdampfer anlegten, wurde von einigen Kommunisten unter den Arbeitern Unruhe gestiftet. Nachdem das erste Schiff ohne Zwischenfälle entladen war, stellte sich ein Arbeiter vor die Schauerleute und fordert sie auf, keine Munitionskiste anzufassen. Die zur Sicherheit an die Schiffe beorderten Polizeikräfte ... konnten alle Radauelemente entfernen und das Verteilen von Flugblättern verhindern.« (Um ein Haar wäre ich bei dieser Gelegenheit verhaftet worden. H.W.) »... Die Gewerkschaften haben das Vorhaben bestimmter Gruppen, zu einem ... Streik aufzurufen, verurteilt und dieses Vorhaben als wilden Streik bezeichnet. Die Polizei ist vom Hamburger Senat angewiesen worden, alle Maßnahmen zum Schutz der Arbeitswilligen zu treffen ... Auf einer Pressekonferenz in Bremen forderte der (sozialdemokratische) Senatspräsident Kaisen eine sorgfältige Überwachung der kommunistischen Agitation, vor allem in den deutschen Häfen.«[42]

Zur gleichen Zeit gehen Tausende von jungen arbeitslosen Deutschen in die Fremdenlegion. Das »Hamburger Abendblatt« berichtet von allwöchentlichen Transporten neugeworbener Deutscher nach Frankreich. In Landau, Rheinland-Pfalz, befindet sich ein Werbebüro der Französischen Fremdenlegion. Dies hat die SPD-Landesfraktion von Rheinland-Pfalz festgestellt. Die deutsche Jugend wird für das spätkoloniale Abenteuer in Algerien und Indochina verheizt. In Indochina sind bisher 28.000 junge Deutsche als Fremdenlegionäre gefallen.

Die Fraktion der kommunistischen Partei stellt einen Antrag in der Bürgerschaft. Der Antrag, der von dem Abgeordneten Kurt Erlebach eingebracht wird, ersucht den Hamburger Senat, »bei der zuständigen Behörde eine Registratur einzurichten über alle Hamburger, die sich in der Französischen Fremdenlegion befinden, im Dienste der Legion getötet oder verwundet wurden und erreichbare, glaubhafte Beschreibungen insbesondere von aus Hamburg stammenden Legionären zu sammeln.« Der Antrag stößt bei den anderen Parteien auf keine Gegenliebe. Sie haben sich bereits im Kalten Krieg so eindeutig auf die Seite des antikommunistischen Blocks geschlagen, daß ihnen der Antrag, weil er von den Kommunisten kommt, nicht einmal eine Stellungnahme wert ist. Ohne Debatte wird er abgelehnt. Erschreckend, wie sehr die SPD schon im antikommunistischen Fahrwasser schwimmt. Es geht dabei ja nicht nur um das Leben dieser jungen Deutschen, sondern auch darum, daß sie in Verbrechen, die in diesem schmutzigen Kolonialkrieg an Algeriern und Indonesiern begangen werden, mit hineingezogen werden.

Am 26. Februar 1954 haben Adenauer und die hinter ihm stehende Rüstungsindustrie ihr Ziel erreicht. Das Grundgesetz wird zu Gunsten der Wiedereinführung der Wehrpflicht geändert. Mit Ausnahme der Kommunisten stimmen alle Parteien im Bundestag der Remilitarisierung zu. Sämtliche 135 ersternannten Generäle und Admiräle der neuen Wehrmacht sind ehemalige hohe Nazioffiziere, die an den Überfällen auf Deutschlands Nachbarvölker führend beteiligt waren.

Friedensdemonstration in Hamburg

Der Titoismus gespenstert in Hamburg

Stalin hat die Liste der Abweichler von der reinen Lehre des Marxismus-Leninismus um eine Vokabel aufgestockt. Zu den bisher geläufigen Wortbildungen: Trotzkismus, Brandlerismus, Versöhnlertum und Sozialdemokratismus ist eine neue hinzu gekommen: Titoismus.

Jugoslawien befreite sich im 2. Weltkrieg ohne Unterstützung durch die Rote Armee aus eigener Kraft von der faschistischen Okkupation. Nach der Befreiung entwickelte sich Jugoslawien unter Führung des ehemaligen Partisanenkommandanten Tito zu einem eigenständigen volksdemokratischen Staat. »Die Volksdemokratie«, definierte ich 1948 in einem Artikel, »ist die Zusammenwirkung der fortschrittlichen demokratischen Kräfte, die sich im freien Entschluß zu der Blockbildung zusammenfanden zur Niederhaltung der Reaktion. (Diese Kräfte arbeiten gemeinsam) am Aufbau einer wirtschaftlichen und politischen Ordnung, in der die Monopolkapitalisten und Großagrarier keine Existenz mehr haben und wo das Volk sein Schicksal selbst bestimmt.«

Für Stalin gehen Titos Selbständigkeits- und Unabhängigkeitsbestrebungen dieses volksdemokratischen Landes offenbar zu weit. Just zu der Zeit, da ich meinen Artikel verfasse, bricht die Sowjetunion die diplomatischen Beziehungen zu Jugoslawien ab. Stalin erklärt, »Tito hat eine verbrecherische Verschwörung im Lager des Friedens und des Sozialismus« angezettelt. »Die KP Jugoslawiens ist in der Gewalt von faschistischen Mördern und Spionen.« Wie sich später herausstellte, liegen der »Verschwörung« Wirtschaftsprobleme zugrunde.

In allen volksdemokratischen Ländern sind nach dem Krieg gemischtwirtschaftliche Gesellschaften, die sogenannten Sowjetaktien-Gesellschaften, gegründet worden. Auch in Jugoslawien gibt es solche Gesellschaften, in denen die Sowjetunion und Jugoslawien gleich große Anteile hatten. Eines Tages entdecken die jugoslawischen Kommunisten, daß sie in diesen Gesellschaften von den Sowjets übervorteilt werden. Deren Preissystem und die damit verbundenen wirtschaftlichen Grundsatzentscheidungen begünstigen eindeutig die Sowjetunion. Eine Berechnung der durchschnittlichen Arbeitszeit für die Herstellung eines bestimmten Produktes in den jeweiligen Ländern und in der Sowjetunion hatte ergeben, daß ein Transfer von Mehrwert in die Sowjetunion wandert. Der laute Protest Titos gegen diese nicht gerade sozialistisch anmutende Praxis beschwört die Gefahr von Unruhen in den volksdemokratischen Ländern Ungarn, Polen und Rumänien herauf, in denen nicht nur gemischtwirtschaftliche Aktiengesellschaften dominieren, sondern deren Industrie auch durch sowjetische Demontagen geschwächt worden ist.

Die SED übernimmt die Stalin'sche Version von der »verbrecherischen titoistischen Verschwörung« ungeachtet dessen, daß sie in Ostdeutschland ähnliche Erfahrungen mit der Sowjetunion gemacht hat. Die KPD schließt sich dieser Position ebenfalls an. In der »Hamburger Volkszeitung« stellt der Werftarbeiter Hans Höcker in einer Leserzuschrift die Frage: Besteht die Gefahr des Titoismus in unserer Partei? »Hans ist eine Seele von Kamele«, kommentiert Gottlieb Weide. Er

und der Genosse Hans Höcker sind alte Freunde. Hans ist in den zwanziger Jahren hauptamtlicher Bevollmächtigter der Metallarbeitergewerkschaft gewesen. In der KPD hat er zur Brandlerfraktion gehört. Ich frage ihn, ob ihn der Hafer sticht. »Liebäugelst du vielleicht mit dem Titoismus?« Hans feixt: »Ich wollte das gar nicht schreiben, hat Heinz Prieß bei mir bestellt. Wäre von selbst nie darauf gekommen.« Hat der liebe Hans nun aus Gutmütigkeit einmal wieder nicht nein sagen können oder hat er befürchtet, er komme bei einer Ablehnung in Verdacht, als ehemaliger »Rechter« mit dem »Titoismus« zu sympathisieren? »Heinz Prieß, Redakteur bei der »Hamburger Volkszeitung«, antwortet auf die bestellte Leserzuschrift mit einem langen Artikel unter der Überschrift: »Die größte Gefahr ist die, die man nicht sieht.« Ausgehend von einer angeblichen rechten Gefahr, die von »einigen Genossen in der Partei nicht wahrgenommen würde«, schreibt er: »Genauso schädlich ist die Auffassung, daß es die Gefahr des Titoismus in einem anderen Land zwar gebe, aber im eigenen Land, im eigenen Arbeitsbereich nicht. Das heißt doch, den Wald vor lauter Bäumen nicht sehen.« Aus der Resolution des Parteivorstandes fügt er hinzu: »... Nur Teile der Partei haben die Gefahr des Titoismus erkannt .... Angesichts dieser Unterschätzung des Kampfes um die ideologische Einheit und Geschlossenheit der Partei ist die These von der ›Übertreibung der Gefahr des Titoismus‹ besonders gefährlich... Sie hindert die Partei, den Kampf um die marxistisch-leninistische Festigung zu führen.« Was darunter zu verstehen ist, erläutert der 2. Vorsitzende der Hamburger KPD Harry Naujoks auf dem Landesparteitag im April 1949: »Die Kommunistische Partei der Sowjetunion« ist im Kampf gegen die Opportunisten zu einer marxistisch-leninistischen Partei geworden. Dieser Kampf beschränkte sich nicht nur auf Rußland, sondern er wurde in der ganzen Internationalen geführt... Im Leninismus gibt es bekanntlich sechs Grundthesen zur Rolle der Partei:
1. Die marxistisch-leninistische Partei ist die organisierte Vorhut der Arbeiterklasse.
2. Die marxistisch-leninistische Partei ist die bewußte Vorhut der Arbeiterklasse.
3. Die marxistisch-leninistische Partei ist die höchste Form der Klassenorganisation des Proletariats.
4. Die marxistisch-leninistische Partei beruht auf dem Grundsatz des demokratischen Zentralismus.
5. Die marxistisch-leninistische Partei wird durch den Kampf gegen den Opportunismus gestärkt.
6. Die marxistisch-leninistische Partei ist vom Geiste des Internationalismus durchdrungen.«

Als ich zwei Jahre später Schüler auf der Parteischule in Heiden-Oldenburg bin, muß ich mir diese kommunistischen Bibelsprüche bis zum Erbrechen anhören. Ich bezweifle ob sie wirklich im Kampf um tagespolitische Forderungen als geistiges Rüstzeug dienen können oder irgend etwas zur praktischen Umgestaltung ökonomischer, sozialer und politischer Tatbestände beitragen.

»Die Sowjetunion«, so Harry Naujoks in seiner Rede, »ist die entscheidende Kraft des Friedens. Wenn wir davon überzeugt sind, daß die Friedenskräfte stärker sind als die Kräfte des Krieges, dann basiert dies auf dem Bewußtsein der ungeheuren Kraft der sozialistischen Sowjetunion. Deshalb müssen wir immer wieder feststellen und die volle Unterstützung unserer Genossen finden, daß antisowjetische Elemente in unserer Partei nichts zu suchen haben... Wer Antisowjetismus betreibt, ist ein Feind des Friedens.«[43]

Die Bundestagswahlen stehen vor der Tür. Mitten im Wahlkampf beratschlagt der Hamburger Landesvorstand »über die Notwendigkeit einer größeren Wachsamkeit und die Beseitigung jeder Duldsamkeit und Sorglosigkeit gegenüber den Versuchen, durch organisierte Agententätigkeit Unklarheit und Verwirrung in die Reihen der Partei zu tragen.« An die Mitglieder ergeht der Appell zum schärferen Vorgehen gegen alle »Abweichler«, die im Gefolge des Titoismus und damit des amerikanischen Imperialismus aufkreuzen. Von Magda Langhans lasse ich mich aufklären, was Tito mit dem amerikanischen Imperialismus zu tun hat. »Ja, hast Du denn nicht die Erklärung des ZK der SED gelesen? Der Titoismus ist eine Agentur des amerikanischen Monopolkapitalismus und wird von ihm finanziert. Er erhält vom CIA seine Aufträge.« Magda muß es wissen, gehört sie doch als Mitglied des Sekretariats und Leiterin der Parteikontrollkommission zur Hamburger Parteispitze. Die »Hamburger Volkszeitung« warnt: »Gegenüber den vom Klassenfeind in die Partei gesandten trotzkistischen Agenten oder sonstigen feindlichen Nachrichten- und Zersetzungsagenturen muß höchste Wachsamkeit entwickelt werden. Jede Toleranz gegenüber diesen Agenten bedeutet Hilfe für den Klassenfeind.«[44]

Ich muß mich fragen, ob es mir an der genügenden Wachsamkeit mangelt, da ich in Geesthacht an einer Besprechung teilnehme, in der auch Brandleristen anwesend sind. Max Illmeier hat mich zu diesem Treffen eingeladen. Max war 1921 einer meiner Klassenkameraden, war Mitglied der Sozialistischen Arbeiterjugend, ist 1930 zur KPD übergetreten, hat den Kaufmannsberuf erlernt und in der Zeit der großen Arbeitslosigkeit jede Drecksarbeit annehmen müssen. Jetzt ist er »Neulehrer«, hat die »Kurzausbildung für Lehrer« abgeschlossen.

Dieser Lehrgang wurde nach 1945 eingerichtet, um den durch Kriegsausfall und Entlassungen von NSDAP-Mitgliedern bedingten Lehrermangel zu beheben.

August Ziel, der »rote Bürgermeister von Geesthacht«

Max ist mit dem Geesthachter Genossen August Ziehl befreundet, der in den zwanziger Jahren ›der rote Bürgermeister von Geesthacht‹ genannt wurde. August Ziehl ist so etwas wie ein eigenwilliger Jakobiner. 1896 tritt er der Sozialdemokratischen Partei bei, wird führender Funktionär der Ortsgruppe. 1917 hat er die Ortsgruppe mit 90 Prozent der Mitglieder in die USPD geführt und wird wegen Kriegsdienstverweigerung im Sommer 1918 vom Kriegsgericht zu Festungshaft verurteilt. 1921 geht er mit fast der gesamten USPD-Ortsgruppe zur Kommunistischen Partei. Nach der März-Aktion der KPD (Aufstand in Mitteldeutschland) wurde er wegen Unterstützung zu zwei Jahren Zuchthaus verurteilt. Danach ist er Mitglied der Bezirksleitung der KPD Wasserkante, Mitglied der Hamburger Bürgerschaft und 1931 stellvertretender Bürgermeister von Geesthacht. Als Gegner der linkssektiererischen Politik der KPD, trennte er sich von der Partei und schloß sich der KPDO »Brandlergruppe« an. Von den 320 Parteimitgliedern folgten 200 diesem Schritt. Unter dem Nationalsozialismus verbringt Ziehl fast ein Jahr, 1933/34, im KZ Fuhlsbüttel und 1944/45 nochmals 13 Monate im KZ Neuengamme. 1945 ist er Mitbegründer der neuen KPD in Geesthacht.

Gegenwärtig hat die Partei anscheinend wieder mit ihm (oder er mit ihr) Schwierigkeiten, und Max Illmeier bittet mich, an einer Zusammenkunft von Genossen aus Geesthacht, in der die »Unstimmigkeiten« bereinigt werden sollen, teilzunehmen. Vorsichtshalber frage ich Harry Naujoks, ob ich hingehen oder mich lieber heraushalten soll. Harry sagt: »Der August ist ein über die Partei hinaus bekannter Genosse, sehr befähigt, hat großen Einfluß auf die Sozialdemokraten. Der darf uns nicht verlorengehen. Leider haben wir da nichts zu bestellen. Geesthacht gehört zum Bezirk Schleswig-Holstein. Aber gehe ruhig hin, brauchst Dich ja nicht einzumischen. Spielst den Beobachter.«

Es wird ein beunruhigender, eindrucksvoller Abend. Schom beim ersten Überschauen der Teilnehmer denke ich: »Heiliger Bimbam, wenn das man gut geht!« Außer Geesthachter Genossen sind nämlich auch Alwin Stobwasser, der Bezirksleiter von Schleswig-Holstein, ein Holzhammer-Politiker, und die Gebrüder Bergmann, führende Köpfe der Gruppe »Arbeiterpolitik« (Brandleristen) anwesend.

Es geht nicht gut. Die Geesthachter werfen der Partei vor, eine sektiererische Politik wie vor 1933 zu betreiben. Sie habe den von Anton Ackermann 1946 propagierten demokratischen Weg zum Sozialismus aufgegeben und sich bedingungslos der Politik der Sowjetunion unterworfen. August Ziehl verlangt: »Die KPD muß einen eigenen westdeutschen, von der Sowjetunion, von der SED und den übrigen kommunistischen Parteien unabhängigen Weg gehen.« Mit keinem Wort geht Alwin Stobwasser auf die Argumente ein. Stattdessen ergeht er sich in wüsten Beschimpfungen gegen die Gebrüder Bergmann, die er für den titoistischen Sumpf verantwortlich macht, »in dem die Geesthachter Genossen bis zum Halse stecken«. Weil die englisch-amerikanischen Monopolisten Angst vor der Krise hätten, »schickten sie ihre Schergen wie Brandler nach Deutschland, um die Partei mit Hilfe dunkler Finanzquellen zu zersetzen.« Als die Angegriffenen diese »schmutzigen Verleumdungen« zurückweisen, verliert Stobwasser jegliche Selbstbeherrschung und geht mit den Fäusten auf einen der Brüder los. Mit vereinten Kräften verhinderten Ziehl, Illmeier und ich, daß es zu einer Prügelei kommt. Zum Glück findet der Abend in der Wohnung eines Genossen statt, so daß kein Außenstehender Zeuge dieser peinlichen Szene wird. Ziehl und Freunde werden 1949 von der KPD ausgeschlossen. Der Geesthachter gründet 1951 die Unabhängige Arbeiterpartei UAP mit (423 Stimmem am Ort), geht später in

SAP und DFU.

Seltsamerweise hat Harry Naujoks mich nie nach diesem Abend befragt. Auch Alwin Stobwasser hat nie etwas über ihn verlauten lassen. Die Bundestagswahlen bringen für die Partei ein enttäuschendes Ergebnis. Hatte die KPD bei den Reichstagswahlen in der Weimarer Republik am 6.11.1932 16,9%, in Hamburg 21,9 Prozent der Stimmen erhalten, so bringt sie es bei den ersten Wahlen zum Bundestag 1949 nur noch auf 5,7, in Hamburg auf 8,5 Prozent. Bei den darauf folgenden Wahlen zur Hamburger Bürgerschaft verliert sie in Hamburg noch einmal 1,1 Prozent. Keine Beschönigung täuscht darüber hinweg, keine Ausreden schaffen die Tatsache aus der Welt, daß die Massen sich von uns abwenden. Und das in einer Situation, in der 10,4 Prozent der westdeutschen Arbeiter ohne Arbeit sind. Das sind 2 Millionen, davon 85.000 allein Hamburg. Die Gewinne der Unternehmer steigen über Vorkriegshöhe, der Anteil von Lohn und Gehalt am Produktionswert liegt jedoch um 16 Prozent unter dem Stand von 1936. Die durchschnittliche Wochenarbeitszeit, die 1936 auf 45,5 Stunden verkürzt worden war, beträgt 49,2 Stunden. Die Besatzungskosten der Engländer und Amerikaner schlucken 43,7 Prozent des Steueraufkommens. Von 250.000 zerstörten Wohnungen in Hamburg sind erst 15.000 wieder aufgebaut. 270.000 Hamburgern ist noch immer die Rückkehr verwehrt.

Auf seiner Tagung am 14. bis 16. September 1949 nimmt der Parteivorstand eine Analyse der Ursachen der »unbefriedigenden« Wahlergebnisse vor. Das geschieht nach der Methode »wasche den Bären, aber mach ihm das Fell nicht naß«. Nicht die falsche Politik des Parteivorstandes hat zur Abwendung der Massen von der Partei geführt, sondern »neben anderen Fehlern, die mangelnde ideologische Festigung der Partei... Tendenzen des Versöhnlertums gegen die Feinde der Sowjetunion« und das Vorhandensein »Parteizersetzender Elemente, die sich der feindlichen Argumente gegen die Ostzone und die SED bedienen«. In der dazu gefaßten Resolution wird der Hamburger Landesorganisation vorgeworfen, innerhalb ihres Landesvorstandes eine »parteifeindliche Fraktion« zu dulden, die die Politik der Partei sabotiere«.»Dunnerlüchting«, sagt Paul Tastesen während eines Gespräches, das wir in der Redaktion der »Hamburger Volkszeitung« führen zu mir, »hast Du das gewußt? Du sitzt ja gewissermaßen an der Quelle.« Mit der Bemerkung, daß ich an der Quelle säße, spielt er darauf an, daß man ihn als Mitbegründer der KPD nach 1945 sehr bald seines Postens als Landesvorsitzender enthoben und zum Redaktionssekretär bei der »HVZ« gemacht hat.

Ich werde den Eindruck nicht los, daß Paul diese »Degradierung« nur schwer verwindet. Noch nach Jahren werde ich von ihm mit einem kleinen spöttischen Unterton zu hören bekommen, daß er ja eigentlich nach 1945 die Partei wieder ins Leben gerufen habe, und man ihm das wenig danke. (Tatsächlich hat man ihn schmählich behandelt).

Von einer innerparteilichen Fraktion ist mir nichts bekannt. Ich wüßte nicht, wo ich sie suchen sollte, noch welche Genossen dafür in Frage kämen. Sicherlich gibt es in der Mitgliedschaft kritische Äußerungen gegenüber der Sowjetunion und der von Walter Ulbricht in der Ostzone betriebenen Politik, aber die werden von führenden Genossen in der Landesleitung völlig undifferenziert als »titoistisch« abqualifiziert. Genossen, die in jugoslawischer Kriegsgefangenschaft waren, erhalten über die diplomatische Vertretung Briefe zugesandt, in der Titos Einstellung zur Sowjetunion dargelegt und um Unterstützung für Jugoslawien geworben wird. Soweit ich es übersehen kann, liefern alle Adressaten treu und brav die »Tito-Briefe« bei der Landesleitung ab. Dort werden sie nicht gerade mit Dankbarkeit überschüttet. Die Genossen Peter Laß, Karl Fischer, Herbert Laban und andere beklagen sich bei mir, daß die Partei-Kontrollkommission sie ins »Kreuzverhör« genommen habe. »Wieso hast gerade Du Briefe erhalten? Hast Du im Lager einer Fraktion angehört, die später in der deutschen Partei für Tito arbeiten sollte? Wieviele Briefe hast Du schon erhalten? Hast Du auch alle Briefe abgegeben? Hast Du die Briefe anderen Genossen gezeigt und wenn ja welchen?« »Verrückt«, schimpft Gottlieb Weide, »statt sich zu freuen, daß die Genossen Vertrauen zur Partei haben, tun sie alles, um dieses Vertrauen zu zerstören.« Außer den »Tito-Briefen« kursieren noch andere Schreiben. Eines finde ich auch in meinem Briefkasten. Es handelt sich um sogenannte »Kaderbriefe«, die an einzelne KPD-Funktionäre verschickt werden und die gegen Stalin gerichtete Erklärungen der jugoslawischen Kommunisten enthalten. Sie empfehlen diese »nationale« Haltung als den einzigen Ausweg aus der Krise, in die ihrer Meinung nach die Sowjethörigkeit die Partei immer weiter hineinführt. Diese »Kaderbriefe« stammen aus Kreisen der KPO (Gruppe Arbeiterpolitik). Eine parteiinterne Fraktion gibt es nicht. Darauf könnte ich Stein und Bein schwören. Und was der sozialdemokratische »Kurier« in Berlin sich aus Hamburg melden läßt, ist reines Wunschdenken. »Eine starke Opposition mit eigenem Organisationskern habe sich (in der kommunistischen Partei der Hansestadt) gebildet, die in regelmäßiger Folge sogenannte »Kaderbriefe«, innerhalb der Partei zirkulieren läßt. Die Gruppe fährt einen oppositionellen Kurs gegen die prinzipielle Verurteilung Titos... und bekennt sich zu der Theorie ›des besonderen deutschen Weges zum Sozialismus‹. Sie findet starke Resonanz, besondern unter den älteren deutschen Kommunisten...«[45]

Im Gegenteil, die Hamburger Landesorganisation zeichnet sich durch besondere Wachsamkeit aus. Die Parteidisziplin verlangt von jedem Genossen, daß er keine andere als die parteieigene Presse liest. »Bürgerlicher Objektivismus und fauler Liberalismus« sei es, wenn »Genossen glauben, daß sie sich in der sozialdemokratischen und bürgerlichen Presse ›objektiv‹ informieren müßten«.

Um dem Informations- und Unterhaltungsbedürfnis ihrer Leser gerecht zu werden, müßte die Parteizeitung meiner Meinung nach allerdings anders aufgemacht sein. Seitdem die »Hamburger Volkszeitung« in erster Linie ihre Seiten mit ellenlangen Wiedergaben der Resolutionen und Reden von Walter Ulbricht, Max Reimann und KP-Führern anderer Länder ausfüllt und wichtige Informationen keinen Platz mehr finden, ist sie zur langweiligen und eintönigen Lektüre geworden. Ich kann den Genossen Nuppnau aus dem Hamburger Hafen schon verstehen, der zu mir sagt: »Beim besten Willen, ich kann das Zeugs in der ›HVZ‹ einfach nicht mehr lesen. Wenn ich meinen Arbeitstag hinter mir habe, vielleicht einen Gruppenabend, wo schon über Parteibeschlüsse räsoniert worden ist, dann will ich mich endlich einmal entspannen und etwas Unterhaltsames lesen. Da braucht keiner Angst zu haben, daß ich durch Lesen bürgerlicher Zeitungen von meiner kommunistischer Einstellung abgebracht werde. Für wie dumm haltet ihr da oben uns eigentlich?«

Verboten sind den Genossen auch Reisen ins westliche Ausland. Zwei kommunistische Lehrer, die eine Einladung schwedischer Gesinnungsgenossen zu einem Urlaubsaufenthalt annehmen, werden nach ihrer Rückkehr ohne langes Parteiverfahren ausgeschlossen. Daß sie altbewährte Genossen sind, zwischen 1933 und 1945 mehrfach verhaftet und im KZ eingesperrt waren, spielt dabei keine Rolle.

Die Inquisition

Ich hätte den Hinweis der Resolution des Parteivorstandes vom 14./16. September 1949, daß sich in der Hamburger KPD eine parteifeindliche Fraktion befinde, nicht mit einem Achselzucken abtun sollen, dann wäre ich vielleicht für das, was zwei Monate darauf auf uns zukommen sollte, besser gerüstet. In der Düsseldorfer Parteizentrale herrscht Pogromstimmung. Die Partei wird von ihren »Feinden« gesäubert. Zuerst trifft es die Parteiorganisation in Schleswig-Holstein. In Kiel wird der Kreisleiter Fritz Latzke mit seinem gesamten Funktionärsstab aus der Partei ausgeschlossen als »parteifeindliche Agenten, die gemeinsam mit den Hamburger Trotzkisten Brandler und Bergmann beschlossen hatten, die Kieler Parteiorganisation restlos an sich zu reißen«, so heißt es jedenfalls in dem Ableger der »Hamburger Volkszeitung«, dem »Norddeutschen Echo«. Die Schleswig-Holsteinische KPD faßt einen Beschluß zur generellen Überprüfung sämtlicher Mitgliedsbücher der Partei zum Zwecke: »Jene Parteifeinde auszumerzen, die durch Latzke in die Partei eingeschmuggelt wurden.« Als ich ein Jahr später zu den Kommunalwahlen in Schleswig-Holstein mit anderen Genossen zur Unterstützung des Wahlkampfes abgestellt werde, sind inzwischen 200 Parteimitglieder gefeuert, ist die Kieler Ortsgruppe um 50 Prozent geschwächt worden.

Auf der Parteivorstandstagung am 14./16. September hatte sich der Hamburger Vorsitzende Gustav Gundelach in »offener Selbstkritik« zu schweren Fehlern und Irrtümern, die die ideologische Einheit und Geschlossenheit der Partei gefährden« bekannt. Er muß seinen Platz als Vorsitzender räumen. An seiner Stelle wird Willi Prinz Vorsitzender, den kein Mensch aus Hamburg kennt. Er ist mit einer »Parteireinigungs«-Kommission von Max Reimann nach Hamburg entsandt worden, um hier mit der »parteifeindlichen Gruppe aufzuräumen«. Wer ist dieser Willi Prinz? Bei der Parteileitung in Hannover, wo ich in diesen Tagen gerade zu tun habe, nimmt mich der Genosse Carlebach beiseite und warnt mich vor ihm. Prinz hat vor 1933 mit Kurt Müller der Gruppe Neumann-Remmele angehört und stammt aus Köln. Im englischen Kriegsgefangenenlager in Ägypten, in dem Angehörige des Bewährungsbataillon 999, ehemalige Kzler gefangen gehalten wurden, betätigten sich er und andere (darunter Willi Gerlach aus Hamburg) als

Willi Prinz (links) und der KPD-Vorsitzende Max Reimann

»politische Kommissare«, die ihnen mißliebige Genossen als Parteifeinde, Brandleristen-Versöhnler-Trotzkisten einstuften. So sorgten sie dafür, daß der Hamburger Journalist Carl Heins von der Liste der vorzeitig zur Entlassung kommenden abgesetzt wurde, weil er vor 1933 mit dem Verlag Willi Münzenberg zusammen gearbeitet hatte. Darüber hinaus denunzierte Willi Prinz Wolfgang Abendroth bei den Engländern als ›troublemaker‹, woraufhin die Engländer Abendroth aus dem Lager 379 in ein anderes Lager strafverlegten.[46]

Die Prinz-Inquisition, die sich im Parteihaus in der Ferdinandstraße für längere Zeit eingenistet hat, setzt für den 14./15. Januar 1950 eine Landesvorstandssitzung an, auf der über die Tätigkeit der Parteifeinde Gericht gehalten werden soll. Das Inquisitionsverfahren wird von naiven Genossen als eine parteiinnere Auseinandersetzung angesehen. Das aber ist es beileibe nicht. Hier wird unter dem Schwindeletikett »Kritik und Selbstkritik« Psychoterror gegen ehrliche, aufrichtige und parteitreue Genossen betrieben. Die Inquisition wirft den Genossen des Sekretariats und einigen Mitgliedern aus dem Landesvorstand vor, sie hätten versucht, mit den »... verschiedensten Mitteln, mit verwerflichen Methoden und Formen die KPD Hamburgs in die Hände zu bekommen. Dadurch sollte die KPD Hamburgs als eine der wichtigsten Säulen der Kommunistischen Partei Deutschlands auf den Boden der Politik und der Ideologie der Westalliierten ausgerichtet werden. Diese Tätigkeit setzte voraus, daß sie, die parteifeindliche Gruppe, die Partei vom Boden des Marxismus-Leninismus, der proletarischen Ideologie und des klassenmäßigen Herangehens an die Lösung der Aufgaben im Kampf um Frieden und Einheit Deutschlands entfernte... Politisch auf dem Boden der Ideologie des Klassenfeindes versuchte diese parteifeindliche Gruppe, die Prinzipien des demokratischen Zentralismus außer Kraft zu setzen, die Hamburger Landesorganisation gegen die Beschlüsse des Parteivorstandes zu mobilisieren und im Auftrage ihrer parteifeindlichen Verbindungen im In- und Ausland die KPD Hamburgs zu schwächen, zu zersetzen und kampfunfähig zu machen.« Mir verschlagen diese hirnrissigen Beschuldigungen die Sprache. Doch die »Hamburger Volkszeitung« druckt dieses Gefasel am 4. und 5. Februar 1950 ab versehen mit der Überschrift »Tätigkeit der parteifeindlichen, fraktionellen Gruppe in Hamburg«. Die namentlich genannten Genossen Harry Naujoks, Karl Grunert, Fiete Dethlefs, Walter Möller, Fiete Dettmann, Otto Fink verwahren sich energisch gegen die erhobenen Anschuldigungen. Harry Naujoks protestiert: »Diese Vorwürfe sind so absurd und lächerlich, daß es schon beinahe blamabel ist, ernsthaft dagegen anzugehen.« Willi Prinz, Leiter der »Untersuchungs- und Reinigungskommission« des Parteivorstandes — ein Napoleon in Westentaschenformat — überheblich, großmäulig und unverschämt —, brüllt Harry Naujoks und Karl Grunert an, als sei er Freisler in Person. Ich kann mich des Gedankens nicht erwehren, daß dieses Verfahren viel mit den Gebaren eines nationalsozialistischen Volksgerichts zu tun hat, aber gar nichts mit einer kameradschaftlichen Kritik und Selbstkritik unter Kommunisten. Mich erschüttert, wie hier mit meinen Genossen umgegangen wird. Prinz argumentiert nicht. Er verleumdet, beleidigt, pöbelt. Die Mitglieder der Kontrollkommission beim Parteivorstand (die Geschworenen des Inquisitionsgerichts) sind vom gleichen Kaliber. Abrupt unterbrechen sie jeden Verteidigungsversuch der »Angeklagten«. Kurt Müller, 2. Parteivorsitzender, benimmt sich um keinen Deut besser. Er zieht in seiner Beschreibung »klassenfeindlicher Methoden« Vergleiche mit den in Ungarn und Bulgarien geführten Prozessen gegen die Kommunisten Rayk und Rostoff, in denen die Angeklagten zum Tode verurteilt worden sind. (Nach Stalins Tod rehabilitiert). Ein Grauen packt mich. Mehr und mehr wird mir klar, daß es der »Inquisition« gar nicht um Verstöße gegen die Parteiprinzipien geht. Hier werden Menschen zur Strecke gebracht, weil man für das Schwinden des Einflusses der Kommunisten in der Arbeiterklasse Sündenböcke benötigt. Und die dafür ausersehenen Genossen eignen sich ausgezeichnet als Sündenböcke. Sie sind früher alle mehr oder weniger Parteioppositionelle gewesen. Karl Grunert und Fiete Dethlefs waren sogar bereits einmal wegen versöhnlerischer Abweichung aus der Partei ausgeschlossen worden.

Auffallend ist die Banalität der Anschuldigungen. So muß beispielsweise die Prognose von Harry Naujoks, der Hamburger Hafen werde wieder einen Aufstieg erleben, für den Beweis seiner Parteifeindlichkeit herhalten. Ein solcher Optimismus widerspreche der Voraussage des Parteivorstandes vom kommenden Zusammenbruch der Wirtschaft als Folge des Marshallplans. Es könne »auf dem Boden des kolonisierten separaten Weststaates keinen Aufschwung für den Hamburger Hafen geben«. Dem Genossen Albert Nicolaisen wird unterstellt, in seiner Eigenschaft als ÖTV-Sekretär im November 1949 bewußt einen Lohnstreik im Hamburger Hafen verhindert zu haben, wodurch bewiesen sei, »wie schädlich sich die Tätigkeit der parteifeindlichen Gruppe auf den Kampf um die unmittelbaren Forderungen der Arbeiterklasse auswirkt.« Dem Bürgerschaftsabgeordneten Walter Möller wird zum Verhängnis, daß er das Ergebnis der Bürgerschaftswahl als eine »Niederlage der Reaktion« bezeichnet hat. (Die CDU war an Wählerstimmen weit hinter der SPD geblieben). Möller habe dadurch bei den Arbeitern den Eindruck erweckt, »als sei eine Niederlage der Reaktion ohne Herstellung der Aktionseinheit mit den sozialdemokratischen Arbeitern möglich. Womit er die Aufmerksamkeit von der für die Partei vordringlichen Aufgabe der Herstellung der Aktionseinheit abgelenkt habe«. Karl Grunert wird das Verbrechen »Verbindung zu Parteifeinden« angelastet, da er nach 1945 die Verbindungen zu alten, aber aus der KPD ausgeschlossenen Freunden wiederaufgenommen hat. Der eine ist August Wittvogel, ehemaliger Redakteuer der »Roten Fahne«, der andere Siggi Neumann, nach dem Kriege SPD-Mitglied, im Ostbüro der SPD tätig.

Harry Naujoks   *Karl Grunert*   *Walter Möller*

Die Beschuldigten sind schon gerichtet, bevor das Verfahren eröffnet ist. Was noch fehlt, ist ihr eigenes Eingeständnis. Am Ende der Inquisition kann die Parteivorstands-Kommission auch diesen traurigen Erfolg für sich verbuchen. Weil nämlich bekanntlich steter Tropfen den Stein höhlt, die »Angeklagten« am Ende ihrer Nervenkraft sind und nicht zuletzt ein Verhältnis zur Partei haben, wie Katholiken zu ihrem Beichtvater, geben sie »selbstkritisch« zu, bewußt »parteifeindliche Handlungen« begangen zu haben. Ein einziger Genosse ist nicht bereit, »Selbstkritik« zu üben: Harry Naujoks bestreitet die Behauptungen der Parteireinigungskommission. »Ich habe keine eigenen Ambitionen. Mein ganzes Leben habe ich treu zur Partei gestanden.« Die Stimme versagt ihm, jeder bemerkt, daß er am Ende seiner Nervenkraft ist. Nur Willi Prinz setzt sich zynisch darüber hinweg: »Mach' hier nur nicht auf Rührseligkeit; das zieht bei alten Bolschewiken nicht!« Karl Grunert, Fiete Dethlefs werden als »schmutzige Agenten des Klassenfeindes« aus der Partei ausgeschlossen. Harry Naujoks und Walter Möller werden aus dem Parteivorstand entfernt und für ein Jahr mit Funktionsverbot belegt. Harry Naujoks aus der Partei auszuschließen, erscheint dem Parteivorstand zu gewagt. Im In- und Ausland gibt es viele ehemalige Konzentrationäre, die ihn als standhaften und kämpferischen Kommunisten aus dem Lager in Erinnerung haben. Unzähligen Häftlingen hat er als Lagerältester im Konzentrationslager Sachsenhausen das Leben gerettet. Gustav Gundelach geht als Bundestagsabgeordneter nach Bonn. Erich Hoffmann wird von Heinz Prieß als Chefredakteur der »HVZ« abgelöst, Franz Blume, Alfred Drögemüller und Fiete Dettmann werden in die DDR übergesiedelt. Franz Blume und Alfred Drögemüller gehören zu den ehemaligen West-Emigranten während der Nazizeit. Laut SED-Beschluß haben alle West-Emigranten fortan ihren Wohnsitz in die DDR zu verlegen. Beim Übertritt in die DDR werden sie automatisch DDR-Bürger und dürfen nicht wieder in den Westen zurückkehren. In der Phase des Kalten Krieges gelten sie als »Risiko-Genossen«. Stalin und Ulbricht unterstellen diesen bewährten Antifaschisten, daß sie sich von den amerikanischen und westdeutschen Monopolisten als Agenten, Spione, Saboteure etc »gegen das Weltfriedenslager« einspannen lassen.

Gustav Gundelach　　　*Vatti Hoffmann*　　　*Fiete Dettmann*

Alfred Drögemüller muß sogar ein Jahr in Bautzen »Wohnung« beziehen, sei es wegen böswilliger Verdächtigungen, oder weil einem anderen Genossen sein Gesicht nicht gefällt. (Harry Naujoks: »Das hat ihm Heinz Prieß eingebrockt«) Über den wirklichen Grund wird nie etwas verlautbar. Später wird er »rehabilitiert« und bekommt einen akademischen Grad verliehen. Auch Fiete Dettmann muß seinem geliebten Hamburg für immer ade sagen. Er ist in Mißkredit geraten, weil er anläßlich der Berlin-Blockade zauderte, sein Amt als Gesundheitssenator aufzugeben. Ihm sagt die sachlich-produktive Tätigkeit als Präses der Gesundheitsbehörde mehr zu, als die dubiose Funktion eines Parteisekretärs. Das bringt ihn in den Verdacht, er könne zur SPD übertreten.

Die Jahre Inhaftierung unter dem Nationalsozialismus haben auch bei Fiete Dettmann Spuren hinterlassen. Erschüttert höre ich seinen Stoßseufzer: Ich glaube, ich werde alt, ich komme mir senil vor. Ich kapiere einfach nichts mehr. Fiete, zu dem ich aufgesehen habe, seit jenem Sommer 1926, da wir uns zum erstenmal begegnet sind, zu dem ich ein kumpelhaftes Verhältnis habe, erscheint mir jetzt als die verkörperte Resignation. Mir fällt ein Vers von Heiner Müller ein, dem radikalsten Dramatiker in der Nachfolge Bertolt Brechts:

> *» Wenn dir zum Beispiel einer sagt,*
> *deine/Partei, für die du dich geschunden hast/*
> *und hast dich schinden lassen, seit du weißt/wo rechts*
> *und links ist/*
> *Und jetzt sagt dir einer/daß sie sich selber nicht mehr*
> *ähnlich sieht/deine Partei,*
> *vor lauter Dreck am Stecken/*
> *Du gehst die Wände hoch und ohne Aufzug. «*

Ich frage die Genossen, die selbstkritisch alles zugegeben, was Willi Prinz und Kurt Müller ihnen unterstellt haben, nach den Motiven ihrer Selbstbezichtigungen. Sie geben zu, daß die genannten Bekenntnisse Schwindeleien sind. »Aber warum habt ihr denn »Selbstkritik« geschwindelt und nicht um die Wahrheit gekämpft?« »Was ist schon Wahrheit im Kampf der Klassen? Objektiv geht es um die Festigung der Partei. Hätten wir gegen die Resolution der 14. Tagung des Parteivorstandes vom Dezember 1949 auftreten sollen? Das hätte zur Selbstzerfleischung der Partei führen können.« Keiner von uns kann so etwas verantworten. »Wir mußten uns opfern der Partei zuliebe«, erklärt mir Karl Grunert.

Nachdem die Genossen zur Strecke gebracht sind, erstattet Willi Prinz vor dem Hamburger Partei-Aktiv Bericht. Versteht sich, daß die Gemaßregelten nicht dabei sein dürfen. Unwidersprochen kann er sie zu Parteifeinden abstempeln und Kübel von Schmutz über sie auskippen.

Ich, der den ganzen Vorgang miterlebt habe, ich hätte mich vor das Partei-Aktiv hinstellen, auspacken und die Genossen — Freunde seit vielen Jahren — verteidigen müssen. Leider habe ich nichts dergleichen getan. Noch nach Jahren ist es mir unerfindlich, warum ich geschwiegen habe, warum ich wortlos, fassungslos auf meinen Platz verharrte. Und ich werde mir dieses Verhalten nie verzeihen können.

Nach der Versammlung gebe ich endlich dem Drängen des Genossen Alfred Wahl nach und lasse mich krank schreiben. Ich fahre zur Kur, sechs Wochen nach Bad Reinfeld. Es ist wie eine Flucht.

Ich liege schief

Der Hamburger Bürgermeister Brauer hat es mit der Sauberkeit, mit der Ruhe und Ordnung, einer heilen Welt. Von einer heilen Welt kann aber in einer Zeit, da die Trümmer des 2. Weltkrieges noch nicht beseitigt sind, das Elend, das dieser Krieg gebracht hat, sich in Nissenhütten, den Slums unseres 20. Jahrhunderts, darstellt und die Gefahr eines 3. Weltkrieges die Gemüter bewegt, nicht die Rede sein. Bürgermeister Brauer erläßt eine Verordnung: Ruinen dürfen nicht mit Plakaten beklebt werden, die zum Widerstand gegen eine deutsche Wiederaufrüstung aufrufen. Der Bürgermeister nimmt es mit der Durchsetzung seiner Verordnung sehr ernst.

»In einem Aufruf, der in 2000 Exemplaren in Hamburg zur Verteilung kommt, fordert Bürgermeister Brauer die Bevölkerung auf, beim Auftreten sogenannter Klebe- oder Malkolonnen sofort die Polizei zu verständigen. Eine Belohnung von DM 200,- wird für die Ergreifung solcher Kolonnen unter Ausschluß des Rechtsweges ausgesetzt«, lautet eine Pressemeldung des »Hamburg Echo« vom 11. April 1950. Sie ist versehen mit der gehässigen Überschrift: »Narrenhände«.

Auf diesen amtlichen Aufruf, dessen Behördendeutsch Erinnerungen an die Zeit des Nationalsozialismus wachruft, reagiert das Hamburger Friedenskomitee, dessen Sekretär ich bin, mit einem Flugblatt, das die Überschrift trägt, »Brauer

Friedenskämpfer Helmuth Warnke verurteilt

Hamburg (EB). Das Landgericht Hamburg verurteilte den Sekretär des Hamburger Komitees der Kämpfer für den Frieden, Helmuth Warnke, am 8. Dezember zu drei Monaten Gefängnis.

Helmuth Warnke hatte in einem Flugblatt mit der Überschrift: „Steckbrief gegen den Frieden" gegen die vom Hamburger Bürgermeister Brauer angeordnete Zahlung von Prämien bis zu 200 DM an Denunzianten Stellung genommen. Wie bereits bei dem Urteil gegen Heinz Priess, wandte auch hier das Hamburger Landgericht im Widerspruch zu den Urteilen anderer westdeutscher Gerichte, die strafverschärfenden Bestimmungen der Brüningschen Notverordnung vom 8. 1. 1931, Vorläufer des hitlerischen Heimtückegesetzes, an.

Die Verurteilung ist insofern bedeutungsvoll, als dem Angeklagten keinerlei formale Beleidigung nachgewiesen werden konnte. Lediglich in der Bezeichnung „Steckbrief gegen den Frieden" wurde eine Beleidigung vom Gericht deshalb gesehen, weil dadurch zum Ausdruck gebracht worden sei, daß Brauer Gegner des Friedens sei. Das Gericht sprach dieses Urteil aus, obgleich ihm bekannt war, daß Brauer sich in Schimpfereien gegen die Friedensbewegung öffentlich ergangen hat.

denunziert den Frieden«. In dem Text darunter heißt es: »Ein sozialdemokratischer Bürgermeister appelliert an Denunzianten und Verräter und setzt einen Judaslohn aus, damit Polizei und Denunzianten Jagd machen auf die Friedensfreunde und Kriegsgegner.« Am 8. Dezember 1950 stehe ich zum erstenmal seit meiner Verurteilung unter den Nationalsozialisten wieder vor Gericht. Das Hamburger Landgericht verurteilt mich zu drei Monaten Gefängnis ohne Bewährung wegen übler Nachrede gegenüber einer Person, die zu dem Personenkreis gehört, dem der verstärkte Ehrenschutz nach Auslegung des Reichsgerichts (RG t. 67, 107) gilt.« Des weiteren ergeht die Anordnung, die Flugblätter »einzuziehen und unbrauchbar zu machen und dem beleidigten Bürgermeister Brauer (wird) die Befugnis zugesprochen, das Urteil in verschiedenen Tageszeitungen zu veröffentlichen.« Dieses Urteil stützt sich u.a. auf Notverordnungen vom 8. Dezember 1931, die nach Meinung des Gerichts »... weder befristet (sind)..., noch in dem hier in Frage stehenden Teile jemals aufgehoben worden (sind). Sie gelten deshalb insoweit fort.« Mein Verteidiger, Rechtsanwalt Kurt Wessig, weist die Berufung auf die Brüning'sche Notverordnung zurück und zitiert eine Stellungnahme des Oberlandesgerichts Tübingen aus der »Deutschen Richterzeitung« vom Dezember 1948, die die Weitergeltung der Notverordnung verneint, weil sie schon in der Nazizeit »durch die Heimtückegesetze gegenstandslos geworden sei.«

Nun geht es ja schlecht an, im Jahre 1950 das nazistische ›Heimtückegesetz‹ zum Schutze von Personen, die ›verstärkten Ehrenschutz‹ genießen, in Anwendung zu bringen. Und Gesetze zur Ahndung von Majestätsbeleidigungen gibt es ebenfalls nicht mehr: leider, leider! Aber — ›Gott sei dank‹ — ist da die Notverordnung, die zwar den kleinen Schönheitsfehler hat, dem Faschismus den Weg geebnet zu haben, aber, wie das Beispiel zeigt, jederzeit nützlich ist.

Natürlich legen wir Berufung ein und gehen bis vor den Bundesgerichtshof in Karlsruhe. Doch der 2. Senat des Bundesgerichtshofes entscheidet am 23. Mai 1951:

»Die Revision des Angeklagten gegen das Urteil des Landgerichts in Hamburg vom 8. Dezember 1950 wird verworfen. Der Angeklagte hat die Kosten des Rechtsmittels zu tragen.«

Rechtsanwalt Guido Adler, der ursprünglich die Verteidigung führte und sich zurückzog, als er merkte, daß die Sache nicht astrein ist, redet auf mich ein: »Sei vernünftig, halte nicht für andere den Kopf hin, spiele nicht den Märtyrer.« Guido Adler gehörte dem Friedenskomitee als Vertreter rassisch Verfolgter an; er ist einer der wenigen Überlebenden aus dem Ghetto Theresienstadt. Seine Mahnung war berechtigt, denn nicht ich bin der Verfasser des ›anstößigen‹ Flugblattes, sondern der neue Vorsitzende der Hamburger KPD, Willi Prinz.

Dieser hat die Aktion im Alleingang gestartet, ohne Rücksprache mit dem Parteisekretariat und dem ›überparteilichen‹ Friedenskomitee und ohne meine Zustimmung meinen Namen unter das Flugblatt gesetzt. Von meiner angeblichen Autorenschaft erfahre ich erst, als die Polizei sowohl im Büro des Friedenskomitees, als auch bei Komiteemitgliedern und bei mir Hausdurchsuchungen vornimmt.

Da sitze ich nun in der Patsche! Erkläre ich, das Flugblatt sei vom Friedenskomitee weder verfaßt, noch zur Verteilung gebracht worden, sondern stamme von der KPD, dann bestätige ich damit Behauptungen, das Komitee sei eine kommunistische Tarnorganisation. Nehme ich das Flugblatt nicht auf meine Kappe, fliegt das Komitee auf. Die parteilosen Mitglieder sind sowieso verärgert über den Text. Ein ehemaliger Sozialdemokrat fragt, ob die KPD die Theorie vom ›Sozialfaschismus‹ wieder aufleben lassen wolle; die Unsachlichkeit des Flugblattes lege eine solche Vermutung nahe.

Eine weitere Unannehmlichkeit kommt auf mich zu. Ausgelöst wird sie durch eine Diskussion im Friedenskomitee über die Losung: Keine Aufrüstung Westdeutschlands! Der Jurist Braun besteht auf einer Abänderung. »Die Losung ist unlogisch. Die DDR wird nicht darum herumkommen, gleichfalls aufzurüsten, wenn Westdeutschland aufrüstet. Folglich muß die Losung heißen: Keine Wiederaufrüstung in Ost und West!« Den anderen Komiteemitgliedern geht das ein wie Honig. Pionthek, ein früherer Offizier sagt. »Wir wollen weder für Dollar noch für Rubel sterben.« Claudia Kuhr findet den Gedanken großartig. »Mit dieser Losung können wir an Menschen herankommen, die uns Einseitigkeit vorwerfen«. Einstimmig beschließt das Komitee die vorgeschlagene Änderung. Als ich im Parteisekretariat davon berichte, sind zufällig auch die Vertreter der Kaderabteilung und der Kontrollkommission vom Parteivorstand anwesend. Einen passenderen Augenblick hätte ich mir nicht aussuchen können. Mein Bericht löst bei dem Gremium eine ähnliche Wirkung aus wie ein vielstimmiger Schrei »Feuer! Feuer!«.

Alle reden auf mich ein. Es dauert eine Weile, bis ich dahinterkomme, daß mir ein Verbrechen gegen die Partei vorgeworfen wird. Ich habe mich nicht an die Parteibeschlüsse gehalten. Im Parteijargon heißt es in solchen Fällen, »der Genosse liegt schief«. »Du hast ohne Rücksprache mit der Partei einen Grundsatzbeschluß des Parteivorstandes eigenmächtig abgeändert«, schimpft Willi Prinz. Der Genosse »Kontrollkommissar« wirft mir »Objektivismus und faulen Liberalismus«

vor. (Dabei habe ich vor noch nicht langer Zeit in der »Hamburger Volkszeitung« einen Artikel »gegen den Kosmopolitismus« veröffentlicht). Meine Entgegnung, daß die Neufassung der Losung nicht meine Entscheidung, sondern die des überparteilichen Komitees sei, macht die Sache nur noch schlimmer. Wozu die Partei mich denn beim Komitee als Sekretär eingesetzt habe, wenn nicht, um in der Friedensbewegung die führende Rolle der Partei zu sichern! Ich komme überhaupt nicht zu Wort. Bevor ich richtig begreife, was hier gespielt wird, bin ich schon meiner Funktion als Sekretär des überparteilichen Friedenskomitees enthoben.

Im Schatten des Hermannsdenkmals

Nicht allzuweit entfernt vom Hermannsdenkmal im Teutoburger Wald befindet sich Heiden-Oldendorf. In diesem Ort hat die Kommunistische Partei Deutschlands 1950 ihre Parteihochschule. Sie dient der Ausbildung ihres mittleren Funktionärsnachwuchses. Ich bin hierher wegen »Opportunistischer Abweichung von der Generallinie der Partei«, oder wie ich es nenne »zur vollen Wiederherstellung der vollen Arbeitskraft« abkommandiert. So heißt es bei der Sozialversicherung als Begründung für Kurbehandlungen. Ob die »Kur« auf der Parteischule anschlagen wird? Sie ist nicht gerade nach meinem Geschmack.

Tageseinteilung: Acht Uhr im Speisesaal gemeinsamer Gesang: »Auferstanden aus Ruinen«, »Du hast ja ein Ziel vor den Augen« oder »Spaniens Himmel breitet seine Sterne über unseren Schützengräben aus«. Nein, kein Strammstehen und Fahnenhochziehen dabei! Wir sind doch nicht bei den Nazis! Anschließend erfolgen vier Stunden Unterricht. Die Themen sind: »Der Sieg des Faschismus in Deutschland und seine Lehren, unter besonderer Berücksichtigung der verräterischen Rolle der SPD.« Die Beschlüsse der Brüsseler Konferenz der KPD 1935, auf der die Theorie vom ›Sozialfaschismus‹ als Fehler verurteilt und der Partei eine ›aufrichtige‹ Zusammenarbeit mit den Sozialdemokraten ›verordnet‹ wurde. »Der Vaterländische Krieg der Sowjetunion zur Befreiung Deutschlands vom Faschismus.« Deutschlands Zukunft auf der Grundlage der Potsdamer Beschlüsse. »Die Gründung der SED als Garant zur Schaffung der Grundlagen des Sozialismus in Deutschland.« »Der amerikanische Imperialismus als Kriegstreiber gegen das Weltfriedenslager.« »Der Titoismus als Agentur des amerikanischen Monopolkapitals.« Geschichte der KPdSU (B): »Die Sowjetunion als die entscheidende Kraft des Friedens« und »Die marxistisch-leninistische Partei als die höchste Form der Klassenorganisation des Proletariats, unter besonderer Berücksichtigung der Erweiterung der marxistisch-leninistischen Lehre durch den Genossen Stalin.«

Nach dem Mittagessen zwei Stunden Pause. Danach werden die Vorträge vom Vormittag in Seminaren behandelt. Ach, wie mich das langweilt! Nur den ganz jungen Teilnehmern ist jedes Wort eine Offenbarung. Die Dozenten sind ehemalige Schüler der Karl-Marx-Schule der SED, vorgeschult als Kriegsgefangene in den Antifa-Lagern in der Sowjetunion.

Einer, ein missionarischer Typ, ein Asket mit krankhaft glänzenden Augen, schwärmt von Stalin wie eine Betschwester aus dem bayerischen Hinterland von ihrem Herrn Jesulein. Eine Ausnahme unter den Lehrern ist Jupp Schleifstein vom Parteivorstand, der die »Geschichte der deutschen Arbeiterbewegung« lebendig und historisch, ohne allzu gröbliche Abweichung von der Wahrheit, darstellt.

Zur Untermauerung des Geschichtsunterrichts bekommen wir Filme vorgeführt.

In den frühen dreißiger Jahren haben mich neben Lenin Menschen wie Trotzki, Sinowjew, Kamenew, Bucharin, die großen Gestalten der russischen Revolution, mächtig fasziniert. Ebenso wie die Persönlichkeiten der französischen Revolution, Mirabeau, Danton und Saint Just, verkörperten sie für mich Herz, Geist, Mut und Elan der Revolution. Jetzt muß ich mit ansehen, wie ihr Leben auf der Leinwand durch den Dreck gezogen wird. Trotzki, Sinowjew, Kamenew und Bucharin werden als fiese Typen dargestellt, die in finsteren Kaschemmen mit Superganoven der kriminellen Unterwelt konterrevolutionäre Aktionen aushecken. Eine Diskussion will danach selbst bei jüngeren Genossen nicht aufkommen. Allzu dick ist die Farbe aufgetragen. Der alte Genosse aus Wuppertal, langjähriger Betriebsratsvorsitzender, sagt beim Spaziergang zu mir: »Möchte doch wissen, ob es einen Film über den Genossen Stalin gibt. Ich könnte mir vorstellen, hoch zu Roß. Es müßte natürlich ein weißer Schimmel sein.«

Die Abende dienen der Entspannung: Literaturlesungen, lockere Gesprächsrunden und Tanzen. Beliebt sind Schunkellieder und der russische Schlager: »Kalinka, Kalinka, Kalinka heißt sie…«

Wenn der »Betriebsunfall« im Friedenskomitee nicht passiert wäre, befände ich mich jetzt in Bulgarien statt auf dieser »Hochschule«. Ursprünglich sollte ich am Weltfriedenskongreß in Sofia teilnehmen. Aber so einer wie ich, der die führende Rolle der Partei in den Massenorganisationen nicht zu wahren weiß, darf natürlich nicht an einem (überparteilichen) Friedenskongreß teilnehmen. So wie ich meiner Funktion enthoben worden bin, ist mir auch die Teilnahme am Kongreß gestrichen worden. An den Kongreß sollte sich eine längere Reise durch Bulgarien anschließen, um die bulgarische Volksdemokratie kennenzulernen.

Meine Schulung im Schatten des Hermannsdenkmals nimmt vorzeitig ein Ende. Die Genossin Friedel Gerlach, mit mir befreundet seit ihrer früheren Sekretärinnentätigkeit in Hamburg, jetzt Sekretärin des Schuldirektors, holt mich mitten aus dem Unterricht zum Direktor. Auf dem Weg zu ihm flüstert sie mir zu: »Jupp Schleifstein, der Kadergenosse und der von der Kontrollkommission vom PV sind da. Ich glaube, die haben es auf Dich abgesehen.« »Jetzt fliegst Du aus der Partei«, ist meine erste Reaktion; aber hatte mir Friedel Gerlach vor Tagen nicht verraten, daß ich vom »Lehrerausschuß« schon benotet sei? Benotet mit dem Zeugnis »noch entwicklungsfähig«. Höchste Note, die einer in meinem Alter (44 Jahre) erhalten kann.

Nein, gefeuert werde ich nicht. Im Büro des Direktors wartet eine große Überraschung auf mich. Ein Strauß bunter Blumen steht auf dem Tisch, Sekt ist bereitgestellt, etliche Gläser dazu. Die Anwesenden, allen voran Jupp Schleifstein, schütteln mir die Hand und beglückwünschen mich. Laut frage ich: »Was ist los? Ich habe erst im Juli Geburtstag und Vater bin ich auch nicht schon wieder geworden. ... Was ist los?«

Jupp richtet mir im Namen des Parteivorstandes aus, ich sei voll rehabilitiert. Die Losung »Keine Aufrüstung in Ost und West« sei richtig und entspreche genau der Grundlinie der Partei im Kampfe für den Frieden und der Herstellung der Einheit Deutschlands. Willi Prinz ist in Hamburg wegen Verstoß gegen Parteibeschlüsse »abgewählt« worden. Ein neuer Vorstand mit Hein Fink an der Spitze leitet jetzt die Hamburger Partei. Ich bin auf dem Parteitag in das Landessekretariat als Verantwortlicher für das Ressort »Massenorganisation« gewählt worden. Noch am selben Tag muß ich mich in die Bahn setzen. »In Hamburg«, sagen die Genossen vom Parteivorstand, »wartet viel Arbeit auf Dich.«

In Hamburg erwartet mich eine weitere Überraschung. Die Landesleitung ist von der Ferdinandstraße nach Altona, Nagels-Allee umgezogen. Sie hat ihr Quartier in einer ehemaligen Villa mit vielen Räumlichkeiten aufgeschlagen. Bruno Meier, der vor mir das Ressor »Massenorganisation« leitete, und den wir deshalb »Massen-Meier« nannten, ist aus der Partei ausgeschlossen worden, weil er sich weigerte, in der DDR eine SED-Funktion anzunehmen unter der Bedingung, seine Frau in Hamburg zu lassen.

Dritte Überraschung: Willi Prinz ist spurlos verschwunden. Jeden Tag fragt seine Frau mit verweinten Augen im Parteibüro nach, ob Neues über den Verbleib ihres Mannes bekannt sei. Im Büro weiß man nur, daß Willi Prinz am 8. Februar 1951 nach Löwenberg bei Berlin abgereist ist, um hier an der 18. Sitzung des Parteivorstandes teilzunehmen. Später sollte sich herausstellen, daß Prinz im Anschluß an die Sitzung vom Staatssicherheitsdienst der DDR verhaftet und ohne Gerichtsverfahren 3 1/2 Jahre in einer Einzelzelle in einem Gefängnis eingesperrt worden ist.

1954 wird er nach Westdeutschland entlassen. In einer Pressekonferenz in Hamburg am 27. August 1954 nennt Prinz folgende Gründe für die Einkerkerung: »Wegen meiner zögernden Haltung im Fall des Naujocks-Kreises, einer von mir falsch aufgezogenen Betriebsrätewahl bei den Howaldts-Werken, eines von mir verfaßten ›Ohne-Mich‹-Artikels und eines in Hamburg arbeitenden ›Organisationskomitees‹«.

Dem stellvertretenden Parteivorsitzenden Kurt Müller ereilte das gleiche Schicksal. »Kurt Müller wurde hinterhältig nach Ostberlin gelockt und unter unsinnigen Beschuldigungen verhaftet«, berichtet 1978 Heinz Brandt in seiner Autobiographie und setzt hinzu: »Mit ihm habe ich jahrelang im KZ Sachsenhausen gesessen.« Heinz Brandt ist 1951 Sekretär in der Berliner Bezirksleitung der SED. Auf der 18. Sitzung des Parteivorstandes am 9. Februar 1951 werden Willi Prinz und Kurt Müller wegen »Parteifeindlichkeit« aus der KPD ausgeschlossen.

»Unermüdlich für den Frieden«

Die Polizei will mich unbedingt hinter Schloß und Riegel bringen. Nachdem der Bundesgerichtshof die Revision verworfen hat, umkreisen Kripobeamte meine Wohnung und das Parteibüro. Die Bullen sind hinter mir her, als hätte ich die Staatskasse geklaut. Sicherheitshalber verbringe ich die Nächte nicht in meiner Wohnung. Die Observierung erschwert meine Arbeit. Will ich Gespräche mit den Genossen aus den verschiedenen Massenorganisationen führen, muß ich mich mit ihnen in Parkanlagen treffen; gemeinsame Besprechungen halten wir in Privatwohnungen ab.

Dazwischen pendle ich zwischen Hamburg und Ostberlin hin und her. Ich bringe Delegationen zu den Volkskongressen, die in Berlin stattfinden. Eine strapazierende Angelegenheit. Um Polizeikontrollen zu vermeiden, schleichen wir uns bei Nacht und Nebel bei Schönberg in Schleswig-Holstein über die Grenze. Im »Niemandsland« erwarten uns die Busse der Volkspolizei, die uns nach Berlin transportieren. Für mich ist mit diesen Reisen viel Arbeit und auch viel Ärger verbunden. Immer wieder bleiben die Busse auf der Strecke liegen. Entweder ist der Sprit ausgegangen, der Motor hat einen Defekt, oder die Luft ist aus den Reifen. Es kommt auch vor, daß die Busse ausgewechselt werden. Dann setzt von bestimmten Orten aus ein Pendelverkehr ein. Den Delegierten ist Beköstigung zugesagt; aber es sind nicht einmal Getränke bereitgestellt. Das ist keine Organisation. Das ist das reine Chaos! Natürlich laden alle ihren Ärger bei mir ab. In Berlin angelangt, überschütten mich die Genossen Schirdewan und Dahlem mit Vorwürfen wegen des verspäteten Eintreffens. Beide sind nervös und gereizt, sind doch andere Delegationen noch gar nicht in Sichtweite. Walter Ulbricht besteht aber auf pünktlicher Eröffnung des Volkskongresses, denn »ganz Deutschland schaut auf uns.«

Nach den wiederholt fehlgeschlagenen Versuchen der SED, eine Wiedervereinigung der beiden Teile Deutschlands durchzusetzen, versuchen SED und KPD nunmehr die Bevölkerung mit der Volkskongreßbewegung für die Erreichung des gesetzten Zieles zu mobilisieren. »Das Ziel der Volkskongreßbewegung ist die Schaffung eines friedliebenden, demokratischen deutschen Staates«, schreibt das »Neue Deutschland«. Und in dem Aufruf der SED zur Einberufung eines »Gesamtdeutschen Volkskongresses für Frieden und Einheit« heißt es: »Es geht nicht um Parteien, sondern um unser Volk.« Die KPD schließt sich dem an und erklärt, daß sie in Fragen der deutschen Einheit kein Parteiinteresse kenne. Die Volkskongreßbewegung hat streng überparteilich zu sein. Weniger überparteilich liest sich dagegen ein Appell an die Hamburger Parteimitgliedschaft. Darin ergeht die Aufforderung zur »weitgehenden Unterstützung der vom Deutschen Volkskongreß ausgehenden Initiative zur Sammlung aller fortschrittlichen deutschen Männer, Frauen und Jugendlichen, zu erhöhten Anstrengungen zur Überwindung der Spaltung der Arbeiterklasse, insbesondere durch intensive Betriebs- und Gewerkschaftsarbeit zwecks Verbesserung der Lebensbedingungen des schaffenden Volkes und zur Verwirklichung der Demokratisierung von Wirtschaft und Verwaltung und zur Organisierung von vorbereitenden Ausschüssen zur Bildung der SED in allen Betrieben und Wohngebieten in engster Zusammenarbeit mit den Organisationen und Mitgliedern der SPD sowie parteilosen Anhängern von SPD und KPD und zur aktiven Teilnahme an der Vorbereitung und Durchführung eines Volkskongresses für die ›Einheit Deutschlands und gerechten Frieden‹ in Hamburg.« (Funktionärsorgan »Weg und Ziel«).

In der SED ist man sich des Erfolges der Volkskongreßbewegung so sicher, daß der Poet Horst Salomon für das »Neue Deutschland« dichtet:

»Ein Tag wird kommen,
Genosse Ulbricht,
Da wirst Du in Hamburg
Auf unserem Parteitag sprechen:
»Der Sozialismus marschiert
In der Howaldts-Werft,
In Bayern
Und in den Bochumer Zechen!«

Herbert Warnke vom FDGB spricht auf Einladung des »Vorbereitenden Hamburger Ausschusses« in Hamburg, im Winterhuder Fährhaus, zum Thema: ›Die Aufgaben der Gewerkschaften im Kampf für Einheit und Frieden‹. Bei dieser Gelegenheit fragt er mich, welche Funktionäre aus den Hamburger Gewerkschaften nach Herstellung und Einheit in den für ganz Deutschland zuständigen FDGB übernommen werden könnten. Entgeistert höre ich mir das an. Ich zeige auf den Versammlungsraum, der kaum gefüllt ist. Nicht einmal alle Parteigenossen haben es für nötig gehalten teilzunehmen. Von den hauptamtlichen Gewerkschaftsfunktionären ist keiner erschienen. »Hier hast Du die Antwort«, sage ich, »vielleicht erkundigst Du Dich einmal bei dem Kollegen Kummernuß.« Kummernuß und Herbert Warnke kennen sich aus der Emigration und von den Interzonentreffen der Gewerkschaften her. Was haben die SED-Genossen nur für Illusionen! Von Franz Dahlem, Mitglied des ZK der SED höre ich ähnliche Töne: »Die westdeutschen Delegierten werden später nach Auflösung der jetzt bestehenden Regierungs- und Verwaltungsorgane in Ost- und Westdeutschland Abgeordnete des Deutschen Volkskongresses sein und im Deutschen Volksrat mit unseren Abgeordneten die gesamtdeutsche Regierung bilden.«

Einen für Hamburg geplanten Volkskongreß verbietet der Hamburger Senat mit der Begründung: »Es sei nicht erwiesen, daß derartige Kongresse die Unterstützung eines nennenswerten Teiles der Hamburger Bevölkerung besäßen. Sie seien von allen Parteien mit Ausnahme der KPD ausdrücklich abgelehnt worden.« Womit der Hamburger Senat sich ein merkwürdiges Demokratieverständnis bescheinigt. Ein Protest der KPD wird abgelehnt. Unabhängig von der Meinung des Hamburger Senats müssen wir uns eingestehen, daß die Volkskongreßbewegung in der Hamburger Bevölkerung kaum Widerhall findet. Was wir da betreiben, ist bei ehrlicher Beurteilung nur noch agitatorischer Rummel. Lenin hätte das ›politische Handwerkelei‹ genannt.

Auf den in Ostberlin stattfindenden ›Deutschen Volkskongressen‹ kommen auch wir Warnkes zu Wort. Herbert Warnke appelliert an die Gewerkschaften ›aller Zonen‹ und fordert sie auf, »das Komplott der deutschen Imperialisten und

Militaristen, sowie der imperialistischen Besatzungsmächte Deutschland zu spalten, in letzter Minute zu vereiteln.« Ich verlese eine Grußbotschaft der Hamburger Werftarbeiter. Claudia Kuhr vom ›Verein Neutrales Deutschland‹ spricht für das Präsidium des Volkskongresses: »Ich habe im 2. Weltkrieg als Krankenschwester Verwundete betreut. Ich habe am Bett eines verwundeten Hitlerjungen gesessen und mitempfunden, wie er im Fieber nach seiner Mutter gerufen hat. Ich werde das nie vergessen! Damals habe ich mir geschworen, alles zu tun, um einen nächsten Krieg zu verhindern. Nie wieder dürfen junge Menschen wie dieser Hitlerjunge in einem Krieg verbluten!« Claudia Kuhr sagt diesen Satz in jeder Versammlung. Keiner, der sie länger kennt, hört noch hin. Jeder reißt hinter ihrem Rücken Witze darüber.

Es ist schon eine Last mit den Diskussionsrednern! Walter Ulbricht will unbedingt, daß ein weiterer Hamburger Delegierter spricht. Diese scheuen sich jedoch vor so vielen Menschen den Mund aufzumachen. Schirdewan und Dahlem setzen mir gehörig zu: »Es muß sich doch jemand finden lassen! Hast Du denn so wenig Einfluß auf die Leute?«

Nach längerem Zureden erklärt sich ein Delegierter, Anwalt Braun, bereit. Da aber nach dem Willen der SED-Funktionäre kein Sprecher frei von der Leber reden darf — das »Grundkonzept« muß gewahrt bleiben —, ergibt sich ein weiteres Problem. Es kostet mich große Mühe, Braun dazu zu bewegen, mit Schirdewan, Dahlem und mir gemeinsam ›seine Rede‹ auszuarbeiten. Nur weil er mir persönlich zugetan ist, läßt er sich darauf ein. Es ist ihm anzumerken, daß er an der ganzen Angelegenheit keinen Gefallen findet. Vor dem Forum macht er dann seine Sache sehr gut. Er trägt seine Rede frei vor, wirft kaum einen Blick auf sein Papier, und nur ich merke, daß er eigene Formulierungen hineinmogelt.

In der Kommunistischen Presse werden die Volkskongresse zu Ereignissen von »historischer Bedeutung« hochgejubelt. Doch die anderen Menschen interessieren solche historischen Ereignisse wenig. Sie sind vollauf mit dem Wiederaufbau ihrer Heimstätten und Fabriken beschäftigt. Die Aufbauarbeit bringt Verdienst. Die Menschen können sich wieder sattessen. Erste Kleidungsstücke können gekauft werden. Manch einer kann schon Geld für die Anschaffung von Möbeln auf die hohe Kante legen. Die Menschen entwickeln einen Arbeitseifer, der den altbekannten deutschen Bienenfleiß weit übertrifft. Schon rücken die vierziger Jahre des Hungers und Elends in den Hintergrund. Westdeutschland steuert auf die Konsumgesellschaft zu. Diese Gesellschaft wird für lange Zeit das Bewußtsein der Menschen prägen und ihre Überlegungen und Handlungen beeinflussen.

Mit meinem Gesundheitszustand steht es nicht zum besten. Dr. Niebuhr, unser Langenhorner Hausarzt, ist ziemlich besorgt: »So dürfen Sie nicht weitermachen!« In einem Antrag an die AOK für einen Sanatoriumsaufenthalt schreibt er zur Begründung: »... leidet an Hypotonie und Kreislaufstörungen, ... bestehende Übererregbarkeit. Appetitmangel und Schlaflosigkeit sind dauernde Erscheinungsformen. In letzter Zeit kommen Schwindelanfälle und gelegentlich Bewußtseinstrübungen hinzu.« Es gibt Augenblicke, in denen ich nahe daran bin, schlapp zu machen. Dann träume ich von den Zeiten, in denen mir die politische Arbeit noch sinnvoll erschien, Genossen mit Erfahrungen und politischen Fähigkeiten, solche wie Fiete Dettmann, Gustav Gundelach und Harry Naujoks, die Partei leiteten und der Mitgliederbestand 30.000 betrug. Heute ist die Zahl nicht halb so hoch, und geführt wird die Partei von Leuten wie Willi Prinz oder jetzt Hein Fink, die zu keiner schöpferischen Politik befähigt sind. In solchen Augenblicken sehe ich uns in der Situation einer Mannschaft, deren Schiff nicht nur wegen des hohen Seegangs, sondern vor allem wegen der eigenen Seeuntüchtigkeit nicht vorankommt. Unser Kahn hat an mehreren Stellen ein Leck.

Aus dem Sanatoriumsaufenthalt wird nichts. Am 16. März — mein Vater erwartet mich zu seinem 69. Geburtstag — werde ich in Düsseldorf verhaftet. Es hat eine zentrale Funktionärsversammlung stattgefunden; ich erreiche den Nachtzug nach Hamburg nicht mehr und bin daher gezwungen, in einem Hotel zu übernachten. Um Mitternacht klopft mich die Kripo aus dem Schlaf. Wie einen Gewaltverbrecher hat man mich auf die polizeiliche Fahndungsliste gesetzt. Damit hatte ich nicht gerechnet. In den vorangegangenen Monaten und Wochen war ich mehrmals in Niedersachsen, Schleswig-Holstein und Hessen »auf Tour« gewesen, ohne von der Polizei belästigt zu werden. Der Düsseldorfer Bulle freut sich: »Wir sind auf Draht. Wir haben immer alle einkassiert, nach denen gefahndet worden ist.« Sehr viel später entnehme ich einer Zeitungsnotiz, daß bei der Kripo in Düsseldorf ehemalige Gestapo-Leute tätig waren. In Hamburg erfährt man von meiner Verhaftung durch das »Hamburger Abendblatt«, dem es eine Meldung auf der ersten Seite wert ist. Amtlich erhält meine Frau von keiner Seite Nachricht. Vierzehn Tage lang bin ich für sie spurlos verschollen. Nicht einmal die Polizei kann Auskunft über meinen Verbleib geben. »Das ist ja wie im Dritten Reich!« schimpft mein Vater.

In diesen vierzehn Tagen mache ich Bekanntschaft mit einigen Gefängnissen in der Bundesrepublik. Ich werde in den Düsseldorfer Knast eingeliefert. Dort reicht man mich nach Wuppertal weiter. Von Wuppertal aus geht es nach Celle, von dort nach Braunschweig und weiter nach Hannover, bis ich letztlich in Hamburg-Fuhlsbüttel lande. In welchem Knast auch immer, wenn ich einen »Zugangsbrief« verlange, um meine Frau verständigen zu können, wird er mir mit dem stereotypen Bescheid verweigert: »Den bekommen Sie in der Haftanstalt, in der Sie Ihre Strafe verbüßen, und das ist in Hamburg.« Auf fünf Bahnhöfen trage ich somit zum Nervenkitzel etlicher Reisender bei: »Guck' mal, Verbrecher!« Mit etlichen anderen Häftlingen durch Handschellen verbunden, werden wir wie Schwerverbrecher über die Bahnsteige geführt und in den letzten Wagen verfrachtet. Dieser ist in Einzelzellen aufgeteilt: Ein Knast auf Schienen. Alle Gefängnisse, die ich kennenlerne, sind verdreckt und verwahrlost. Die Verpflegung ist sehr schlecht. Mit dem Aufräumen der Kriegstrümmer und dem Beginn des Wiederaufbaus hat sich in Westdeutschland ein neues Gewerbe entwickelt: Das Geschäft mit den Trümmern, der Handel mit wiederverwertbaren Backsteinen (Ziegeln) und Altmetallen. Das florierendste Geschäft, welches am meisten Geld abwirft, ist der Handel mit Altmetallen aus den Bombentrümmern, angefangen bei wenigen Kilos zusammengeschmolzenen Metalls bis zu zentnerschweren Eisen- und Stahlträgern. Schrott ist für die wieder produzierende Stahlindustrie ein vor der Haustür liegender billiger Rohstoff, aber auch Dollar einbringende Exportware.

Schrott wird gehandelt, wie vorher die Butter auf dem schwarzen Markt. Es ist ein illegales Geschäft. Aus der Zunft der Schwarzmarkthändler ist die Zunft der Schrottschieber geworden. Der illegale Schrotthandel treibt die Preise in die Höhe. Ein Grund für die Polizei und Gerichte den Schrotthändlern das Handwerk zu legen. Während meines Gefängnisaufenthaltes treffe ich durchweg nur auf Leute mit diesen Delikten. Viele große Fische sind darunter. Tonnenweise haben sie Schrott in langen Güterwagenzügen nach Holland, von Holland nach Belgien und wieder zurück expediert und damit ein Vermögen gemacht. Die ganz Klugen unter ihnen haben den Schrott, den sie verschoben, nie selbst gesehen. Sie waren nur die Aussteller von Frachtbriefen und die Einkassierer. Unter diesen Profis sind »rechtschaffene« Leute, Unternehmer, Kaufleute, ehemalige NSDAP-Amtsleiter. An das Vermögen, das sie mit dem Schrotthandel gemacht haben, komme kein Gericht heran, behaupten die kleinen Ganoven. Das sei so sicher, wie zwei mal zwei vier ergeben. Ich muß wieder einmal feststellen, daß sich außerhalb der vier Wände der Partei, in der realen Welt, Dinge abspielen, von denen wir kommunistischen Einfaltspinsel keine Ahnung haben.

Sobald meine Frau erfahren hat, daß ich mich im Fuhlbütteler Knast befinde, ist sie auch schon an Ort und Stelle. Am zweiten Tag meines »Einsitzens« werde ich in das Zimmer des Anstaltsleiters geführt. Als erstes fällt mir das rotangelaufene Gesicht des Direktors auf. »Na, der ist ja nicht gerade bester Gemütsstimmung«, denke ich. Dann entdecke ich Irmgard. Von ihr erfahre ich, daß der Direktor diesen Besuch eigentlich nicht zulassen wollte. Nach den Bestimmungen dürfe ein Strafgefangener in den ersten vier Wochen keinen Besuch empfangen. Irmgard hat ihm daraufhin wohl sehr deutlich ihre Meinung gesagt. Sie hat darauf hingewiesen, daß ich wegen eines politischen Delikts verurteilt bin und Anspruch darauf habe, wie ein politischer Häftling behandelt zu werden. Politische Gefangene gäbe es bei ihm nicht, nur Kriminelle, hat er entgegnet. Das war ja nun wohl das letzte, was Irmgard hinnehmen wollte. Sie hat ihm mit der Presse gedroht. Ob er einen Menschen, der politische Flugblätter verbreitet habe, auf die gleiche Stufe stellen wolle mit einem, der einen Ladeneinbruch begangen habe? Und ob er damit auch behaupten wolle, daß Menschen, die wie ihr Mann Widerstand gegen den Nationalsozialismus geleistet hätten und dafür ins KZ gebracht worden seien, wie Kriminelle gehandelt hätten? Für diese Meinung würden sich bestimmt die Vereinigung der Verfolgten des Nazisystems und gewisse Zeitungen sehr interessieren.

Nach diesem Besuch schreibt meine Frau an ihre Freundin: »Gestern habe ich Helmuth im Gefängnis Fuhlsbüttel sprechen können. Ach, Tora! Als er mir nach 14 Tagen Ungewißheit endlich gegenüber saß, wurde mir plötzlich flau zumute. Ich habe die Fingernägel fest in die Handballen gedrückt und gedacht: »Nur nichts anmerken lassen!« Sein Gesicht ist ganz schmal geworden, die Gesichtsfarbe grau, und dann hat er sich wohl die zwei Wochen nicht rasieren können. Sein schäbiger Anzug — Du weißt ja, wir haben immer noch kein Geld für einen neuen erübrigen können — zerknittert, als wenn er den überhaupt nicht vom Leibe bekommen und darin auch geschlafen hat. Total verdreckt ist mein Mann! Zu Hause habe ich mich hingesetzt und losgeheult. Total fertig mit den Nerven!«

Franz Heitgres

Irmgard Warnke mit Tochter Dörte (1952)

Irmgard Warnke an Herbert Warnke in Berlin: »Ich habe Euch im letzten Brief mitgeteilt, daß Helmuth jetzt im Gefängnis in Hamburg in Glasmoor untergebracht ist, und ich die Sorge um seinen Verbleib los bin. Dafür haben sich aber neue Sorgen eingestellt. Unsere kleine Tochter hat bei meiner Mutter eine Kanne mit heißem Kaffee umgerissen und dabei auf der Brust Verbrennungen zweiten Grades erlitten. Ich war gerade unterwegs zu einer Behörde, deshalb habe ich Dörte bei Mutter gelassen. Die ist natürlich untröstlich und macht sich bittere Vorwürfe. Dabei trägt sie an dem Unfall gewiß keine Schuld. Sie ist für ihr Alter noch sehr umsichtig und zuverlässig. Jetzt muß ich mit dem Kind täglich zum Verbandswechsel, was eine ziemliche Quälerei für die Kleine ist. Die Brandwunde ist ungefähr handbreitgroß und vermatscht. Es sieht greulich aus. Bei jedem Besuch im Gefängnis muß ich mir für Helmuth eine andere Entschuldigung ausdenken, warum ich Dörte nicht mitgebracht habe. Ich will ihn nicht auch damit noch belasten.

Zu dieser Sorge kommt nun auch noch die finanzielle hinzu. Die Krankenkasse zahlt die Arztkosten nicht. Denke Dir, die Partei hat Helmuth sofort nach der Verhaftung bei der Sozialversicherung und der Krankenkasse abgemeldet. Als ich im Büro nachgefragt habe, wieso sie dazu kämen, Helmuth sei doch fest angestellt, hat man mir gesagt, das sei eine politische Entscheidung. Wenn der Staat der Familie den Ernährer nähme, müsse er auch für die Familie aufkommen. Bei der Gelegenheit hat man mir auch mitgeteilt, daß die drei Monate, in denen Helmuth in Haft ist, auch kein Gehalt gezahlt werde. Ich solle man die Behörden ordentlich auf Trab bringen, damit sie mir eine Unterstützung zahlen. Und so gehe ich denn vom Arbeitsamt zur Sozialhilfe und von da zur Gefangenenhilfe. Überall werden meine Forderungen nach Unterstützungsgeldern abgelehnt. Die Partei hat Helmuth nämlich nicht formal entlassen und auch keine Entlassungspapiere ausgestellt. Ohne Entlassungspapiere glaubt mir keine Behörde, daß Helmuth kein Gehalt mehr bezieht, zumal er bei der Partei im Angestelltenverhältnis steht. Die Behörden berufen sich auf das Tarifrecht. Nicht einmal Helmuths Eltern, die alten Kommunisten nehmen mir das ab. Jeder nimmt an, ich wolle abkochen. Verstehst Du das Verhalten der Hamburger KPD?

Lieber Herbert, ich bitte Dich sehr, Deinen Einfluß in der Partei geltend zu machen und dafür zu sorgen, daß mir das Gehalt ausbezahlt wird. Ich weiß sonst nicht, wovon wir leben sollen.«

Derweilen bin ich in die offene Strafanstalt Glasmoor überführt worden. Bei der Einlieferung werde ich vom Gefängnisarzt gründlich untersucht. Als Befund diktiert er seinem Schreiber: »Blutarmut, niedriger Blutdruck, Anzeichen eines beginnenden Lungenemphysems und Untergewicht.« Dann ordnet er an, daß ich doppelte Brotration und täglich einen Viertelliter Milch zugeteilt bekomme. »Leider kann ich nicht mehr für Sie tun«, und bekümmerten Gesichts, »was haben Sie hier auch zu suchen? Sie gehören in ein Sanatorium!« (Wäre ich ein Naziverbrecher, hätte ein Gericht mich sicherlich für haftunfähig erklärt.)

Nach der Verbüßung der Strafe, bei der Abgangsuntersuchung, freut sich dann der Arzt: »Der Aufenthalt bei uns ist Ihnen offensichtlich gut bekommen.« Und in der Tat: Ich habe 10 kg Gewicht aufgeholt, der Blutdruck hat sich normalisiert, und meine Haut ist gebräunt, als hätte ich den Sommer an der Adria verbracht. So widersinnig es klingen mag, aber das Gefängnisleben hat mir gutgetan. Ein Vierteljahr ohne Hektik und Streß. Ich verbringe die Tage im Freien bei herrlichstem Sommerwetter. 1952 ist im wahrsten Sinne des Wortes das Jahr mit dem ›verrückten Sommer‹. Schon der Monat März hat mit hochsommerlichen Temperaturen begonnen. Das Anstaltsgebiet ist ein offenes Gelände, weder von einer Mauer noch einem Drahtzaun umgeben. In diesem Gelände bewege ich mich ohne Aufsicht. Ausgerüstet mit Farbtopf und Schreibpinsel bin ich unterwegs, um auf Hinweistafeln den verwitterten Text nachzuschreiben. Da auf den Tafeln kaum etwas auszubessern ist, habe ich nur wenige Buchstaben nachzuschreiben. Ergo liege ich die meiste Zeit auf dem Rücken, sehe dem langsamen Wandern der Schäfchenwolken am blauen Himmel nach, höre auf den Schrei der Kibitze, das Trillern der Lerchen und lasse mich von der Sonne bescheinen.

Ich kann mit dem Genossen Franz Heitgreß sprechen. Ich beschwere mich über die Einbehaltung meines Gehaltes und bitte ihn, die Angelegenheit ins reine zu bringen. Aber leider kann auch er bei der Partei nichts durchsetzen. Herbert Warnke antwortet auf den Brief meiner Frau, die SED habe auf die westdeutsche KPD keinen Einfluß, und er damit auch nicht. Doch könne Irmgard jederzeit zu ihm und seiner Familie kommen. Sie würden sich sehr freuen und sie unterstützen, bis ich wieder frei sei. Ein Angebot, von dem Irmgard deshalb keinen Gebrauch machen kann, weil bei dem Kinde die Brandwunde noch nicht verheilt ist, und weil Irmgard außerdem das Geld für die Reise nicht zur Verfügung hat. Um das Leben bestreiten zu können, hat sie sowieso schon Schulden machen müssen. Am Tage meiner Freilassung sind es rund 400 Mark. Auf unseren Möbeln klebt der ›Kuckuck‹. Der Gerichtsvollzieher hat die Pfändung vollstreckt, weil wir die Gerichtskosten nicht zahlen können.

Dieses Foto wurde am 20. Juni 1952 in der Hamburger Volkszeitung unter der Überschrift »Helmuth ist wieder bei uns« veröffentlicht

Über meine Entlasssung, die am 19. Juni 1952 erfolgt, berichtet die ›Hamburger Volkszeitung‹: »Am Freitagmorgen um 7 Uhr hatten sich Hamburger Friedenskämpfer (wie auf dem Foto zu sehen, das Parteisekretariat) am Ochsenzoller Bahnhof eingefunden, um den Friedenskämpfer Helmuth Warnke nach vierteljähriger, widerrechtlicher Haft wieder in ihrer Mitte willkommen zu heißen. Da kommt der Wagen, schon steht Helmuth mitten zwischen uns. Ein kräftiges Händeschütteln, freudiges Aufleuchten der Augen, er ist wieder da. »Pappi, kommst Du jetzt nach Hause?« fragt seine kleine Tochter. Der Pappi nimmt sie auf den Arm. »Ja, ich bin wieder bei Euch.« Mit diesen Worten sind nicht nur seine Frau und sein Töchterchen gemeint, damit hat er die ganze friedliebende Bevölkerung angesprochen. Unermüdlich wird Helmuth seinen Kampf für den Frieden und damit für das Glück aller Menschen fortsetzen.«

Das letzte Kapitel

Die Schaufenster der Kommunistischen Buchhandlung im »Kaufmannshaus«, Bleichenbrücke sind mit Trauerflor ausgestattet. Überlebensgroße Porträts von Stalin ziehen den Blick der Vorübergehenden auf sich. Am 5. März 1953 ist Stalin gestorben. Am frühen Morgen hat der Moskauer Radiosprecher verkündet: »Das Herz des Waffengefährten und genialen Fortführers von Lenins Werk, des weisen Leiters und Lehrers der Kommunistischen Partei und der Sowjetunion, Joseph Wissarionowitsch, hat seinen letzten Schlag getan.«

Vom Fenster der Redaktion der ›Hamburger Volkszeitung‹ über der Buchhandlung beobachte ich die Leute vor den Schaufenstern, die immer wieder von Polizisten zum Weitergehen aufgefordert werden. Während unser Artikel in den Satz geht, der von dem »unermeßlichen Schmerz« über den Tod »des großen Führers der fortschrittlichen Menschheit« spricht und davon, daß wir Kommunisten der »siegreichen Lehre Stalins die Treue bewahren« werden, und wir »geloben, das Vermächtnis des großen Stalin zu erfüllen«, versuchen die Leute da unten, uns die Ladenscheiben einzuschlagen. Vermutlich befinden sich unter den Menschen, die gegen den Stalin-Kult protestieren, viele, die aus der DDR nach Westdeutschland übergewechselt sind. Der Abwanderungsstrom aus der DDR reißt nicht ab, allein in diesem Monat sind es über 50.000. Nahezu jeder vierte Einwohner in Hamburg stammt aus Mittel- oder Ostdeutschland.

An Stalins Todestag bin ich gerade seit einer Woche aus dem Urlaub zurück. Mit meiner Frau und unserer Tochter habe ich zwei Wochen im Harz zu Füßen des Brocken, in Schierke in einem FDGB-Heim und eine Woche in Berlin bei Herbert Warnke verbracht.

Vor der Reise sind mir noch einmal die Materialien der 2. Parteikonferenz der SED vom 12. Juli 1952 unter die Hände gekommen. Einen Satz darin habe ich rot angekreuzt: »Die politischen und die ökonomischen Bedingungen, sowie das Bewußtsein der Arbeiterklasse und der Mehrheit der Werktätigen sind soweit entwickelt, daß der Aufbau des Sozialismus zur grundlegenden Aufgabe in der Deutschen Demokratischen Republik geworden ist.« Ich frage mich, wie solche Behauptungen mit der hohen Zahl der Abwanderungen aus der DDR in Übereinklang zu bringen ist. Hier besteht doch ganz offensichtlich ein Widerspruch zwischen der euphorischen Einschätzung der politischen Situation durch die SED und der tagtäglich zu beobachtenden »Abstimmung mit den Füßen durch die Bevölkerung. Auswandern ist in der deutschen Geschichte nichts Neues. Von 1820 bis 1890 wanderten rund 4.700.000 Deutsche in überseeische Länder aus in der Hoffnung, dort bessere Lebensbedingungen und größere politische Freiheiten zu finden. Was veranlaßt gegenwärtig Deutsche, deren Staat nach Aussage von Walter Ulbricht »erfolgreich die Funktionen der Diktatur des Proletariats ausführt«, ihrer Heimat den Rücken zu kehren?

Wir sind aus dem Urlaub in der DDR mit gemischten Gefühlen nach Hamburg zurückgekehrt. Was wir gesehen und erlebt haben, hat uns nachdenklich gemacht. Über unsere Unterbringung, Beköstigung und Behandlung im FDGB-Heim

»Maxim Gorki« gibt es nur Erfreuliches zu berichten. Was wir dort auf den Tisch gesetzt bekommen haben, können wir uns zu Hause nicht leisten. Zum ersten Male sind wir in den Genuß eines Bades gekommen. In unserer Hamburger Wohnung werden wir auf diese Einrichtung wohl noch lange verzichten müssen. Wir waren im Heim die einzigen westdeutschen Gäste. Unter den Gästen aus der DDR haben wir leider keine Arbeiter aus den Betrieben gefunden, sondern nur Angestellte des SED- oder FDGB-Apparates. Darüber wundern wir uns, weil das Heim für Betriebsarbeiter und nicht für Funktionäre vorgesehen ist. Wir werden belehrt, daß diese Funktionäre im Grunde genommen ja auch Arbeiter seien, da sie aus der Arbeiterklasse kommen. Ein junger Gewerkschafter vom Kreisvorstand, der die FDGB-Heime zu kontrollieren hat, sieht das allerdings ganz anders.»Das dürfte nicht so sein; hier sollen Betriebsarbeiter Erholung genießen können, die dieser dringend bedürfen. Aber wen schickt man hierher? Kleine Funktionäre und die ›Bestarbeiter‹, die in den Betrieben die Produktion steigern helfen. Sie erhalten den Aufenthalt als Belohnung für ihre Leistung! Ich sage Dir, das ist nicht gut, es macht nur böses Blut unter den Leuten. Sprich' doch mal mit Herbert, damit der FDGB-Vorstand das ändert.«

Der Kollege macht sich große Sorgen um die weitere Entwicklung. »Wir sind bei der Bevölkerung schlecht angeschrieben«, sagt er, »glaube mir, die möchten uns am liebsten auf offener Straße erschlagen!« Er erzählt uns, daß vor einem halben Jahr auf Veranlassung der sowjetischen Kontrollkommission eine Untersuchung über die Stimmung in der Bevölkerung und die Arbeit der Organisation stattgefunden hat.

Die Kommission bestand aus einer Gruppe ausgesuchter SED-Funktionäre, die nicht zu den Parteiinstanzen mit einem Hang zu Erfolgsmeldungen gehörten, und sowjetischen Funktionären. Sie stellten eine katastrophale Stimmung der Massen und eine lähmende Bürokratisierung im Partei- und Staatsapparat fest. Die Bevölkerung ist an der Tätigkeit der SED desinteressiert. Die Arbeiterschaft steht den von oben verfügten Maßnahmen feindlich gegenüber, und die Funktionäre der Betriebsorganisationen und Kreisleitungen verrichten ihre Arbeiten ohne inneres Engagement.

Als ich mich bei Herbert Warnke danach erkundige, erklärt er solche Berichte zu tendenziösen, parteifeindlichen Erfindungen. Ich begreife Herbert nicht.Kann oder will er nicht wahrnehmen, was in der DDR vor sich geht? Er ist sehr stolz darauf, daß eine »Landwirtschaftliche Produktionsgenossenschaft« (LPG), ein sogenanntes Musterkollektiv, in der Nähe von Magdeburg, in Wolmirstedt, seinen Namen trägt. »Die Genossenschaftsbauern wollten dies als eine Ehrung des FDGB verstanden wissen, als eine Anerkennung für die Hilfe, die die gewerkschaftlich organisierten Arbeiter, Angestellten und Angehörigen der Intelligenz den werktätigen Bauern seit fast acht Jahren erwiesen.«[47]

Leider haben Irmgard und ich die LPG in Wolmirstedt nicht zu sehen bekommen und können deshalb auch kein Urteil über sie abgeben. Sehr wohl können wir aber beurteilen, welche verheerenden Folgen die überstürzte Kollektivierung der Bauern in der Landwirtschaft gehabt hat. Die Autofahrt von Schierke nach Berlin bot uns die Gelegenheit, eine Reihe von Mißständen mit eigenen Augen zu sehen.

Auf die »sozialistische Umgestaltung des Dorfes« haben viele Bauern mit der Flucht in den Westen geantwortet. Die Zeugnisse dafür sind so augenfällig, daß man daran nicht vorbeisehen kann. Unbewohnte Bauernhöfe, unbebaute Äcker, auf denen das Unkraut wuchert, Kornfelder vom Vorjahr, die nicht abgeerntet worden sind, weder auf den Weiden, noch in den Stallungen findet sich Rinderbestand. Nur vereinzelt sehen wir Landwirtschaftliche Produktionsgenossenschaften. Sie machen den Eindruck, als würde dort mit mangelndem Interesse und wenig Fachkenntnis gearbeitet. Äcker und Gehöfte sehen vernachlässigt, wenn nicht gar verwahrlost aus. Besonders schlimmm ist es in Mecklenburg und in der Mark Brandenburg. Daß das seine Rückwirkung auf die Versorgung der Städte mit landwirtschaftlichen Produkten hat, können wir ebenfalls feststellen. In Berlin stehen die Leute Schlange nach Lebensmitteln. Magermilch wird auf Karten und nur für Kleinkinder abgegeben. Auch Fett, Fleisch und Zucker sind rationalisiert. Andere Güter des täglichen Bedarfs sind Mangelware, und die Qualität ist schlecht. Außerdem sind die hohen Preise in den HO-Läden für die meisten Arbeiter unerschwinglich. Nach offiziellen Angaben[48] beläuft sich das monatliche Durchschnittseinkommen aller Beschäftigten auf 308 Mark, davon das der Produktionsarbeiter auf 313 Mark. Die Stundenlöhne für Arbeiter liegen im Schnitt unter 2 Mark. Schlecht bestellt ist es um das Einkommen der Alters-, Invaliden- und Unfallrentner. Die Mindestrenten betragen 65 Mark, für die Witwen 55 Mark. Dabei ist deutlich erkennbar, daß die durch den Krieg zerrüttete Wirtschaft wieder aufgebaut ist. Beachtliche Erfolge sind besonders in der Energie-, Stahl- und Chemieproduktion zu verzeichnen. Zurückgeblieben ist allerdings die Entwicklung in der Konsumgüterindustrie.

In Berlin besuchen wir auch unsere Freunde Elisabeth und Franz Blume. Franz, gelernter Tischler, ist jetzt Vorsitzender der Holzarbeitergewerkschaft im FDGB. Er unterhält uns mit Schilderungen aus seiner Tätigkeit. Über eine Auseinandersetzung mit Zimmerleuten erzählt er, als sei es eine spaßige Angelegenheit gewesen: »Stellt Euch vor, die waren mit ihrer Entlohnung unzufrieden und wollten deshalb streiken. Dafür wollten sie auch noch die Unterstützung der Gewerkschaft. Da habe ich denen aber was erzählt! Wir leben doch nicht in einer kapitalistischen Gesellschaft. Das sind doch Eure Betriebe, die Ihr bestreiken wollt! Man schlägt sich doch nicht selbst ins Gesicht!« Ob er denn nicht der Meinung sei, daß die Arbeiter Grund zur Unzufriedenheit hätten, fragen wir, und weisen auf unsere Beobachtungen hin. Franz muß zugeben, daß es hier und da mal zu ›Engpässen‹ käme. Das sei aber sicherlich nur vorübergehend. Man müsse die Perspektive im Auge behalten. Er legt die »Einheit«, das Funktionärsorgan der SED auf den Tisch: »Hier, lies, welche Prognose Walter Ulbricht auf dem 11. Parteitag der SED im Juli 1950 gestellt hat. Dieser Voraussage nach wird die »Wirtschaftspolitik der DDR in den kommenden Jahren ein Tempo einschlagen, dem kein kapitalistisches Land folgen kann. Schon sehr bald wird der Lebensstandard den des imperialistischen Deutschland, wo Erwerbslosigkeit und wirtschaftliches Durcheinander ein Dauerzustand sind, bedeutend übertreffen«.

Auf der schon erwähnten Parteikonferenz der SED im Juli 1952 wurde auch der Beschluß gefaßt, »in der DDR in allen gesellschaftlichen Bereichen planmä-

Besuch in der DDR (in Schierke 1952)

ßig die Grundlagen des Sozialismus zu schaffen«. Damit ist die Ankündigung der KPD aus dem Jahre 1945, keinen Sozialismus nach sowjetischem Muster anzustreben, faktisch zu einem bloßen Fetzen Papier geworden.

Diese Wendung ist später von Sozialdemokraten und auch von Leuten, die links von der SPD stehen, als Beleg dafür genommen worden, daß die Erklärung der KPD von 1945 (die sogenannten Ackermann-Thesen) nur ein taktisches Manöver gewesen wäre, wohinter sie ihre wirklichen Absichten verberge. Solchen Ansichten muß ich widersprechen.

Nachweislich hat sich die KPD schon 1939 auf der »Berner Konferenz der Kommunistischen Partei Deutschlands« zu den Thesen von Anton Ackermann bekannt. In den Dokumenten der Konferenz heißt es: »Das ZK der KPD wiederholt ausdrücklich vor allen Sozialdemokraten, Katholiken, Demokraten, daß die Politik der Kommunistischen Partei Deutschlands fest und gradlinig darauf gerichtet ist, in engster Gemeinschaft mit allen fried- und freiheitsliebenden Deutschen Hitler zu stürzen und an die Stelle der Hitlerdiktatur eine vom ganzen Volk frei gewählte Volksregierung in einer neuen, demokratischen Republik zu setzen... Die neue, demokratische Republik muß ein Regime darstellen, in dem die

Arbeiterklasse führt, das einen tiefen sozialen Inhalt hat (Vergleich mit spanischer Republik), und in der eine vom Volk gewählte Regierung die materiellen Interessen der werktätigen Massen und das Leben der Nation sichert«, und an anderer Stelle wird der »Charakter der neuen, demokratischen Republik« so bestimmt, daß zu ihren Grundrechten die »Aufhebung aller volksfeindlichen Gesetze« gehöre. »Persönliche und politische Freiheit für alle Bürger, ohne Unterschied der Herkunft, des Standes, der Rasse und der Religion; volle Glaubens- und Gewissensfreiheit; Freiheit der Organisation, der Presse und Versammlung; Freiheit der Lehrtätigkeit, der wissenschaftlichen Forschung und künstlerischen Gestaltung; Wiederherstellung des freien, gleichen und direkten Wahlrechts«.[49]

Offensichtlich haben damals die Teilnehmer der Konferenz (Abusch, Ackermann, Bertz, Dahlem, Eisler, Emmerlich, Gentsch, Hähnel, Jungmann, Knöchel, Merker, Mewis, Niebergall, Pieck u.a.) aus den Fehlern der Vergangenheit Lehren gezogen und den Willen gehabt, nach der Beseitigung des Faschismus, in Deutschland als eigenständige deutsche kommunistische Partei Politik zu betreiben. Aber die Realitäten nach 1945 ließen weder in West- noch in Ostdeutschland eine von den Besatzungsmächten unabhängige Politik zu.

Herbert Warnke begrüßt den Beschluß der SED, in der DDR »planmäßig die Grundlagen des Sozialismus« zu schaffen: »Welch ein gewaltiges Wort ist das: Aufbau des Sozialismus! Nur dunkel ahnten wir damals (1917) die ganze Bedeutung dieses Ereignisses, und in den folgenden Monaten haben Millionen von Arbeitern manches Mal befürchtet, daß dieses schwache Licht im Osten, diese große Hoffnung der Menschheit, wieder erlöschen könnte. Aber wie groß ist dieses Licht, wie ist es zu einer wirklichen Sonne für die ganze Menschheit geworden? ... An diese Sonne des Sozialismus haben wir geglaubt und glauben heute mehr an sie denn je!«[50] Neun Monate nach diesem Beschluß von historischer Bedeutung hat die Versorgungskrise in der DDR ein Ausmaß angenommen, das an die frühe Nachkriegszeit erinnert. In einer Belegschaftsversammlung im Hydrierwerk Zeitz steht ein Arbeiter auf und sagt: »Kollegen, was sich jetzt bei uns tut, ist für uns Arbeiter beschämend. Siebzig Jahre nach dem Tode von Karl Marx müssen wir noch über die elementarsten Lebensbedingungen debattieren. Wenn Karl Marx dieses ahnte, würde er sich im Grabe umdrehen!«[51]

Der Beschluß zum Aufbau des Sozialismus bedingt auch die Einführung der ›sozialistischen Planwirtschaft‹, wobei die Absicht Stalins, die mitteldeutsche Wirtschaft organisatorisch der Sowjetunion und der mit ihr verbundenen Volksdemokratien anzugleichen, gewiß auch eine Rolle spielt. Die ersten Ansätze zur Planwirtschaft gehen bis auf das Jahr 1948 zurück. Im Anschluß an die Nachkriegsreform des ersten Halbjahres arbeiteten Wirtschaftler, Funktionäre und sowjetische Planspezialisten einen kurzen Übergangsplan und den Zweijahresplan für 1949/50 aus. Im zweiten Planjahr trat wieder eine derartige Kommission zusammen, um den Fünfjahresplan für die Zeit von 1951 bis 1955 vorzubereiten. Fortan beschäftigten sich Parteikonferenzen, Partei-Aktivs in den Betrieben, Grundeinheiten in den Wohngebieten, FDGB-Konferenzen und FDGB-Betriebsgruppen, die ›Nationale Front‹ und der ›Bauernverband‹ nur noch mit diesem Thema.

Unter der Nachwirkung meiner Reiseerlebnisse verfolge ich die Ereignisse mit besonderer Aufmerksamkeit und mit jeder neuen Nachricht wächst meine Unruhe und Besorgnis. Am 9. April 1953 beschließt der Ministerrat der DDR für bestimmte soziale und berufliche Gruppen die Ausgrenzung von der Lebensmittelzuteilung. Mit Wirkung vom 1. Mai erhalten danach private Unternehmer und Großhändler, Handwerker mit mehreren Beschäftigten, selbständige Rechtsanwälte und Steuerberater, Gaststättenbesitzer und Einzelhändler, die Eigentümer zerstörter Landwirtschaftsbetriebe sowie Hausbesitzer, die überwiegend von Mietzins leben, keine Lebensmittelkarten mehr. Davon sind etwa zwei Millionen Menschen, mehr als ein Zehntel der DDR-Bürger, betroffen. »Recht so«, sagt Ernst Aust, ebenfalls Redakteur bei der »HVZ«, »wozu sollen sich diese Drohnen an den Produkten mästen, die den Arbeitern zustehen, die den sozialistischen Aufbau vorantreiben.« Einen ganz kurzen Augenblick lang kommt mir die Vermutung, Ernst Aust sehe diese Maßnahmen ebenfalls mit kritischen Augen, und seine Bemerkung sei ironisch gemeint. Aber da habe ich mich getäuscht. Er meint es ernst. »Und was sollen die Betroffenen nun machen?« frage ich, »sollen sie den Schwarzen Markt ›beleben‹, wodurch der Bevölkerung noch mehr Lebensmittel entzogen würden, oder sollen sie aus der DDR flüchten? Volkswirtschaftlich wirkt sich das so oder so zum Nachteil für die DDR aus.

Wenige Tage nach dem Ministererlaß werden in der DDR die Verbraucherpreise für Fleisch, Wurst, Backwaren und Marmelade angehoben. Am 13./14. Mai tritt das ZK der SED zu seiner 13. Tagung zusammen und beschließt, die Arbeitsnormen insgesamt um mindestens 10 Prozent zu erhöhen. »Diese Erhöhung der Arbeitsnormen muß der erste Schritt zur Beseitigung der bestehenden rückständigen Arbeitsnormen und der Ausgangspunkt einer systematischen Arbeit auf dem Gebiet der technischen Arbeitsnormung sein«, heißt es in dem Beschluß.[52] Seit Monaten läuft in der DDR schon eine Kampagne zur ›freiwilligen‹ Erhöhung der Arbeitsnormen. Bei meinem Besuch in Berlin habe ich feststellen können, wie die Arbeiter darauf reagieren. Der Fahrer von Herbert Warnkes Dienstwagen, ein kesser aber urgemütlicher Berliner, erzählt uns, was die Arbeiter von einer freiwilligen Normenerhöhung halten: »Wir sind doch nicht besessen! Nichts zu fressen, aber dolle dreschen. Das können Grotewohl und Ulbricht getrost vergessen«. Am 28. Mai ordnet der Ministerrat eine generelle Überprüfung der Normen an, um eine Erhöhung von »mindestens 10 Prozent bis zum 30. Juni 1953 sicherzustellen«. Beim Lesen dieser Pressemeldung ist mein erster Gedanke: Das dürfte man hier im Westen mit den Arbeitern nicht machen. Nur allzu gut erinnere ich mich noch an den 24stündigen Demonstrations- und Generalstreik vom 12. November 1948 gegen die Verschlechterung der Lebensbedingungen in den ersten Monaten nach der Währungsreform.

Die Normenerhöhung in der DDR wird am 1. Juni wirksam. Sie bedeutet für einen Facharbeiter die Schrumpfung seines wöchentlichen Prämienlohnes von 168 DM Ost auf 72 DM-Ost. Für die als ›Bauhilfsarbeiter‹ tätigen Frauen vermindert sich der Lohn von 52,80 DM-Ost auf 46 DM-Ost. Wie ich später erfahre, streiken zu dieser Zeit bereits die ersten Belegschaften. Schon im April ist es punktuell zu Arbeitsniederlegungen gekommen. Im Mai streiken die Arbeiter zweier Betriebe der Werkzeugmaschinenfabrik Ostberlin. Dann häufen sich die Arbeitsniederlegungen in immer größerem Umfang und greifen wie ein Steppenbrand um sich. Unaufhaltsam treibt die DDR in ihrer inneren Entwicklung jenem kritischen Punkt zu, an dem die Quantität ökonomischer Beschwernisse und sozialer Nöte in die Qualität offener Empörung, in Streiks, Demonstrationen und Unruhen umschlägt.

Am 15. Juni legen die Berliner Bauarbeiter, Maurer und Zimmerleute auf Block 40 der Baustelle ›Stalinallee‹ nach gemeinsamer Beratung die Arbeit nieder. Sie fordern die Rücknahme der Normenerhöhung. Ungeachtet dessen schreibt am nächsten Tage das Gewerkschaftsblatt »Tribüne«, nachdem es zunächst eingestanden hat, daß Partei und Regierung Fehler begangen haben: »... es wird in einigen Fällen die Frage gestellt, inwieweit die Beschlüsse über die Erhöhung der Arbeitsnormen noch richtig sind und aufrechterhalten bleiben. Die Beschlüsse über die Erhöhung der Normen sind in vollem Umfang richtig.«

Am selben Tage, am 16. Juni gegen 9 Uhr, formieren sich 80 Bauarbeiter der Stalinallee zu einem Protestzug. Auf provisorisch gefertigten Transparenten ist zu lesen: »Wir fordern die Herabsetzung der Normen!« Auf ihrem Marsch durch die Stalinallee schließen sich die Arbeiter anderer Baustellen zu Hunderten an. Als der Demonstrationszug den Strausberger Platz erreicht hat, kann die Volkspolizei ihn nicht mehr aufhalten. Um die Mittagsstunde sind vor dem Haus der Ministerien in der Leipziger Straße mehrere Tausend Arbeiter und Demonstranten versammelt. Die Demonstranten wollen Walter Ulbricht und Otto Grotewohl sprechen. Als diese sich verweigern, werden andere Funktionäre, unter ihnen der Minister für Erzbau und Hüttenwesen, Fritz Selbmann, niedergeschrieen. Statt dessen sprechen Arbeiter aus den Reihen der Demonstranten. Die Parole ›Generalstreik‹ geht um. Als sich der Zug gegen 17 Uhr auflöst, ist die Losung vom Generalstreik in aller Munde.

Zu dieser Zeit hat der Ministerrat die Normenerhöhung bereits zurückgenommen. Die Meldung, die der DDR-Rundfunk verbreitet, erreicht jedoch die in Bewegung geratenen Massen nicht mehr. Die Streikenden haben inzwischen einen Forderungskatalog formuliert: Auszahlung der Löhne nach den alten Normen schon bei der nächsten Lohnzahlung. Sofortige Senkung der Lebenshaltungskosten. Freie und geheime Wahlen. Keine Maßregelung der Streikenden und ihrer Sprecher. Am 17. meldet der NDR: »Arbeiteraufstand in der Sowjetzone«. Nahezu pausenlos berichtet er von den sich überstürzenden Ereignissen. Beklommenen Herzens nehme ich jede Meldung auf.

Es ist alles andere als angenehm zu verfolgen, wie man hier auf die Ereignisse reagiert, wie man sie kommentiert, über sie spekuliert und dreckige Hoffnungen daran knüpft.

Am 17. Juni haben die Arbeitsniederlegungen auf nahezu alle Betriebe und auf alle wirtschaftlichen Bereiche übergegriffen. Blitzartig breitet sich der Aufstand über die ganze Republik aus. Nach späteren offiziellen Angaben der SED ist es am 17. Juni in 272 Städten und Ortschaften der DDR zu Streiks, Demonstrationen und Unruhen gekommen. Die Zentren des Aufstandes sind außer Ostberlin und den Berliner Randgebieten mit Brandenburg, Henningsdorf, Kirchmöser, Ludwigsfelde, Potsdam, Rathenow sowie Cottbus und Görlitz die mitteldeutschen und sächsischen Industrieriere mit den Schwerpunkten Bitterfeld, Dresden, Halle, Merseburg, Leipzig sowie Magdeburg, Jena und Umgebung. Gestreikt wird auch in Rostock und auf der Insel Rügen. Politisch am weitesten gediehen ist der Aufstand in Bitterfeld. Unter Leitung eines überbetrieblichen Streikkomitees werden das Volkspolizei-Kreisamt, die Stadtverwaltung, die Dienststelle der Staatsicherheit und das Gefängnis besetzt. Symptomatisch für den Geist, der den Aufstand beseelt, ist das Telegramm der Zentralen Streikleitung an die Regierung in Berin: »Wir Werktätigen des Kreises Bitterfeld fordern von Ihnen:

1. Rücktritt der sogenannten Deutschen Demokratischen Regierung, die sich durch Wahlmanöver an die Macht gebracht hat
2. Bildung einer provisorischen Regierung aus den fortschrittlichen Werktätigen
3. Zulassung sämtlicher großen demokratischen Parteien Westdeutschlands
4. Freie, geheime, direkte Wahlen in vier Monaten
5. Freilassung sämtlicher politischer Gefangenen (direkt politischer, sogenannter Wirtschaftsverbrecher und konfessionell Verfolgter)
6. Sofortige Abschaffung der Zonengrenze und Zurückziehung der Vopo
7. Sofortige Normalisierung des sozialen Lebensstandards
8. Sofortige Auflösung der sogenannten Nationalarmee
9. Keine Repressalien gegen einen Streikenden«.

In diesen Forderungen sind die wichtigsten politischen Ideen des Aufstandes vom 17. Juni niedergelegt.

So fügt es sich, daß Lenins Theorie über das »Grundgesetz der Revolution«, das er in seiner Schrift »Der linke Radikalismus, die Kinderkrankheit im Kommunismus« formulierte, und seine Lehre von den Voraussetzungen einer »revolutionären Krise« voll auf die »sozialistische« DDR zutreffen sollte. Nicht nur wurden »die ausgebeuteten und geknechteten Massen sich der Unmöglichkeit, in der alten Weise weiterzuleben, bewußt« und forderten eine »Änderung«, sondern auch die zweite von Lenin geforderte Voraussetzung traf ein, »daß die Ausbeuter nicht mehr in der alten Weise leben und regieren können.«

Die »gesamtnationale« (also Ausbeuter wie Ausgebeutete erfassende) Krise verdeutlicht sich darin, daß — immer mit Lenins Worten — »die Mehrheit der Arbeiter« (oder jedenfalls die Mehrheit der klassenbewußten, denkenden, politisch aktiven Arbeiter) beginnt, die Notwendigkeit der Umwälzung vollkommen zu begreifen und schon in wenigen Stunden bereit sein sollte, ihretwegen in den Tod zu gehen.« Gleichzeitig machen die »herrschenden Klassen eine Regierungskrise« durch, »die sogar die rückständigen Massen in die Politik hineinzieht«.

Heinz Brandt[53] solidarisierte sich mit den rebellierenden Arbeitern. In einem späteren Bericht sagt er: »Gewiß waren es nicht nur Arbeiter, die aus Westberlin hinzugeströmt waren. Gewiß traten auch Rowdys und politische Abenteurer mit dunklen Zielen und dunklen Auftraggebern in Aktion. Sie fanden hier ein günstiges Betätigungsfeld. Aber sie fanden es auf der Grundlage einer elementaren Massenerhebung. Alles, was ich in diesen Stunden, in diesen Straßen sah, waren immer wieder Arbeiter und Arbeiterinnen, die ihre ›volkseigenen‹ Betriebe verlassen hatten, weil sie die Stunde für gekommen hielten, eine Ordnung zu ändern, die ihnen unerträglich geworden war, sich einer Obrigkeit zu entledigen, die sie nicht mehr dulden wollten. Wie unscharf und nebulös auch ihre Ziele waren, so wollten sie doch eines gewiß nicht: eine Reise zurück in die Vergangenheit, eine Wiederherstellung der alten Besitzverhältnisse des ostelbischen Großgrundbesitzes und des Konzerneigentums der Wehrwirtschaftsführer und der Rüstungsindustriellen.«

Ein anderer Augenzeuge, die in der DDR erscheinende »Weltbühne«, kommt zu der Feststellung:

»Daß in der Deutschen Demokratischen Republik über mancherlei Dinge Mißstimmung herrschte, ist eine Tatsache. Es ist ebenso eine Tatsache, daß diese Mißstimmung ihren Ausdruck in Streiks und Demonstrationen in Berlin und in einigen Städten der DDR fand. Aber es ist auch bewiesen, daß die Brandstiftungen und Plünderungen, die Mordhetze, die Mißhandlungen und die Morde an einigen Mitgliedern demokratischer Organisationen nicht der Wille und das Werk derer waren, die für berechtigte Forderungen auf die Straße gingen.«

Am 17. Juni gegen Mittag ruft meine Frau mich in der Redaktion an. Mit erstickter Stimme sagt sie: »Helmuth! Sie schießen in Berlin auf die Arbeiter«. Bevor ich mich noch äußern kann, legt sie auch schon wieder auf. Ja, in Berlin wird geschossen. Auf dem Alexanderplatz sind schon um 9 Uhr die ersten Panzerwagen aufgefahren. Ich habe es in den Nachrichten gehört. Gegen 12 Uhr fahren schwere Panzer vom Typ 34 am Potsdamer Platz, Unter den Linden und in der Leipziger Straße auf. Als Westberliner Provokateure die auf dem Brandenburger Tor gehißte Fahne herunterreißen, fallen die ersten Schüsse. Und während Hunderttausende von Demonstranten durch die Straßen Berlins drängen, werden mehr und mehr Soldaten der Roten Armee nach Ostberlin gebracht. Panzer, Panzerspähwagen und sonstige Gefechtsfahrzeuge werden an den Knotenpunkten der Hauptstraßen postiert. Um 13 Uhr — inzwischen wird aus MP und Maschinengewehren gefeuert —, auf beiden Seiten sind Verwundete und Tote zu verzeichnen —, verkündet der sowjetische Militärkommandant, General P.T. Dibrowa, den Ausnahmezustand für Ostberlin, außerdem ist Ausgangssperre bis 7 Uhr morgens angeordnet. Um 21 Uhr am 17. Juni sind die Straßen wie leergefegt. Dank des Eingreifens der Roten Armee ist der Arbeiteraufstand in Ostberlin zu dieser Stunde schon zusammengebrochen.

Alle Zeitungen der DDR bringen am nächsten Tage den Befehl der sowjetischen Kommandantur in Fettdruck auf der ersten Seite:

»Ab 13 Uhr des 17. Juni 1953 wird im sowjetischen Sektor von Berlin der Ausnahmezustand verhängt. Alle Demonstrationen, Versammlungen, Kundgebungen und sonstige Menschenansammlungen über drei Personen werden auf Straßen und Plätzen wie auch in öffentlichen Gebäuden verboten.«

Wenige Tage nach dem Aufstand aber bekennt trotzig und selbstbewußt ein Arbeiter in einer Belegschaftsversammlung in Ostberlin: »Ich bin stolz auf den 17. Juni. Er hat die Arbeiter gelehrt, daß sie eine Kraft sind und einen Willen haben.«[54] Bertolt Brecht vertraut seinem »Arbeitsjournal« an: »Der 17. Juni hat die ganze Existenz verfremdet. In aller Richtungslosigkeit und jämmerlichen Hilflosigkeit zeigen die Demonstrationen der Arbeiterschaft immer noch, daß hier die

17. Juni 1953: Henningsdorfer Stahlwerker auf dem Weg nach Ost-Berlin

aufsteigende Klasse ist. Nicht die Kleinbürger handeln, sondern die Arbeiter.«
Der Verlauf des Aufstandes hat den Beweis erbracht, daß er von keiner Seite von
langer Hand vorbereitet worden ist. Zustandekommen, Umfang und Verlauf des
Arbeiteraufstandes in Ostberlin und der DDR haben seine Spontaneität bewiesen. Der beste Beweis dafür, daß dem Aufstand jede Planung und Lenkung, jede
Koordination und Organisation fehlte, ist die Tatsache, daß es den Sowjettruppen
möglich war, ihn binnen weniger Stunden niederzuschlagen. Fest steht auch, daß
die Erhebung sich in keinem bekannten Fall gegen die Besatzungsmacht richtete.
Antisowjetische Losungen waren nicht Sache der Aufständischen. In Bitterfeld,
wo sich der Aufstand politisch am weitesten entwickelte, erteilte das Streikkomi-
tee Weisung, den Befehlen der Besatzungsmacht zu folgen und keinen Widerstand zu leisten. Im Gegensatz zu anderen Brennpunkten des Aufstandes ist es
hier auch kaum zu Ausschreitungen gekommen.

Die SED-Führung braucht fast eine ganze Woche, um sich zu einer Stellungnahme zum Aufstand durchzuringen. Am 21. Juni bezeichnet das Zentralkomitee
der SED den Aufstand als einen »faschistischen Putsch«. In einer mehrseitigen
Erklärung wird folgende Deutung der Ereignisse gegeben: Ausgangspunkt der
Ereignisse sei eine Kräfteverschiebung zwischen den beiden Weltmächten zugunsten des »Weltfriedenslagers«. Dies habe die andere Seite, die »amerikanischen
und westdeutschen Kriegstreiber«, in eine schwierige Lage gebracht, sähen sie
doch ihre Pläne scheitern und den dritten Weltkrieg, den sie möglichst rasch hätten entfesseln wollen, in weite Ferne rücken. In ihrer Panik griffen sie zu abenteu-
erlichsten Maßnahmen. So hätten sie beispielsweise einen »Tag X« geplant, an
dem sie von Berlin aus die Deutsche Demokratische Republik aufrollen wollten.
Diesen »Tag X« hätten sie für den 17. Juni 1953 angesetzt. In Westdeutschland sä-
ßen die amerikanischen Agenturen, die auf Anweisung von Washington die Plä-
nefür Krieg und Bürgerkrieg ausarbeiteten. Adenauer, Ollenhauer, Kaiser und

Reuter hätten die unmittelbare Vorbereitung des Tages X organisiert. So hätte in der Deutschen Demokratischen Republik eine faschistische Macht errichtet und Deutschland der Weg zu Einheit und Frieden versperrt werden sollen.[54]

Während ich von einer Stimmung heimgesucht werde, in der man sich fragt, ob das Leben noch einen Sinn hat, hat Herbert Warnke schon die Position des Beschlusses der 14. Tagung des ZK der SED vom 21. Juni vorweggenommen. Am 18. Juni veröffentlicht die »Tribüne« einen von ihm namentlich unterzeichneten Aufruf des Bundesvorstandes des FDGB, gerichtet »An alle Arbeiter und Angestellten«, in dem es heißt: »... Wem nützt das alles, und wer steht hinter diesen Vorgängen? Das sind die gleichen Kräfte, die Deutschland schon zweimal ins Unglück gestürzt haben und die es jetzt ein drittes Mal versuchen. Nach ihrem Willen wurden rote Arbeiterfahnen heruntergerissen und Läden angezündet. Das sind faschistische Handlungen, die jeder ehrliche Arbeiter verabscheut...«

Wie kann man es sich nur so einfach machen? Es kann doch auch dem FDGB-Vorstand nicht entgangen sein, daß ausgerechnet an den traditionellen Stätten der deutschen Arbeiterbewegung wie Halle, Leipzig und Magdeburg die bedeutendsten Unruhen stattfanden, wobei der Aufstand in ehemaligen KPD-Domänen nicht weniger heftig war als dort, wo die SPD vorherrschte. Die stärksten Erhebungen fanden im Gebiet von Halle/Merseburg statt, dort war die KPD in der Weimarer Republik bis zum Aufstieg des Nationalsozialismus die stärkste Partei. Andere Zentren des Aufstandes, wie Magdeburg oder Leipzig, waren vor 1933 sozialdemokratische Hochburgen. Die Streikenden wurden von Komitees, die von den Belegschaften gewählt worden waren, angeführt. Den Komitees gehörten überwiegend erfahrene, zum Teil ältere Arbeiter an; zwei Drittel waren über 30 Jahre alt, darunter ein großer Teil Facharbeiter. Jeder vierte war Mitglied der SED, alle waren Mitglieder des FDGB. Nicht wenige Streikführer waren Veteranen der Arbeiterbewegung, Menschen, die seit 30, 35 Jahren in gewerkschaftlichen, kommunistischen und sozialdemokratischen Zusammenhängen gekämpft hatten. Tausende von FDJ-Mitgliedern beteiligten sich an den Demonstrationen. Ein Teil der FDJ-Einheiten brach während des Aufstandes völlig zusammen, ging in die Masse der Streikenden auf und solidarisierte sich mit ihnen.[54]

Wie reagiert die Hamburger Parteiorganisation auf die Ereignisse im SED-Bereich, wie verhält sich die Redaktion der »Hamburger Volkszeitung«? Parteileitung und Redaktion enthalten sich jeglicher eigenen Stellungnahme. Die »HVZ« druckt die Veröffentlichungen der SED-Zeitung »Neues Deutschland« nach. Bei der »HVZ« bin ich nach meiner Entlassung aus dem Knast als Redakteur für Gewerkschaftsfragen, Arbeit und Soziales eingetreten. Es geht bei uns zu wie in einer Veranstaltung der SED am 16. Juni in Berlin, am Vorabend des geplanten Generalstreiks. In Berlin demonstrieren Massen von Arbeitern, und die Volkspolizei ist in Alarmbereitschaft versetzt; aber Walter Ulbricht und Otto Grotewohl sprechen vor mehreren Tausend Funktionären im Friedrichstadtpalast über »Planungsfragen«. Über den Demonstrationszug der Bauarbeiter jedoch verlieren sie kein Wort. Nach der gleichen Devise verfährt man auch bei uns — »daß nicht sein kann, was nicht sein darf«. Unsicherheit und vor allem Ratlosigkeit haben sich bei uns breitgemacht. Partei- und Redaktionsleitung pendeln zwischen Hamburg und dem Parteivorstand in Düsseldorf hin und her, ohne jedoch zu einer klaren Position zu kommen. Die Ratlosigkeit des Zentralkomitees der SED findet in der Orientierungslosigkeit des Parteivorstandes der KPD ihr Pendant. Die »marxistisch-leninistische Partei als die bewußte Vorhut der Arbeiterklasse« ist hilflos wie ein Kind. Aber dann ist dem Parteivorstand eingefallen, wie man die Lage wieder in den Griff bekommen könnte. Fünf Tage nach dem 17. Juni ist eine außerordentliche Redaktionsbesprechung der HVZ-Redakteure angesagt. Der Chefredakteur hat anscheinend neue Direktiven vom Parteivorstand aus Düsseldorf mitgebracht. Alles Mögliche war zu vermuten gewesen, nur das nicht, was uns jetzt unterbreitet wird. Anstatt auf die Ereignisse des 17. Juni einzugehen, soll die Zeitung den 60. Geburtstag Walter Ulbrichts feiern! Die Vorbereitungen dazu sind in der DDR schon lange angelaufen. So sind Anfang des Jahres 1953 ein paar Dutzend hohe Funktionäre — Vertreter der SED, der anderen Parteien, Abgesandte aus den Vorständen der Gewerkschaften, hohe Regierungsangestellte, Armee- und Polizeioffiziere — zusammengekommen, um unter der Leitung von Lotte Ulbricht eine Kommission zu bilden, die sich mit der Ausgestaltung der Feierlichkeiten befaßt.

Ein Volksfest für Walter Ulbricht soll inszeniert werden. Tanz und Gesang in Dörfern und auf den Straßen, Würstchen- und Schießbuden und im Berliner Friedrichstadtpalast ein Staatsakt mit Geschenkaktion. Nicht nur aus der DDR, sondern auch aus Westdeutschland müßten »so viele, so schöne und so ›individuelle‹ Geschenke kommen, daß man nach dem Geburtstag eine große Geschenkausstellung aufbauen könne«. Der 17. Juni hat durch alle diese Pläne einen Strich gemacht. Der Hof-Dichter der DDR, Johannes R. Becher, holt später den Walter Ulbricht-Kult nach:

Bald gab es Brot
und Butter und Schuhe.
Die Republik gedieh,
als der Feind
— es war ein 17. Juni —
Lüge und Dummheit
in verworr'ne Hirne spie.
Das Hakenkreuz
es grinste frech
im Knopfloch der Putschisten.
›Stürzt
die Arbeiter-, die Bauernmacht'‹,
so grölten die Faschisten.
Du standest fest
— Genosse Ulbricht —
mit Stalingrader Mut.
Wir waren stärker
und zertraten
die ›weißgardistische‹ Brut.«

Kann auch der Geburtstagsbeitrag der Kommunistischen Partei unter den augenblicklichen Umständen in der vorgesehenen Form nicht geleistet werden, so bleibt der »Walter Ulbricht-Geburtstagsgeschenk-Aktion« immer noch die Möglichkeit des Gedenkens in der Parteipresse. Für die Redaktion der »HVZ« heißt das, eine Sonderausgabe zu erstellen. Der Chefredakteur und der Politredakteur werden den Leitartikel verfassen, von mir erwartet man eine Seite über den politischen Werdegang von Ulbricht, unter besonderer Berücksichtigung seiner »beispielhaften gewerkschaftlichen Tätigkeit«. Ein Artikel soll nur dieser Tätigkeit gewidmet sein, er soll die Überschrift tragen: »Walter Ulbricht als vorbildlicher Gewerkschafter«.

Ich bin zutiefst enttäuscht von dieser Redaktionsbesprechung. Was habe ich nicht alles erhofft! Daß die Ereignisse in der DDR erörtert werden, die Ursachen, die zum 17. Juni geführt haben, die Frage nach den Konsequenzen, die sich daraus für die Partei ergeben. Walter Ulbricht? Walter Ulbricht kann mir gestohlen bleiben! Und da bricht auch schon meine ganze Empörung heraus: »Ich denke gar nicht daran, eine Ulbricht-Beilage für die »HVZ« zu basteln.« Zur Begründung führe ich folgendes an:

1. Ulbricht ist meines Erachtens für die Ursachen des Aufstandes verantwortlich.
2. Er hat sich den Arbeitern nicht gestellt, sondern sich feige gedrückt und sich der russischen Panzer gegen die Arbeiter bedient, wie einst der Sozialdemokrat Fritz Ebert der Kanonen der Reichswehr.
3. Ulbricht ist zu keiner Zeit ein aktiver Gewerkschafter gewesen. Seit 1920 ist er nur im Parteiapparat beschäftigt gewesen, hatte also gar keine Gelegenheit, sich gewerkschaftlich zu betätigen. Und im übrigen hat er die RGO-Politik der KPD in den zwanziger Jahren kräftig unterstützt.

Zu meiner Bestürzung gehen die anderen Redakteure auf meine Argumente gar nicht ein, auch nicht auf meine Forderung, jetzt und hier über den 17. Juni zu diskutieren. Ich habe nicht erwartet, auf ein solches Maß von Unverständnis zu stoßen, wie es mir hier entgegenschlägt. Der 17. Juni und seine möglichen Folgen scheinen für meine Genossen überhaupt kein Problem zu sein. Betroffen sind sie lediglich von meiner Weigerung, »einen Parteibeschluß« durchzuführen. Wie zu einem Kinde reden sie mit mir. Es werde für mich schon nicht so schwierig sein, als alter Kenner der Parteigeschichte die geforderte Gewerkschaftsseite zu redigieren, ich hätte ja auch mehrere Tage dafür zur Verfügung. Ich sehe mich im Kreis der Genossen um. Das sind doch meine Freunde, wir waren doch immer ein gutes Team, aufeinander eingeschworen, haben manchen Spaß miteinander gehabt, kennen keine persönlichen Unstimmigkeiten, jeder war jedem ein guter Kamerad! Und jetzt bin ich von einem Augenblick auf den anderen ein Fremdkörper unter ihnen. In diesem Augenblick wird mir klar, daß es nie wieder wie früher sein wird, daß ich nicht mehr zu ihnen gehöre, nicht mehr zur Kommunistischen Partei, daß mich nichts mehr mit ihnen verbindet, und ich schreie es regelrecht heraus, daß ich es satt habe, und wie satt! »Ich werde die Gewerkschaftsseite nicht machen. Ich werde nichts mehr schreiben! Ich trete aus der Redaktion aus, und ich lege auch alle anderen Funktionen der Partei nieder. Und das sofort!«

Nein, sie begreifen nicht. Sie halten mich anscheinend für krank, vermuten einen Nervenkollaps, reden gütlich auf mich ein, bieten mir ein halbes Jahr bezahlten Erholungsurlaub an (anschließend werde man weitersehen). Sie bauen mir goldene Brücken. Auch hier sage ich »Nein!« Der Urlaub würde von Parteibeiträgen finanziert. »Ich kann es nicht mit meinem Gewissen vereinbaren, auf Kosten der Arbeitergroschen ein faules Leben zu führen.« Irgend jemand muß den Parteivorstand benachrichtigt haben. Plötzlich sind Magda Langhans von der Kontrollkommission, Walter Schwind, als stellvertretender Parteivorsitzender und der Leiter der Abteilung für Arbeit und Soziales aufgekreuzt. Es sind dieselben, die mich bei meiner Entlassung aus dem Knast am Ochsenzoller U-Bahnhof mit Blumen empfangen haben:

Jetzt sind sie weniger begeistert von mir. Aus ›wohlmeinenden‹ Genossen sind Untersuchungsrichter geworden, und ich werde von ihnen einem regelrechten Verhör unterzogen.

Am stärksten ereifert sich der junge Genosse, der die Abteilung Arbeit und Soziales leitet. (Der liebe Gottlieb Weide ist schon lange in die Wüste geschickt worden und arbeitete jetzt als Bote bei einer Expeditionsfirma). Der junge Genosse sagt zu mir:»Du bist für mich als ein alter Genosse immer ein Vorbild gewesen. Und jetzt bist Du zum Klassenfeind übergegangen, machst Dich gemein mit den Faschisten, die in der DDR die roten Fahnen zerrissen und unsere Genossen ermordet haben. Du nennst Dich Marxist und stellst Dir nicht die Frage, wem nützten die Unruhen in der DDR, wer hat sie langzeitig vorbereitet, um den ersten Arbeiter- und Bauernstaat auf deutschem Boden zu verrichten. Schämst Du Dich nicht vor der Partei?« Ich denke für mich, daß ich ein schlechtes Vorbild gewesen bin, wenn ich überhaupt eins war. Ich war ein Kommunist wie andere auch, mit einem widersprüchlichen Verhältnis zur Politik. Einerseits folgte ich der Vernunft, gleichzeitig war ich quasi gläubig. Vorbeter eines dogmatisch verengten Marxismus mit dem hohlen Geist einer Kirchengemeinde. Vergebens bemühte ich mich, mit den Genossen zu einem vernünftigen sachbezogenen Dialog zu kommen. Die reden gar nicht mehr mit mir. Die reden über mich! Einen Augenblick habe ich die Vorstellung von einem Krankenzimmer, in dem sich die Ärzte am Bett des Pateinten über seinen psychischen Zustand unterhalten. Ja, bin ich denn verrückt? Da wird der Politredakteur gefragt, ob ihm in den letzten Tagen an mir ›nichts Außergewöhnliches‹ aufgefallen sei, der Mitarbeiter in meiner Abteilung muß Auskunft darüber erteilen, ob er etwas ›Besonderes‹ in meinem Verhalten der letzten Zeit bemerkt habe, von Willi Stahl, Gefährte seit meiner Kindheit und heute als Techniker bei der»HVZ« beschäftigt, will man wissen, ob er, der mich ja nun gründlich kenne, auffällige Veränderungen festgestellt habe.

Der Politredakteur sagt, ihm sei nichts aufgefallen, und im übrigen habe er mit der Zeitungsarbeit genug zu tun, um darüber hinaus auch noch psychologische Beobachtungen anstellen zu können. Mein Mitarbeiter:»Von Helmuth habe ich immer nur lernen können.« (Nach dem KPD-Verbot avanciert er bei der Gewerkschaftszeitung»Welt der Arbeit« aufgrund seiner journalistischen Begabung vom freien Mitarbeiter zum Redakteur).

Willi Stahl in seinem geliebten Hamburger Platt:»De hett sich nich' ennert. Is immer noch wi freuer. Mit den kannst Peer stehl'n.« Ein schallendes, erlösendes Lachen des Redaktionschefs macht der gespannten Situation ein Ende. Ich gehe ein letztes Mal in mein Redaktionszimmer und räume meine Sachen aus dem Schreibtisch. In der Buchhaltung fordere ich meine Entlassungspapiere an und lasse mir mein letztes Gehalt auszahlen.

Nachspiel

In den folgenden 11 Monaten verfüge ich über viel freie Zeit. Kein Unternehmer will einen ehemaligen kommunistischen Funktionär einstellen, obwohl Arbeitskräfte rar geworden sind. Auf meiner Karteikarte beim Arbeitsamt steht der Vermerk: SED-Agent. Der Vermittler, ein mir bekanntes Mitglied aus der IG Bau-Steine-Erden und mir wohlgesonnen, macht mich darauf aufmerksam. Auf Bewerbungsbriefe bekomme ich selten und wenn, dann ablehnende Antworten. Am 28. Juli 1953 erhalte ich einen Brief ohne Absendervermerk. Neugierig wende ich ihn hin und her. Was mag er enthalten? Er entpuppt sich als ein Schreiben der »Hamburger Volkszeitung«.

»Werter Genosse Helmuth Warnke!

Wir wissen nicht, aus welchem Grund Du auf der letzten Betriebsgruppenversammlung nicht anwesend warst. Wir, als Grundeinheit der KPD, werden nicht darauf verzichten, absolute Klarheit über Deine politische Haltung zu verlangen. Darum ersuchen wir Dich um eine Erklärung, ob Du überhaupt bereit bist, an der nächsten Betriebsgruppenversammlung teilzunehmen. Wir würden Dir dann den genauen Termin mitteilen. Unabhängig von dieser Antwort bitten wir Dich um eine präzise Beantwortung nachstehender drei Fragen:

1. Wie stehst Du zur Politik der KPD und zur Durchführung ihrer Beschlüsse?
2. Wie stehst Du zur Politik der SED?
3. Wie stehst Du zur Sowjetunion?

Auf nachstehende Fragen ersuchen wir Dich, bis zum 8. August 53 eine Erklärung abzugeben. Nach diesem Termin fühlen wir uns verpflichtet, ohne Dein Beisein einen Beschluß über Dein Verhalten zu treffen.

Mit sozialistischem Gruß

Gesamt-Betriebsgruppe HVZ/Alsterdruck.«

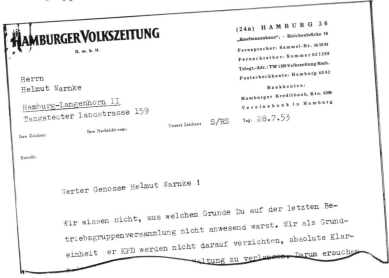

In meiner Antwort darauf schreibe ich:

»Liebe Genossen!

Entschuldigt bitte, daß ich Euren Brief vom 28.7.1953 nicht fristgemäß beantwortet habe. Aber ich weiß nicht recht, was ich darauf antworten soll. Da ich mit mir selbst noch immer nicht im reinen bin über mein Verhältnis zur Partei, widerstrebt es mir, gewissermaßen mündliche oder schriftliche Erklärungen in dieser Sache abzugeben.

Im ürigen ist der Abteilungsgruppe Redaktion meine Auffassung bekannt aus den Diskussionen, die wir vor meinem Ausscheiden aus der Redaktion führten. Danach halte ich den Beschluß der II. Parteikonferenz der SED, »Aufbau des Sozialismus in der Deutschen Demokratischen Republik«, für verfehlt und bin der Auffassung, daß dieser falsche Beschluß indirekt den Feinden des Sozialismus und des Friedens den Weg zu den verbrecherischen Provokationen vom 17. Juni d.J. geebnet hat.

Das Kommuniqué der SED vom 15. Juni 1953 mit dem Eingeständnis, eine falsche Politik geführt zu haben, und die Erklärungen und Dokumente der 15. Tagung des Zentralkomitees der SED, sind für mich die Bestätigung meiner Auffassung. Für den Aufbau des Sozialismus in einem gespaltenen Deutschland fehlen die objektiven und subjektiven Voaussetzungen. Objektiv mangelt es an den ökonomischen Vorbedingungen, was zu wirtschaftlichen Schwierigkeiten führen muß, wie es ja leider die Entwicklung bis zum 15. Juni 1953 auch bewiesen hat. Subjektiv erschwert es die Veränderung des Bewußtseins der Arbeiterklasse von einer kleinbürgerlich-kapitalistischen zu einer sozialistischen. Indem die Massen die Ursachen der Schwierigkeiten verkennen, werden sie umso leichter Opfer der Propaganda des Klassenfeindes und wider ihren Willen und im Gegensatz zu ihren ureigenen Interessen zu Werkzeugen der Reaktion, wie es der 17. Juni gezeigt hat.

Objektiv mußte der Beschluß von der II. Parteikonferenz der SED in seinen Resultaten mit zur Vertiefung der Spaltung Deutschlands beitragen.

Wie ich aus dem Dokument der SED über den »Neuen Kurs« entnehme, wird der Beschluß »Schaffung der Grundlage des Sozialismus« in einem Teil Deutschlands nach wie vor für richtig gehalten.

Dagegen bin ich der Auffassung, wir sollten zu dem früheren Beschluß zurückkehren »Schaffung einer antifaschistischen demokratischen Ordnung« mit dem Ziel einer ständigen Erhöhung des Lebensstandards der Bevölkerung in der Deutschen Demokratischen Republik und der baldmöglichsten Herstellung der Einheit Deutschlands als eine Aufgabe, die den realen Möglichkeiten, den gegenwärtigen objektiven und subjektiven Voraussetzungen entspricht.

Mit sozialistischem Gruß

Helmuth Warnke«

Daraufhin bekomme ich einen »Beschluß« der HVZ-Alsterdruckbetriebsgruppe mit Datum vom 23. September 1953 zugeschickt:

»Die BGr. nahm Stellung zu dem überheblichen, kleinbürgerlichen und vom Unglauben an die Kraft der Arbeiterklasse erfüllten Verhalten des Genossen Warnke. Die Betriebsgruppe fordert Helmuth Warnke auf, in der Grundorganisation seines Wohngebietes zu arbeiten, um in aktiver Kleinarbeit zu lernen, welche Bedeutung das Kollektiv für die Erziehung jedes Genossen hat. Die BGr. erwartet von dem Genossen Warnke, daß er Schluß macht mit einer spießigen Selbstbespiegelung und aus der gegenwärtigen Situation die Notwendigkeit der aktiven Verteidigung des Friedens durch jedes einzelne Mitglied unserer Partei erkennt. Die BGr. ist der Auffassung, dem Genossen Helmuth Warnke bis zum 15. November 1953 Gelegenheit zu geben, seine Stellung zur Politik der Partei zu überprüfen und die Schlußfolgerungen aus der Stellungnahme der Betriebsgruppe zu seinem Verhalten zu ziehen.«

Am 26. Januar 1954 bekomme ich ein letzten Schreiben der »Betriebsgruppenleitung der HVZ/Alsterdruck« zugeschickt. Korrekterweise hätte es die Bezeichnung »Schreiben« nicht verdient. Es ist ein Wisch. Eine Kopie auf dünnem Durchschlagpapier. Inhalt: zwei Sätze, ohne Anrede und ohne Gruß. »Von der Betriebsgruppe HVZ/Alsterdruck wurde der Genosse Helmuth Warnke aus der Partei ausgeschlossen.

Begründung: Der Genosse Helmuth Warnke erkennt die Beschlüsse der Partei nicht an und führt auch dieselben nicht durch.«

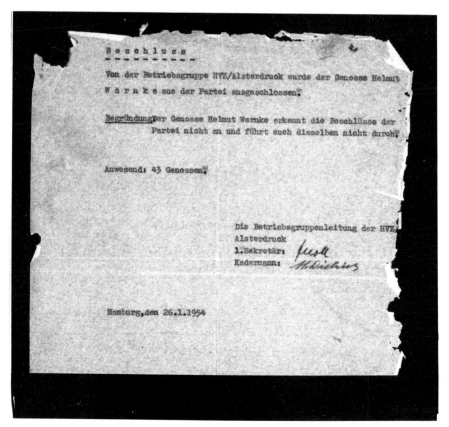

Helmuth Warnke mit Tochter Dörte (1954)

Meine Frau, die mir beim Lesen über die Schulter zugesehen hat, sagt: »Es trifft Dich wohl doch?« Nein! Es trifft mich nicht, nicht mehr heute. Die Zeiten, wo es mich hätte treffen können, sind vorbei, nun, da dieser Prozeß meiner Befreiung von Gängelei und Bevormundung endlich seinen Abschluß gefunden hat. Doch zu knacken habe ich an der Auflösung der Freundschaft, die zwischen Herbert Warnke und mir Jahrzehnte bestanden hat.

In einem persönlich gehaltenen Brief vom 28. Oktober 1954 an meine Frau kündigt Herbert Warnke die Freundschaft auf:

»Liebe Irmgard!

Helmuth hat sich von der Partei abgewandt. Das betrachte ich als sehr negativ. Du kannst von mir nicht verlangen, daß, nachdem ich über 30 Jahre meines Lebens für die Arbeiterbewegung tätig bin und zweifellos bis an mein Lebensende für sie tätig sein werde, ich es als positiv ansehen soll, daß Helmuth der Partei den Rükken gekehrt hat. Vielleicht wird er sagen, es ist umgekehrt gewesen, so daß die Partei den Trennungsstrich gezogen hat, aber das ist doch belanglos. Die Ursache lag doch bei ihm. Mit Helmuth war ich jahrelang eng befreundet wie mit keinem anderen Menschen, und diese Freundschaft begründete sich auf unsere gemeinsame Tätigkeit für die Partei. Es ist klar, daß, wenn einer von uns begann, einen anderen Weg zu gehen als den der Partei, das auf unsere Freundschaft einen entscheiden-

MITGLIEDSAUSWEIS NR. C 1688

Herr-Frau-Fräulein **Helmuth Warnke**
nomo

Geburtsdatum **31.7.1908**
naskiĝdato

Geburtsort **Hamburg**
naskiĝloko

Beruf **Maler**
profesio

Adresse **Hamburg-Langenhorn II**
adresso **Tangstedter Landstr.**
159

ist Mitglied des deutschen Zweiges der Internationale der Kriegsdienstgegner seit dem

3.7.1954
aniĝtago

Unterschrift
subskribo

Niemand darf gegen sein Gewissen zum Kriegsdienst mit der Waffe gezwungen werden. Artikel 4 § 3 des Grundgesetzes.

Neniu povas esti devigata al perarmila militservo kontraŭ sia konscienco. Artiklo 4 § 3 de la germana konstitucio.

Mitgliedsausweis des deutschen Zweiges der Internationale der Kriegsdienstgegner

den Einfluß haben mußte, und daß diese Abkehr von dem Freund von demjenigen ausgehen mußte, der sich von der Partei abwendete.

Ich wünsche Euch persönlich alles Gute, muß Euch aber offen sagen, daß eine persönliche Freunschaft bei mir unmöglich ist, wenn sie sich von dem ganzen Inhalt meines Lebens trennen soll. Das ist bei mir einfach nicht möglich.
Besten Gruß
gez. Herbert«

Hier endet meine Geschichte vom Leben mit einer Partei. Zwischen dem Tag, an dem ich mich der Partei anschloß, und dem Tag, an dem ich mich von ihr löste, liegen 30 Jahre meines Lebens — Jahre des persönlichen Engagements, für eine Welt ohne Krieg, ohne Ausbeutung, ohne Unterdrückung und für eine Veränderung der kapitalistischen Gesellschaft in eine sozialistische. Eine Zeit, die reich war an Enttäuschungen, aber auch getragen von Hoffnungen.

In meinem 45. Lebensjahr bin ich vor einen Neubeginn gestellt. Ein ganzes Leben liegt noch vor mir. Selbstverständlich werde ich mich weiterhin engagieren, wann und wo immer es notwendig sein wird — nunmehr unabhängig und frei, getreu der Devise: Dem Unrecht widerstehen, erst das ist Leben.

Anmerkungen und Quellennachweise:

[1] Schreiben von Erhard Lucas, Prof. für Geschichte der sozialen Bewegung, Universität Oldenburg.

[2] Immanuel Kant: Beantwortung der Frage: Was ist Aufklärung? »Berliner Monatsschrift« 4/Dezember 1784

[3] General Paulus sollte auf Befehl Hitlers Stalingrad erobern, wurde aber mit seiner Armee von der Roten Armee eingeschlossen und am 2. Februar 1943 zur Kapitulation gezwungen. Das war der Wendepunkt des Rußlandfeldzuges und des Krieges überhaupt.

[4] Robert Skimmi: »CHKARA«, Chin. Familienroman

[5] »Harzburger Front, siehe Seite 31

[6] Schreiben Hindenburgs an Friedrich von Löbell, dem Vorsitzenden des bürgerlichen »Reichsbürgerrats gegen Fürstenenteignung«, während des 1. Weltkrieges preußischer Innenminister.

[7] Staatsarchiv Bremen, IV 4e, Bd. 6.

[8] Sinowjew in der Sitzung des EKKI im Jan. 1924 (»Inprekorr«, 24.3.24).

[9] Stalin, Werke Bd. 6, DDR 1952.

[10] Die Militärdiktatur in Spanien 1923 wurde im September mit Hilfe der Großgrundbesitzer und der katholischen Kirche errichtet.

[11] Josef Pilsudski war 1918 bis 1922 polnisches Staatsoberhaupt. Beseitigte 1928 die parlamentarische Demokratie durch einen Militärputsch.

[12] Hermann Weber: »Die Wandlung des deutschen Kommunismus«.

[13] Komintern-Protokoll, Moskau 17.2.–15.3.1920.

[14] »Rote Fahne« 28. September 1928.

[15] »Hamburger Echo« vom 2.2.1933.

[16] Aus einem Schreiben der Kommunistischen Fraktion in der Hamburger Bürgerschaft an den Bürgerschaftspräsidenten Ruscheweyh März 1933. (Timpke »Dokumente zur Gleichschaltung Hamburgs«).

[17] Walter Ulbricht in »Rundschau über Politik, Wirtschaft und Arbeiterbewegung«, Mai 1933.

[18] Hauptmann Jürgens wurde nach dem Kriege Richter in Pinneberg. Als solcher sprach er 1951 Angeklagte frei, die für den Volksentscheid gegen Remilitarisierung geworben hatten. Die Agitation für den Volksentscheid war von der Adenauer-Regierung verboten worden. Jürgens entschied dagegen. Diese Agitation sei legitimes Recht in einer Demokratie.

[19] »Liberty-Transporter«, im 2. Weltkrieg im Schnellverfahren von den Amerikanern erbaute Transportschiffe.

[20] Magda Thürey starb am 17. Juli 1945 an den Folgen der KL-Haft und wurde unter großer Anteilnahme von Kommunisten und Sozialdemokraten beerdigt.

[21] Karl Legien war von 1890 ab Vorsitzender der Generalkommission der deutschen Gewerkschaften, später des Allgemeinen Gewerkschaftsbundes (ADGB), Otto Stolten, 1. Vorsitzender der Hamburger Sozialdemokraten, zog 1912 als erster sozialdemokratischer Abgeordneter in die Hamburger Bürgerschaft ein.

[22] »Weserkurier« 16. Mai 1946

[23] »Weg und Ziel«, Hamburger KPD-Funktionärsorgan 7.11.47.

[24] »Hamburger Volkszeitung«, Parteitagsbericht vom 25./26. Mai 1946.

[25] »HVZ« 25./26.05.46, ebenda

[26] Dr. Kurt Schumacher, 1. Vorsitzender der Nachkriegs-SPD. Trat frühzeitig für die strikte Abgrenzung der SPD von den Kommunisten ein. Grundsätzlicher Gegner einer Sozialistischen Einheitspartei.

[27] Inge Marßolek und Rene Ott, »Bremen im Dritten Reich«

[28] Tätigkeitsbericht der Hamburger SPD an die britische Militärregierung, Jan.–Juni 1946.

[29] Jörg Berlin, »Das andere Hamburg«.

[30] »Freie Presse« 20.9.47.

[31] Jörg Berlin, ebenda.

[32] »New York Herald Tribune« 19.8.47.

[33] »HVZ« 4.6.47.

[34] Karl Johannsen war schon vor 1933 aktiver Kommunist und Gewerkschafter, nach 1945 zeitweise Polleiter in Langenhorn.

[35] Rudolf Lindau, Spartakusbund. 1920 Sekretär der KPD Bezirk Wasserkante. Lehrer an der Parteihochschule. Während der NS-Zeit in der Sowjetunion, Mitarbeiter im »Komitee Nationales Deutschland«.

[36] »Neues Deutschland«, 16.10.48.

[37] dpa-Meldung 19.6.48.

[38] »Neues Deutschland« 27.6.47.

[39] Helmut Schmidt, Protokoll des SPD Landesparteitages Hamburg 25.4.48.

[40] »Weg und Ziel« Nr. 6, September 1947.

[41] Konrad Adenauer »Erinnerungen«.

[42] »Die Welt« 9.8.50.

[43] »HVZ« 20.4.49.

[44] ebenda

[45] »Kurier«, Berlin 18.8.49.

[46] Carl Heins, Journalist, in einem Schreiben a.d. Verfasser.

[47] Zitiert aus »Vertrauensmann seiner Klasse/Herbert Warnke/Eine biographische Skizze«, Tribünen-Verlag (DDR).

[48] »Jahrbuch der DDR« 1953

[49] Vom 30. Januar bis 1. Februar 1939 fand in Draveil bei Juvisy, südlich von Paris, eine illegale Parteikonferenz statt, die aus konspirativen Gründen »Berner Konferenz« genannt wurde. »Die Berner Konferenz der KPD«, Institut für Marxismus-Lenininsmus beim ZK der SED, Dietz-Verlag Berlin 1974 (DDR).

[50] Herbert Warnke »Arbeiterklasse und Gewerkschaften«, FDGB-Verlag Berlin (DDR).

[51] »Freiheit« SED-Zeitung 29.5.53.

[52] »Dokumente der SED« Bd. IV.

[53] Heinz Brandt: von 1943 bis 1945 inhaftiert: Zuchthaus Luckau, Brandenburg, Konzentrationslager Sachsenhausen, Auschwitz, Buchenwald. Von 1945 bis 1957 Sekretär bei der Bezirksleitung der SED in Berlin. Solidarisierte sich am 17. Juni mit den streikenden Arbeitern. 1961 bis 1964 in DDR-Haftanstalten Hohenschönhausen und Bautzen widerrechtlich eingesperrt. In die Bundesrepublik entlassen, Redakteur bei der Gewerkschaftszeitung »Metall«. Nach Pensionierung unabhängiger Publizist.

[54] »Neues Deutschland« 26.6.53.

[55] Kritische Feststellung des 1. Vorsitzenden der FDJ, Erich Honecker, in der Berliner Bezirksleitungssitzung am 18.8.53.

[56] Aussage von Heinz Lippmann, zu der Zeit hoher FDJ-Funktionär und als solcher Mitglied der Kommission, die die Geburtstagsfeier von Ulbricht vorbereiten sollte (Bericht im Stern).

Abkürzungen

ADGB Allgemeiner Deutscher Gewerkschaftsbund

DAF Deutsche Arbeitsfront

DGB Deutscher Gewerkschaftsbund

EKKI Exekutiv-Komitee der Kommunistischen Internationale

FDGB Freier Deutscher Gewerkschafts-Bund (DDR)

IAH Internationale Arbeiterhilfe

Inprekorr Internationale Pressekorespondenz

IRH Internationale Rote Hilfe

KI Kommunistische Internationale

KPdSU Kommunistische Partei der Sowjetunion

Kominform Informationsbüro der Kommunistischen und Arbeiterparteien

KPDO Kommunistische Partei Deutschlands-Opposition

RFB Roter Frontkämpferbund

RGI Rote Gewerkschafts-Internationale

RGO Revolutionäre Gewerkschaftsopposition, wurde von der KPD 1928 ins Leben gerufen. Ursprünglich gedacht als innergewerkschaftliche Opposition gegen den rechten Kurs der Gewerkschaftsbürokratie machte die KPD-Führung in den darauf folgenden Jahren daraus ein eigenständiges, von den Gewerkschaften unabhängiges, Organisationsgesetz, was zur Vertiefung der Kluft gegenüber der reformistischen Gewerkschaften, in denen die Mehrheit der Arbeiter organisiert waren, führte. Bis zu 1933 wurde die RGO mehr und mehr zu einer Organisation der Erwerbslosen. So wie die Ausschlußpraxis der Gewerkschaftsbürokratie oppositionellen Gewerkschafter die Kampffähigkeit der Gewerkschaften schwächte, vertiefte die von der KPD betriebene RGO-Politik die Spaltung der Gewerkschaften.

SAJ Sozialistische Arbeiterjugend (SPD)

SED Sozialistische Einheitspartei (DDR)

Stahlhelm 1918 gegründeter ultrakonservativer Bund der Frontsoldaten, eine militante Vereinigung ehemaliger Weltkriegsteilnehmer, eine neben SA und SS schlagkräftige anti-republikanische Organisation, verstand sich auch als Straßenkampftruppe einer »nationalen Opposition«.

USPD Im November sprach sich Karl Liebknecht gegen die Bewilligung der Kriegskredite durch den deutschen Reichstag aus, im März 1915 schlossen sich weitere 23 Sozialdemokraten an. 1916 konstituierte sich die »Sozialdemokratische Arbeitsgemeinschaft«. 1917 ging daraus die Unabhängige Sozialdemokratische Partei (USP) hervor. 1920 schlossen sich die Linken der USP der Kommunistischen Partei an, der andere Teil kehrte in die SPD zurück. Eine kleine USPD blieb selbständig unter Führung des Reichstagsabgeordneten Ledebour.

ZK Zentralkomitee.